ディスカバー・マイケル THE BOOK

西寺郷太 著
NHK-FM
「ディスカバー・マイケル」
制作班 編

スモール出版

▶〈ロック・ウィズ・ユー〉マイケル・ジャクソン

こんばんは。ノーナ・リーヴスの西寺郷太です。

今日から始まりました「ディスカバー・マイケル」。1年間マイケル・ジャクソンにスポットを当てるという、スペシャルな番組です。

2019年はマイケルがこの世を去ってから10年、そしてジャクソン5としてモータウンからデビューして50年という記念すべき年です。今なお世界中に絶大な影響を与え続け、男女を問わず幅広い年代にファンが多いマイケル・ジャクソンの誰もが知っている大ヒット曲から知られざる名曲まで、西寺郷太が様々なエピソードと共に、1年かけて、あたかも大河ドラマのようにたっぷりとご紹介していきます。

筋金入りのマイケルファンも、生きている時代のマイケルをあまり知らないみなさんも、マイケルの新たな魅力を一緒に発見してみませんか。

カバー・本文イラストレーション　西寺郷太

はじめに

西寺郷太
(NONA REEVES)

２０１９年4月にスタートし、２０２０年3月末で終わることがあらかじめ決まっていた1年間限定のラジオ・プログラム「ディスカバー・マイケル」。番組をギュッと真空パックした『ディスカバー・マイケル THE BOOK』がついに完成した今、僕は達成感と共にこれまでの著作には感じたことのない不思議な感慨に襲われています。そもそも「ディスカバー・マイケル」自体が「大きな力」に守られ、奇跡が起こったかのような流れの中で可能になった番組なので……。

辞書のように内容が分厚いこの本、何気なくそばに置いて、気になるところから読んでも楽しいですし、ストリーミング・サービスや、CD、レコードなどを駆使して読むのもおすすめ。僕、西寺郷太だけでなく、パートナーの高橋芳朗さんや素晴らしいゲストの方々の選曲や考察を熟読し音楽を聴きながら楽しんでもらえれば、ちょっとした「セミナー」に行くよりもジューシーな音楽体験、歴史を辿る旅が出来るのではないかと。

それにしても「ディスカバー・マイケル」は、広い世代の多くのリスナーから愛された番組でした。ＮＨＫ-ＦＭで全国放送、毎週日曜夜9時という時間帯に1年間、ここまで音楽と正真正銘「１００％本気」で向き合ったプログラムが放送できたこと、毎週パッケージとしてお届けできたのはスタッフ・チームのおかげです。「ディスカバー・マイケル」の名付け親、発案者であり、勇気と先見性、そして最後まで責任を取る姿勢に満ちたプロデューサー中田淳子さん。制作に実際に携わり毎週ＢＧＭの1秒に至るまで完璧にまとめてくださった大内和佳子さん。新人アシスタントの三永拓実さんをはじめ、一切の妥協を許さぬ姿勢で番組を放送し続けてくださった制作チームの献身には感謝しかありません。そのことが新たな世代への「マイケルのみではない」豊かな音楽文化の継承につながったと思っています。

スモール出版の中村孝司さん、デザイン・装丁のひぐちゆきこさんにも大きな感謝を。すべての放送を文字化し、まとめ、美しいデザインで読みやすく、ポップにまとめる作業には気が遠くなるほどの時間と愛情が費やされています。『ディスカバー・マイケル THE BOOK』は、僕、西寺郷太の名前で著作として完成していますが、数多くのゲストのみなさんやスタッフの協力と、大きな運命の流れ、リスナー、ファンのみなさん「ディスマイ民」の熱い熱、数々の幸運が組み合わさり、こうして最終日のライヴCDまで付属する特別な書籍としてまとめることができました。感動しています。

最後に、本作には収録されていませんが、ゲストに来ていただいた少年隊・東山紀之さんとA.B.C-Zの戸塚祥太くんにも心からの感謝を。戸塚くんと番組内で、マイケルが阪神・淡路大震災へのチャリティ活動の一環としてジャニーズ事務所のスペシャルプロジェクト「J-FRIENDS」に提供した〈PEOPLE OF THE WORLD〉を一緒に歌えたのは素晴らしい思い出です。そして、2019年6月25日。マイケルの命日に、東山さんは自宅に僕を呼んでくださり、ご自身がマイケルと撮影した写真やプレゼントされたハットなどを眺めながら献杯させてもらいました。

僕は「スーパースター」とは人と人を誰よりも多く、深くつなげた人のことだと思っています。東山さんも僕にとってもちろん少年時代からの憧れのスターですが、マイケルがこんな風に世界中の色んな人と人をつないだことは、リアルタイムで彼のキャリアを感じることができたみなさんは人生を振り返って実感されているでしょう。ただマイケルが亡くなってから彼を知った、愛したという若い世代の方にも必ずやるべきこと、できることはあるということを分かってもらいたいんです。

今まさに、２００９年秋のドキュメンタリー映画『マイケル・ジャクソン THIS IS IT』で初めてマイケルに接した、もしくはこの「ディスカバー・マイケル」ではじめてマイケルに触れたという若い人たちが動画制作やコレクション、ダンスなど新たな研究スタイルを構築し始めていることを僕は知っています。湯川れい子さんや吉岡正晴さんが、世代の違う僕の背中をドンと押してサポートしてくださったように、これからは僕も若いみなさんから学び応援できるような立場になりたい、この本をまとめながら改めてそう思いました。

マイケルの描いた音世界、理想の未来は無限ですから。まさに〈マン・イン・ザ・ミラー〉。まずは自分から、そして見渡して共に協力。さらに新しい世代へと伝えてゆきましょう。

CONTENTS

DISCOVER
MICHAEL

マイケル・ジャクソンの生涯

まずはじめに、
マイケルの音楽人生を凝縮したダイジェストでご紹介します。

第1章

マイケル・ジャクソンの生涯

2019年4月7日・4月14日オンエア

番組MCを務めますノーナ・リーヴスの西寺郷太です。1973年生まれで、今年45歳になります。

マイケル・ジャクソンの最初の記憶といえば、マイケルが出ていたスズキのスクーター「LOVE」のCMです。1981年頃のことなので、本当にそれはもううっすらとした記憶なんですけれども。

そのすぐあと、1982年のクリスマス・シーズンにリリースされたアルバム《スリラー》が世界中で大ヒットして、日本でもテレビでマイケルを観ない日がないほどの大ブームが起こりました。小学校ではみんながムーンウォークを真似したり、〈スリラー〉のダンスを踊ったりしていて、僕もこの頃からマイケルのことが本当に大好きになりまして、ものすごく影響を受けました。

結果自分もミュージシャンとなり、今ではマイケル・ジャクソンの作品ほぼすべてのオフィシャルライナーノーツを担当し、『新しい「マイケル・ジャクソン」の教科書』(新潮文庫)、『マイケル・ジャクソン』(講談社現代新書)という著作も出しています。

まずはじめにこの放送が始まるきっかけをお話ししたいのですが、去年の8月に「マイケル・ジャクソン生誕60年記念パーティー!」という名の5夜に渡る特番をさせていただきました。合わせて5時間の番組だったのですが、ありがたいことにリスナーの方からの反響が大きくて、もっともっと聴きたいという声が集まり、番組を1年間担当させてもらうことになりました。今回はトータルで約50時間ぐらいあるので、前回よりもっと深く、広く掘り下げていきたいなと思っています。

僕はみなさんご存じのとおりマイケル・ジャクソンが

大好きなのですが、それだけではなく、マイケルが生きてきた時代に登場したライバルたちや、流行した素晴らしい音楽、彼の周りのミュージシャンやプロデューサーたちとの関わりなども大好きなんです。

なので、60年代にこういう音楽家がいたからマイケルはどうだった、70年代の前半はこうだった、80年代はこうだった、そして2000年代に至るまで、影響を与え合ったミュージシャン、出来事なども追いかけて、1年間放送していきます。

また、2009年にマイケルが亡くなったあと、ジャクソンファミリーと直接知り合うことができまして、今でも仲良くさせてもらっております。なので、この番組でもどこかのタイミングでご兄弟や仲間のミュージシャンの方たちにも出演してもらえたらうれしいなと思っております。

それでは、記念すべきデビュー曲をお聴きください。1969年、この曲からすべてが始まりました。ジャクソン5で〈帰ってほしいの〉(原題:I Want You Back)。

〈帰ってほしいの〉

マイケルと4人の兄たちで結成されたジャクソン5は、モータウンというレーベルからデビューしました。ここは伝説のスーパースターがたくさん在籍したところで、スティーヴィー・ワンダー、マーヴィン・ゲイ、テンプテーションズ、そしてダイアナ・ロス&スプリームスという、今となっても黒人音楽界のレジェンドが揃った名門レーベルでした。社長はベリー・ゴーディ・ジュニアというワンマンで知られた方なのですが、自身も作曲や作詞に携わりながら、たくさんの名曲を世界中で流行させていました。

ジャクソン家、とりわけ彼らのお父さんでマネージャーのジョー・ジャクソンは、「モータウンに行ければいいな」と祈りながらトレーニングを続けていたのですが、あるときチャンスが回ってきたのです。

長男ジャッキー、次男のギタリストでもあるティト、三男でベースも弾くセカンドヴォーカルのジャーメイン、そしてひとつ上のお兄さんマーロンがいて、一番下のマイケルの5人でデビューを飾ります。このときマイケル・ジャクソンは11歳になったばかりでした。

全米ナンバーワンを獲得したデビュー曲〈帰ってほしいの〉に続いて発売した〈ＡＢＣ〉〈小さな経験〉(原題：The Love You Save) の2曲も全米ナンバーワンを獲得し、テレビや雑誌でジャクソン5を観ない日はないという日々が続いたわけですが、4曲目の〈アイル・ビー・ゼア〉もチャート1位となり、歴史に名を刻むことになります。それでは１９７０年8月リリースのバラードで、ジャクソン5〈アイル・ビー・ゼア〉をお聴きください。

〈アイル・ビー・ゼア〉

先ほど話したモータウンレコードの社長ベリー・ゴーディ・ジュニアが、デビュー前の兄弟たちにこんなふうに言っていたらしいんです。「私が君たちを世界一ビッグにしてやろう。君たちは将来、歴史の教科書に載るんだ」と。そして「最初の曲はナンバーワンになるだろう。2曲目もナンバーワンだ。3曲目もナンバーワン。君たちの曲は3曲連続でナンバーワンヒットするよ」とも言っていたのですが、実際は4曲連続ナンバーワンヒットになったので、ゴーディの予言は外れてしまいます。当時のジャクソン5のとんでもない勢いが、このエピソードからも分かっていただけると思います。

ただ一般大衆というのは飽きるのも早く、良い曲を出していても最初の1、2年の頃のフレッシュな勢いが段々となくなってくるんですね。次第に社長やモータウンも「リードシンガーのマイケルをソロでデビューさせて、並行して活動させるのがいいんじゃないか」と舵を切り、マイケルはソロ曲のレコーディングも開始することになります。

それでは、ソロ曲の中の代表曲（マイケルが13歳から14歳になろうとしているときに録音されました）「ビルボードホット１００」でナンバーワンになったマイケル・ジャクソンの〈ベンのテーマ〉(原題：Ben) を聴いてください。

〈ベンのテーマ〉

このあと、マイケル・ジャクソンとジャクソン5は新しい取り組みとして、ディスコ・グルーヴを追求したヒット曲をいくつか生み出していきます。

〈ゲット・イット・トゥゲザー〉と、今からかける〈ダンシング・マシーン〉という曲が後期ジャクソン5の代表曲と言っていいと思いますが、この曲は1カ月で100万枚も売り上げました。先ほどちょっと勢いが落ちたと話したのですが、普通だったら、この1曲だけでも歴史に残るようなスーパーアーティストなんですけどね。

ハル・デイヴィスが中心になって作られたといわれている、モータウン後期のジャクソン5の代表曲、1973年9月の〈ダンシング・マシーン〉を聴いてください。

▶〈ダンシング・マシーン〉

このあと、マイケル・ジャクソンの歴史において大きな転機が訪れます。それはレコード会社の移籍です。モータウンではマイケルや兄たちが作ったオリジナル曲を歌わせてもらえなかったことが移籍の最大の理由なのですが、先輩のスティーヴィー・ワンダーやマーヴィン・ゲイが、自分の曲を自分自身で作って歌い、そしてアルバムをトータルでプロデュースして、この時期どんどん飛躍し名作を生み出し続けたことが、彼らに大きな影響を与えました。

ベリー・ゴーディは、プロの作曲家、プロの作詞家、プロの演奏家が作ったものをシンガーやパフォーマーが歌うことを良しとしていたので、最初はスティーヴィーやマーヴィンのやり方にも反対していたんです。でもスティーヴィーは《トーキング・ブック》などのたくさんの素晴らしいアルバムで自分の才能を証明して、グラミー賞を取り、マーヴィン・ゲイも社長と大ゲンカをしながら《ホワッツ・ゴーイン・オン》というアルバムを作るのですが、それは結果的に永遠のクラシックとなりました。

ベリー・ゴーディからすると、マイケル・ジャクソンを含めたジャクソン5というグループは、その時期までのモータウンの理想を体現する、最後の砦のような存在だったんです。だからこそ「君たちの楽曲は自分たちで作るのではなく、僕らのスタッフに任せてほしい」とゴーディ社長は断固主張。マイケルをはじめジャクソン5のメンバーはどうしても楽曲制作に携わりたいということで、ケンカ別れの形でレーベルを移籍することになりました。

レーベル移籍後、彼らがどうなったのかと言いますと、まず〝ジャクソン5〟というグループ名の権利はモータウンにあったので、新しい名前〝ジャクソンズ〟として、再始動することになりました。

当時、世界中で「フィラデルフィア・サウンド」が大ヒットしていて、これはストリングスやブラスなどが豪華絢爛に輝いているような美しいダンスミュージックなのですが、このサウンドの提唱者ケニー・ギャンブル＆レオン・ハフとジャクソンズはアルバムを2枚作ることになります。結局移籍後も彼らにはプロデュース権は与えられなかったわけですが、ようやく3枚目の《デスティニー～今夜はブギー・ナイト》というアルバムで、自分たちが主張していた、自身で曲を作ったりプロデュースする権利をくださいという話が通りました。

ただこれも「君たちを信頼するよ」というよりは、「いやいや、もうこれで最後のチャンスだよ。やりたいやりたいっていうから任せたけど、売れなければそのあとは知らないよ」という、レコード会社からの最後通告のような形だったと言われています。

ですが、この絶体絶命のピンチから、マイケル・ジャクソンおよびジャクソンズの新たな歴史と時代が始まるのです。

口火を切ったのが《デスティニー》からのリードシングル、1978年12月にリリースされた〈ブレイム・イット・オン・ザ・ブギー（今夜はブギー・ナイト）〉を聴いていただきましょう。

▶〈ブレイム・イット・オン・ザ・ブギー（今夜はブギー・ナイト）〉

先ほどから、自分たちで自分たちの曲をプロデュースしたり作ったりしたいからこそ、マイケルやジャクソンズのメンバーは移籍したんだと強調してきましたけれども、最大の転機となったアルバム《デスティニー》の中で、ファースト・シングルだけ、今まで通り作家からもらった曲なんです。
ちなみに、この曲を書いたのはミック・ジャクソンという方なんですが、クレジットに〝M・ジャクソン〟と記されているからややこしいんですよね(笑)。まあジャクソンという名字は、日本でいうと「鈴木さん」とか「高橋さん」レベルの一般的な名前なので仕方ないんですけど。

今BGMでかかっている〈シェイク・ユア・ボディ〉は、セカンドシングルに選ばれ大ヒットしたのですが、これは五男のマイケルとジャクソンズになって新しく加入した六男のランディ（このときはまだ10代）の共作です。僕はこの頃がマイケルにとって、本当に一番幸せな時代だったのではないかなと思うんですよね。自分で曲を作りたいと言って本当に実力を証明したのが、この〈シェイク・ユア・ボディ〉をヒットさせた《デスティニー》期になると思います。この〈シェイク・ユア・ボディ〉は映画『マイケル・ジャクソン THIS IS IT』の中でも、若いダンサーたちが踊るシーンで使われていたので、若い方でも映画を観た人は知っているかもしれませんね。

そして、やってまいりました。マイケル・ジャクソンの実質的な初めてのソロアルバムと言っていいと思います《オフ・ザ・ウォール》が、1979年夏にリリースされます。マイケルは21歳になろうとしていました。

この少し前に、マイケルはダイアナ・ロス主演映画『ウィズ』（『オズの魔法使』のアフリカ系アメリカ人版）に案山子《かかし》役で出演していたのですが、この映画の音楽監督があのクインシー・ジョーンズだったのです。
あるときマイケルはクインシーに「ソロ曲を作ろうと思ってるんですけど、誰か良いプロデューサーを紹介してくれませんか?」と電話をするんですね。そしたら「私じゃダメかな」「やってくれるんですか!?」という流れで《オフ・ザ・ウォール》を作ることになりました。
これもあとから考えると「なんでやねん!」という話なのですが、兄弟やお父さん、周りの大人たちはみなクインシーとマイケルが組むことに反対するんですね。クインシー・ジョーンズはジャズの時代から活躍していたし、映画音楽を成功させてきた方ですが、「いやもう、クインシーには新しい音楽ができないだろう」みたいな感じで抵抗されても、「いや僕は絶対クインシーがいいんだ！」とマイケルは他の人の意見を突っぱねました。

このときマイケルがなぜそこまでクインシーにこだわったのかというと、僕はむしろみんなが反対したからじゃないかなと思っているんですね。例えばお父さんのジョーやレコード会社が「この人いいぞ。この人にしなさい」と言って連れてきていたとしたら、マイケルは「嫌だ！」と拒否していたかもしれない。今までずっと周りからこうしたほうがいい、ああしたほうがいいと言われ続けてきたマイケルが、初めて我を通した人選だったと思うんです。結果それが80年代以降のマイケルの大ブレイクを呼ぶのですから、マイケル・ジャクソンの「出会い運」の強さを物語っていますよね。

それでは、マイケル・ジャクソンが初めて単独で書きナンバーワンヒットとなった曲、《オフ・ザ・ウォール》から〈今夜はドント・ストップ〉（原題：Don't Stop 'Til You Get Enough）をお聴きください。

▶〈今夜はドント・ストップ〉

僕はこの《オフ・ザ・ウォール》というアルバムが本当に大好きです。1979年リリースなので今年40周年なんですね、「おめでとうございます」って誰に言ってるかも分かりませんが（笑）。

モータウンからのデビューが1969年だったので、その10年後に出したのが《オフ・ザ・ウォール》で、今年はマイケルが〈帰ってほしいの〉を出してから50年という節目でもあります。

このアルバムのレコード、僕が大学生の頃の90年代にはめちゃくちゃ安く売られていたんですよ。100円とかで中古レコード屋さんの前に常に2、3枚置いてあるという感じだったので、レコード屋さんの前を通るたびに2枚ぐらい買って帰るという生活を続けていたら、よく猫好きな人が捨て猫をどうしても拾ってきてしまうみたいな感じで、猫屋敷かオフ・ザ・ウォール屋敷かっていうくらい、壁一面の《オフ・ザ・ウォール》に囲まれて暮らす学生時代を過ごしたぐらい大好きだったアルバムですね（笑）。

続きまして、これまたビッグなアルバム《スリラー》の時代がやってくるわけです。もうちょっと細かく言いますと、この間《トライアンフ》というジャクソンズのアルバムもリリースされて、これも大ヒットするんですが、このあたりまでのマイケル・ジャクソンは、ジャクソンズという兄弟グループのリードシンガーでありながら並行してソロをやるというイメージだったので、そんな中での《オフ・ザ・ウォール》の大ヒットであり、その次の《スリラー》ということになるわけです。特に日本では（僕ももちろんそうでしたけれども）、《スリラー》からマイケルを知ったという方や、今でも一番覚えてるよという方は多いと思います。

それでは《スリラー》からの大ヒット曲を聴いてもらいましょう。マイケル・ジャクソンで〈今夜はビート・イット〉（原題：Beat It）。

▶〈今夜はビート・イット〉

この《スリラー》というアルバムからは〈ビリー・ジーン〉や〈スリラー〉など、収録曲のほとんどがヒットしました。このアルバム自体がベストアルバムと言えるほど次々にシングルカットされていく状況で、1984年2月28日のグラミー賞では、当時の史上最多記録となる8部門を受賞します。ボーカリストとして、アルバムのポップ部門で《スリラー》、シングルのロック部門で〈今夜はビート・イット〉、そしてR&B部門で〈ビリー・ジーン〉と、ポップ、ロック、ソウルの3部門で最優秀男性歌手に選ばれました。

2018年から2019年にかけて大ヒットしたクイーンの伝記映画『ボヘミアン・ラプソディ』。その中でミュージシャンたちがアフリカの飢餓を救おうということで集まったチャリティーイベント、ライヴ・エイドのシーンがありましたよね。あれが1985年7月なのですが、その年の春にマイケルはライオネル・リッチー（この方もモータウン時代の仲間です）と一緒に〈ウィ・アー・ザ・ワールド〉を作ります。アメリカのスーパースターが集結した〝USAフォー・アフリカ〟、その中でマイケルは作詞・作曲家としてライオネルと組み、世紀のスタンダードを生み出しました。

翌1986年には映画『キャプテンEO』が公開され、それから1987年の《BAD》につながっていきます。この時期がマイケル・ジャクソンのキャリアの絶頂と言えるでしょう。

1982年に《スリラー》を発売してから5年の歳月を経て完成したアルバム《BAD》。なぜ5年もかかったのかというと、通常のアーティストと違いマイケルの場合は1曲1曲に映画のようなビデオ（ショート・フィルム）をつけていて、ダンスや映像の撮影を並行して進めていたのですから、それは時間がかかるだろうなと思いますよね。

バラード〈キャント・ストップ・ラヴィング・ユー〉がファーストシングルとして発表され、次にシングルカットされたのがアルバム《BAD》からの同名ナンバーです。1987年秋のヒット曲〈BAD〉、お聴きください。

〈BAD〉

1987年の夏から秋にかけて（僕は中学生だったんですけれども）、日本でのマイケルブームが本当にすごかったんです。1987年9月9日、マイケルがチンパンジーのバブルスを連れて成田空港に降り立ちまして、それから1カ月半近く日本に滞在します（この間オフも兼ねていたと思うんですけどね）。世界中をツアーしながら、撮影したショート・フィルムが世の中にどんどん出ていくことによって、《BAD》がプロモーションされていくという、そういう流れの中にありました。

このツアーライヴのこけら落としは日本で、1989年1月27日の終演まで、約1年半かけて15カ国を巡る、計123回のコンサートが行われました。観客動員数は史上最高の440万人、コンサート史上最高の収益160億円を記録し、1988年7月16日にはイギリスのウェンブリー・スタジアムにチャールズ皇太子とダイアナ妃が訪れたり、いろんなことが起こったのがこの《BAD》というアルバムに関するムーブメント、現象でした。

80年代、マイケルは《オフ・ザ・ウォール》《スリラー》《BAD》という3つのアルバムで、まさに〝キング・オブ・ポップ〟と呼ばれる大成功を収めるのですが、では90年代に入ってからはどうだったのかというと、これがまた最高傑作との声もあるアルバム《デンジャラス》を1991年11月にリリースします。

そして、このアルバムからは自分自身が仕切ったり、さまざまなコラボレーターを集めながら1枚のアルバムを作っていくという、その後のマイケルの制作スタイルを生み出しました。

それでは、《デンジャラス》からのリードシングル〈ブラック・オア・ホワイト〉をお聴きください。

〈ブラック・オア・ホワイト〉

〈ブラック・オア・ホワイト〉といいますと、ショート・フィルムでいろんな人種の人たちの顔が変化していくモーフィングという技術がすごかったですよね。その中には日本人の美しいダンサー、ユーコ・スミダ・ジャクソンさんもいらっしゃったことを、のちに我々は知ることになります。

1992年6月27日から1993年11月11日まで、マイケルは「デンジャラス・ワールド・ツアー」を開催します。彼のソロライヴとして唯一正式にDVD化されている『ライヴ・イン・ブカレスト：デンジャラス・ツアー』で、マイケルがステージの下からドーンと飛び出してずっと動かないで止まっているという、みなさんも一度は観たことがあるであろうあのシーン、あのマイケルは、このデンジャラス・ワールド・ツアーのマイケルなんです。

1993年1月31日には、スーパーボウル・ハーフタイムショーでマイケルは人々を圧倒するようなライヴを行います。アメリカでは何より視聴率が高く、世界中の人たちが観ているスーパーボウルですが、そのハーフタイムに登場したマイケル・ジャクソンのパフォーマンスが、その後のスーパースターのハーフタイムショーのひとつの基準になったそうです。それもこの《デンジャラス》の時期ということで、マイケルがこの頃いかに時代の中心として活躍していたかが分かっていただけると思います。

しかし90年代に入ると、ミュージシャンおよび流行もグッと変化していきます。80年代的なちょっと仰々しく、着飾ってレッドカーペットを歩くような王侯貴族的なノリより、ブラーやオアシス、ベック、ジャミロクワイなどの「Tシャツとジーパンでライヴやるよ」「ジャージ着て踊りますよ」的なノリがクールだという流れになっていくのです。

そんな流れの中、様々なスキャンダルやゴシップ（あることないこといろんなものがあったのですが）と共に、マイケル・ジャクソンというアーティストが80年代の全盛期ほど、みんなが大好きという感じではなくなってしまいます。前時代のスーパースターのアイコンと見られてしまうようになったのが90年代のマイケルだったという気がします。僕はそれでもずっとマイケルを応援し続けていたんですけれども、やっぱりちょっと時代の状況、歯車が嚙み合っていなかったのかなというのが、この《デンジャラス》以降のマイケルでした。

それでもマイケルは次のアルバムの制作に突入していきます。これがマイケルにとって最大の問題作といわれる2枚組のアルバム《ヒストリー パスト、プレズント・アンド・フューチャー ブック1》です。1枚目はベスト盤で、2枚目はこれをどう捉えるかなんですが、オリジナルアルバムとも言えるし、それまでの未発表曲集的な部分もあるし、マイケルのそのときの苦しい思いが一番赤裸々に表れている問題作（結果的に僕は大傑作だと思うのですが）ですね。

そのディスク2の中からのリードシングル、妹のジャネット・ジャクソンと共に、ジャネットのプロデューサーだったジャム&ルイスとマイケルが組んで作った〈スクリーム〉を選曲したいと思います。マイケル史上、最も怒りに満ちたシングルだと言ってもいいでしょう。このときなぜ彼とジャネットがこれほど怒っていたのかということは、今なら身に染みて感じていただけるかと思います。

それでは、アルバム《ヒストリー》から、マイケル・ジャクソン&ジャネット・ジャクソンで〈スクリーム〉。

▶〈スクリーム〉

〈ゼイ・ドント・ケア・アバウト・アス〉や〈ストレンジャー・イン・モスクワ〉、チャップリンのカバーである〈スマイル〉などが収められているディスク2は、当時「駄作だ」とか「失敗作だ」と言われてました。ディスク1が大ヒット曲しか入っていなかったのもあると思うのですが、それまでの非日常的なエンターテインメント性、物語的な空想、ちょっとユーモラスな感覚などがマイケルの音楽の特徴で、アミューズメントパーク的な楽しさだったんですけれども、このディスク2は、赤裸々な独白だったり、痛みと怒りと救い、苦しみもがいたマイケルの姿が表れている私小説のような世界観で、僕もちょっとドキッとしたんですよね。

なおかつ、マイケルもこんなふうに言っています。

「正直言って、グレイテスト・ヒッツ・アルバムの制作は退屈だった。僕はずっと新しい曲を作っていたい。今度のアルバムの新曲は今までとは全然違う。もっと自伝的なんだ。本当に心の奥から生まれた曲ばかり。正真正銘、僕自身の歌なんだ」

傷ついた心のリハビリのように見えるこのアルバムは発表後24年経った今聴いてみると、この音楽がもし残っていなかったら、マイケル・ジャクソンという人は、やはりその美しいファンタジーの世界でのみ生きた人ということで終わっていたのではないかなと僕は思います。ジョン・レノンの《ジョンの魂》やマーヴィン・ゲイの《離婚伝説》のように、シンガーソングライターが極限まで向き合った先のパーソナルな悲しみだったり、ピュアな心の奥を歌ったということで、《ヒストリー》は個人的に最高傑作のひとつに挙げるべきアルバムだと思います。

このあたりからマイケルは本当に寡作《かさく》になり、《ヒストリー》以降、オリジナルアルバムがなかなか出なくなりました。

そんな中、僕も未だに覚えているのですが「えっ、なに？　急にCD並んでるやん！」と思ったのが、1997年5月リリースの《ブラッド・オン・ザ・ダンス・フロア〜ヒストリー・イン・ザ・ミックス》という、ちょっと変則的なアルバムでした。

これは新曲ももちろん入っていたんですけれども、どちらかというと未発表曲だったりリミックスだったり、「なんかこれ、アルバムって言っていいのかな?」とその当時思ったような作品集で、アルバムと同名のシングル曲〈ブラッド・オン・ザ・ダンス・フロア〉は、プロデューサーのテディ・ライリーと《デンジャラス》のときに作っていた楽曲でした。それが6年も経って突然リリースされたことで怒ったテディ・ライリーが、「いやいや、6年前の曲そのまま出さんと、声かけてくれたらもうちょっとかっこよくしたから、言うてや」みたいなことをインタビューで話してるんです(笑)。

僕も当時「この曲、正直ちょっと古いな」と思ったんですね。だけど今になって思うと、この曲がもしかしたら典型的な〝ディスイズ マイケル・ジャクソン〟という、サウンドもひっくるめたマイケルの完成形なんじゃないかなという気がしていて。1997年に1991年のサウンドをそのまま出したマイケルの先見性というか、楽曲を作り直さなかったことが、マイケル・ジャクソンという人のど真ん中を貫くタイムレスな大傑作にしたと僕自身は考えています。そんな解説も含めながら聴いていただけるとうれしいです。

1997年5月にリリースされました〈ブラッド・オン・ザ・ダンス・フロア〉。

▶〈ブラッド・オン・ザ・ダンス・フロア〉

90年代、《デンジャラス》の頃に僕の好きな話があるのですが、マイケルがマドンナに一緒にコラボレーションしようと声をかけたことがあったんです。でもマドンナは「1個だけ条件があるんだけど、私と一緒にニューヨークのクラブに行かない?」とマイケルに言うんです。「あなたみたいな格好してる人、誰もいないわよ」って。その頃のマドンナは、当時一番新しい若い男性や女性と絡み、自分をどんどんメタモルフォーゼしていったんですね。去年までの私じゃない、今年の私はこれだということを繰り返しながら、90年代に則したサウンドを作っていって、2000年代にも様々なヒット曲を飛ばしていきました。

一方マイケルは〝ディスイズ マイケル・ジャクソン〟と

いう、ファッションやサウンドを守り続けました。どちらが正しかったかなんてことは分からないんですが、結果マイケルはマドンナからの条件を断る形で、コラボレーションが実現することはありませんでした。アーティストそれぞれの生き残り方というか美学の違いをこのエピソードで感じたりもしましたね。

2001年10月には、マイケル・ジャクソンの遺作となるアルバム《インヴィンシブル》がリリースされます。このアルバムから、〈バタフライズ〉をお聴きください。

▶〈バタフライズ〉

〈インヴィンシブル〉は、当時20歳そこそこの若いプロデューサー、ロドニー・ジャーキンスと主に組んでリリースしたアルバムで、ものすごく時間をかけて作られました。

このアルバムの制作時の話で僕が好きなエピソードがあるのですが、ロドニーがミキシングしていたとき、マイケルが「ミックスを聴けるのは何時頃になる?」と訊いてきたそうです。ロドニーはその日、午後10時という遅い時間から作業を始めることになったので「たぶん夜中の3時かな。そのぐらいだね」と答えると、マイケルは驚くことに3時ぴったりにスタジオに現れ、「さあ、聴かせてくれ」と言ったそうです。

たぶんロドニー・ジャーキンスからしたら、3時ぐらいかなと答えたけど明日聴いてくださいねぐらいの気持ちで言ったと思うんですよ。でもマイケルは3時ぴったりに来て聴かせてくれと言った。ロドニーはこのとき「彼はとにかく音楽に対して真剣だ。だから彼の作品はいつだって時代の先を行っていて、他のアーティストのアルバムよりいい音を出しているんだ」と思ったそうです。

そして2009年6月25日。日本では26日金曜日だったんですけれども、マイケル・ジャクソンが亡くなったという衝撃的なニュースが世界中を駆け巡りました。僕ももちろん大きなショックを受けました。

そのあとの流れはみなさんもご存じだと思いますが、ツアーのリハーサル映像をもとに制作された映画『THIS

IS IT』が2009年の秋に公開されました。この映画で世界中の人たちが久しぶりに動いているマイケル、踊っているマイケルを観ました。もちろんリハーサルなので中途半端な尺だったり準備段階の演出もあったのですが、それによって2010年代はマイケル・ジャクソンという人が遺した音楽やダンス、パフォーマンスが、90年代や2000年代に比べてストレートに称賛され、リスペクトされることが増えてきました。

例えばブルーノ・マーズやダフト・パンク、ファレル・ウィリアムス、ジャスティン・ティンバーレイクもそうですけれども、いろんな若いアーティストたちがマイケルからの影響を表立って表現していったのが、この10年だったのではないかなと思っています。

そんな中、マイケルの未発表曲をリリースするというレコード会社の動きもありました。その代表曲と言えるのが、1983年にポール・アンカと一緒にデモを作っていた〈ラヴ・ネヴァー・フェルト・ソー・グッド〉。これは2014年に《XSCAPE(エスケイプ)》というアルバムでリリースされております。マイケル・ジャクソンで〈ラヴ・ネヴァー・フェルト・ソー・グッド〉をどうぞ。

▶〈ラヴ・ネヴァー・フェルト・ソー・グッド〉

ここまで、マイケルの音楽人生を、本当に早送りといいますか、〈帰ってほしいの〉から2019年の今までの50年間をギュッと凝縮してお届けしました。

MJミュージックヒストリー

毎月1週目と2週目は「MJミュージックヒストリー」。
時代や作品、アルバム単位でマイケルの足跡をたどります。

ジャクソン5の時代
10代のマイケル・ソロ作品特集
ジャクソンズ特集
《オフ・ザ・ウォール》の時代
《スリラー》の時代
《BAD》の時代
《デンジャラス》の時代
《ヒストリー パスト、プレズント・アンド・フューチャー ブック1》の時代
《インヴィンシブル》の時代
映画『マイケル・ジャクソン THIS IS IT』

第2章

【MJミュージックヒストリー】

ジャクソン5の時代（前編）

2019年5月5日オンエア

今回はジャクソン5の特集です。ジャクソンファミリーの一員としてデビューしたマイケル。ジャクソン5時代の名曲を当時のエピソードも交えてお送りいたします。まずはこの作品からスタートしましょう。ジャクソン5で〈フーズ・ラヴィン・ユー〉。

▶〈フーズ・ラヴィン・ユー〉

この楽曲は彼らのファーストアルバム《帰ってほしいの》（原題：Diana Ross Presents the Jackson5）にも、ファーストシングル〈帰ってほしいの〉のB面（レコードの裏面）にも収められていた、初期の代表曲です。もともとはモータウンの大先輩スモーキン・ロビンソン&ザ・ミラクルズのスモーキン・ロビンソンが書いた楽曲ですが、テンプテーションズやスプリームスといったモータウンのアーティストたちもカバーした人気曲です。中でもこのマイケルが歌うジャクソン5ヴァージョンは本当に好評を博し『エド・サリヴァン・ショー』という、当時アメリカで観ていない人はいないというほどの人気番組で、この曲を歌うデビュー当時のマイケルやジャクソン5にみな驚愕《きょうがく》したというエピソードもありますので、代表曲として選曲させていただきました。

マイケル・ジャクソンは1958年8月29日、アメリカ合衆国中西部の産業都市、インディアナ州ゲイリーで生まれました。マイケルには上に4人のお兄さんがいまして、上からジャッキー、ティト、ジャーメイン、マーロン、そしてマイケル。この5人でマイケルが11歳のときにジャクソン5という名前で名門レーベル、モータウンからデビューします。

最初は上のお兄ちゃん3人が歌っているところにまざろうとしても、四男のマーロンと五男のマイケルはまだ幼かったので、「お前らちっちゃいから無理やぞ」と外されていたんですけれども、マイケルのヴォーカルがとんでもないということにみんなが気づきまして、「リードヴォーカルはマイケルにしよう！」となり、グループを組んで地元で行われるいろいろなパーティーで歌っていたようです。

その頃、シカゴにあるリーガルシアターという由緒あるホールに、ボビー・テイラー&ザ・ヴァンクーヴァーズというグループがやってきたんですが、そのときに前座として、ちょっとずつ地元で人気が出てきていたジャクソン5が大抜擢されました。

このボビー・テイラー&ザ・ヴァンクーヴァーズというグループは、モータウンレコードに所属していました。ボビー・テイラーは1934年2月生まれで、当時34、35歳。まあまあなベテランだったんですけれども、いろんなドゥーワップグループもやりながら、各地を転々としていました。モータウンのスターでもあるマーヴィン・ゲイと同じワシントンDC出身ということで幼馴染みだったり、いろんな人とつながりがあるミュージシャンだったんですけど、その彼がジャクソン5の前座を観て「これはすごい！」と。自分たちのレーベルである、モータウンレコードの社長ベリー・ゴーディ・ジュニアに彼らを紹介して、「君ら、レコード出したほうがいいんちゃうか」ということを両親にも言うんです。

父ジョーはジャクソン5のマネージャーをやっていたのですが、マネージャーといっても幼い子どもたちをなんとかしつけて、車を運転して、ブッキングしてというようなことの繰り返しだったので、「モータウンに行けるなんて！　紹介してくれるなんて、ありがとうございます！」と大喜びで、デトロイトにあるモータウンの本社までボビー・テイラーに連れていってもらったと伝えられています。

ちなみにグラディス・ナイト&ピップスのヴォーカリスト、グラディス・ナイトもデビュー前のジャクソン5

を大絶賛していたようです。

せっかくなので、歌も含めてちょっと掘り下げて説明したいと思いますが、このボビー・テイラー、実はファーストアルバムの《帰ってほしいの》のほとんど、12曲中10曲に関わっているんです。先ほどボビー・テイラーが社長のベリー・ゴーディに兄弟たちを紹介した話をしましたが、「じゃあ君がプロデュースしたら?」ということで、最初の音楽監督に任命されます。

まずはジャクソン5が憧れた、ボビー・テイラー&ザ・ヴァンクーヴァーズのヒット曲で、全米29位まで上昇しました〈ダズ・ユア・ママ・ノウ・アバウト・ミー〉を聴いてください。

〈ダズ・ユア・ママ・ノウ・アバウト・ミー〉

1968年のヒット曲なんですけれども、まさにジャクソン5とボビー・テイラーが出会ったちょうどその頃の曲です。

ジャクソン5はこのボビー・テイラーというコーチのもとでレコーディングをしていくわけですけれども、彼はすごく才能あふれる人で、特に人に歌を教えるのがめちゃくちゃ上手だったといわれているんです。だからなのか、僕はこの曲を聴くと、マイケル・ジャクソンの初期、デビュー当時の歌い方にすごく似てるなっていつも思うんですよね。

マイケル・ジャクソンという人物の最大のポイントはどこなんだろうなと思ったとき、僕は人の能力や良いところを自分の中に取り入れる力の大きさだと思っているんです。よく天才はモノマネが上手い人だという言い方をしますけれども、マイケルは先生であるボビー・テイラーの歌い方や表現力を、10歳、11歳ながらにして体の中にものすごく吸収したのではないかなと思います。

そしてこのボビー・テイラーは、マイケル・ジャクソンを少年スターとは見ていなかったんですね。なのでソウルやリズム&ブルースのカバー曲を中心に与えていまして、クラシック・ソウルの本格的スターとして、ちゃんと大人になってからも歌えるような歌を歌う子どもとして扱っていたんです。しかしそれに異を唱えたのが、モータウン社長のベリー・ゴーディ・ジュニア。「君に任せてたらどんどん大人っぽいグループになってしまってるがな。彼ら可愛いんやから、もうちょっと子どもが歌うような歌を歌わせようぜ」と、最後の方で介入してきたことでケンカになり、結局大恩人のボビー・テイラーはプロデューサーの任を解かれてしまいました。

その後は〈ABC〉や〈シュガー・ダディ〉など、いわゆる僕らがよく知っているモータウンでのジャクソン5シングルズみたいな、ちょっと可愛いらしい楽曲があてがわれていくことになります。どちらが正しかったのかは分かりませんが、ベリー・ゴーディはチャイルド・スターとしてジャクソン5を売り出したかった。だけども、このボビー・テイラーは、シンガーとしてのマイケルの魅力を大人になる最終形まで見抜いていたのではないかな、なんて思ったりもします。

それでは、3枚目のシングルとして発売された、これも全米ナンバーワンになった曲なんですけれども、ライヴヴァージョンで聴いてください。〈ウォーク・オン〉からのつながりで〈小さな経験〉(Walk On / The Love You Save (Live))。

▶〈ウォーク・オン〉〈小さな経験〉

最初に聴いていただいた〈フーズ・ラヴィン・ユー〉のボビー・テイラー路線と、社長のベリー・ゴーディが推し進めた、もうちょっと子どもらしくてバブルガムな戦略との違いがよく分かっていただけたと思います。

ソングライティングチームはザ・コーポレーションというグループで、ベリー・ゴーディが中心となって、ディーク・リチャーズ、フォンス・ミゼル、フレディ・ペレンという天才的な作詞家・作曲家が集まりプロデュースチームを組んで、初期のジャクソン5楽曲を作っていきました。ヴォーカルも聴き比べると分かると思うのですが、ボビー・テイラーの影響下にあるちょっとブルージーな哀愁を帯びた歌唱と、はつらつとして元気なマイケルを聴き比べると、どちらの方向性も正しかったんじゃないかなと僕は思います。

先ほどの〈フーズ・ラヴィン・ユー〉は1969年8

月7日に、モータウン発祥の地デトロイトでレコーディングをしましたが、このあとモータウンはロサンゼルスに拠点を移すことになります。それに合わせてジャクソンファミリーも故郷インディアナ州ゲイリーからロサンゼルスに引っ越しをすることに。

それからのジャクソン5は、ダイアナ・ロスに紹介してもらって記者会見を開いたり、テレビに出たりしながらどんどん有名になっていき、先ほど選んだ〈小さな経験〉は3曲連続のナンバーワンヒットとなりました。

この1969年から1970年の1年に渡るジャクソン5の勢いはものすごくて、1969年12月18日にファーストアルバム《帰ってほしいの》を発売し、その半年後の1970年5月8日に《ABC》というセカンドアルバム、そして4カ月後には《アイル・ビー・ゼア》(原題：Third Album) という名のサードアルバムが出て、さらに1カ月後にはクリスマスアルバムも出るという(笑)、1969年12月から1970年10月のたった10カ月の間に4枚ものアルバムをリリースという、もうとんでもない忙しさ、人気を獲得していくわけです。

それでは、アルバム《アイル・ビー・ゼア》の中から聴いていただきましょう。〈ママズ・パール〉(邦題：ママの真珠) と〈ダーリング・ディア〉。

▶〈ママズ・パール〉
▶〈ダーリング・ディア〉

これらが1枚のシングルに入っていたなんて信じられないぐらい良曲ですし、特に〈ダーリング・ディア〉は、90年代以降にジャクソン5再評価が起きるのですが、その頃の一番人気と言っていいぐらいの楽曲です。

演奏陣も歴史に名を残す名手揃いで、特にベースのジェームス・ジェマーソンは、天下一(表現が古くさいですけれども) と語り継がれるベーシストです。モータウンのいろんな人材がマイケル・ジャクソンおよびジャクソン5に才能を惜しみなく発揮した作品群ですが、〈帰ってほしいの〉〈ABC〉、今日聴いていただいた〈小さな経験〉、そして〈アイル・ビー・ゼア〉という4曲が続けてナンバーワンヒットしたあと、残念なことにこの〈ママズ・パール〉で初めて2位になってしまいます。

というのも、ジャクソン5〈帰ってほしいの〉が1位になったのは1970年1月31日付けで、次の週に〈帰ってほしいの〉を追い越したのがショッキング・ブルーの〈ヴィーナス〉、翌2月14日の1位はスライ&ザ・ファミリー・ストーンの〈サンキュー／エブリボディ・イズ・ア・スター〉で、そのあと2月28日には解散寸前のサイモン&ガーファンクルの〈明日に架ける橋〉（原題：Bridge Over Troubled Water）が6週連続1位。そして解散寸前のビートルズが4月11日に〈レット・イット・ビー〉で2週間1位になって、そのあとまた〈ABC〉でジャクソン5がビルボード1位を獲得しているので、この時期のシングルナンバーワンの楽曲のクオリティの高さといいますか、ともかく1位になるのがどれだけ大変だったのかが分かってもらえると思います。〈レット・イット・ビー〉や〈明日に架ける橋〉などと競争しているというデッドヒートの中、ジャクソン5は1年間で4曲連続1位を取り、この〈ママズ・パール〉で初めて2位になりましたという話なんですけれども……。

今度は、1971年4月に発売されたアルバム《さよならは言わないで》（原題：Maybe Tomorrow）から2曲続けて聴いていただきましょう。〈イッツ・グレイト・トゥ・ビー・ヒア〉、そして〈メイビー・トゥモロー〉（邦題：きっと明日は）。

▶〈イッツ・グレイト・トゥ・ビー・ヒア〉
▶〈メイビー・トゥモロー〉

最初にかけた〈イッツ・グレイト・トゥ・ビー・ヒア〉は、まさに先ほども話した〈ダーリング・ディア〉と並んで、90年代以降のDJ文化の頂点にきらめくというか、レアグルーヴなんて言い方もありましたけれども、70年代のこういうソウルミュージックの最高峰に位置する楽曲です。

そして〈メイビー・トゥモロー〉は、もともとマイケルにとっても大先輩でエンターティナーのパイオニアのようなサミー・デイヴィス・ジュニアのために書かれたようですが、結果マイケルおよびジャクソン5で歌うことになりました。ちょっと大人っぽい路線ですかね。

そしてこのあたりからちょっとずつマイケルが声変わ

りしていきます。12～14歳、このあたりで男の子の声はグググッと変わるので。

さて、ここまではグルーピーに追いかけられ、世界中で大騒ぎになっていたジャクソン5とマイケル、という時代をお送りいたしました。

［MJミュージックヒストリー］

ジャクソン5の時代（後編）

2019年5月12日オンエア

今回はこの曲からスタートしましょう。ジャクソン5で〈シュガー・ダディ〉。

▶〈シュガー・ダディ〉

この曲は1971年12月にリリースされたアルバム《グレイテスト・ヒッツ》に収録されております。

ジャクソン5が1969年の秋にデビューしてから12月にかけて、何枚ものシングルやアルバムを出して一気にスターダムにのし上がったことは前回で説明しましたが、なんとデビュー2年目で《グレイテスト・ヒッツ》を出しています。これまでのほとんどの曲はザ・コーポレーションという、ディーク・リチャーズ、フォンス・ミゼル、そしてフレディ・ペレンとモータウンの社長ベリー・ゴーディによる楽曲製作チームのプロデュース曲なのですが、このアルバムはいわゆる初期の可愛らしいジャクソン5のひとつの決定版というか、完成版だと思います。

しかしこのあとマイケルが声変わりをしたり、音楽シーンに変化が訪れて、こういった形のバブルガムポップというか、子ども向けのファンクソウルという形では生き残りが難しくなっていきます。

その変化の兆しを感じる《ルッキン・スルー・ザ・ウィンドウズ》というアルバムが1972年5月にリリースされますが、実はこのアルバムのレコーディング中、マイケルはプロデューサーから、とある歌い方をしろと提示されてすごく反抗するんです。

「僕はこういう歌い方をした方がいいと思うんだ」と主張するマイケルに、「いやいや、俺の言った通りにやれ」と譲らないプロデューサー。どうしても嫌だったマイケルは社長のベリー・ゴーディ・ジュニアに電話をしたら、社長がスタジオに来てプロデューサーに「この子の好きに歌わせてやれ！」と怒ったという、マイケル・ジャクソン史上でもエポックメイキングな楽曲です。

このあたりから（まだ過渡期ではあるんですけれども）、いわゆる僕らが知っているマイケル・ジャクソンの歌い方、歌唱法がどんどん固まってくるので、それを感じてもらえればいいなと思っております。

1972年5月23日にリリースされたアルバム《ルッキン・スルー・ザ・ウィンドウズ》から、〈ルッキン・スルー・ザ・ウィンドウズ〉と〈リトル・ビティ・プリティ・ワン〉（邦題：かわいい悪魔）を聴いてください。

▶〈ルッキン・スルー・ザ・ウィンドウズ〉
▶〈リトル・ビティ・プリティ・ワン〉

〈ルッキン・スルー・ザ・ウィンドウズ〉はスピード感のあるマイケルのヴォーカルが素晴らしいなと思うのと、〈リトル・ビティ・プリティ・ワン〉のほうは、やはりジャクソン5はマイケル・ジャクソンのみが歌うグループではなく、お兄さんでファルセットが得意なジャッキー・ジャクソンや、パワフルでちょっとコクのあるジャーメイン・ジャクソン、この3人がリードを分け合う、そういったコーラスグループ、ヴォーカルグループとしてのジャクソン5の魅力がよく伝わる曲だなと思い、選曲させていただきました。

そしてこの〈リトル・ビティ・プリティ・ワン〉は、ボビー・デイという方が1957年にヒットさせた楽曲なので、ジャクソン5がカバーした時点ですでに15年前のオールディーズだったんですね。なんですけど、ジャクソン5ヴァージョンがこれだけ魅力的な作りになっているということで、好きになる方もいらっしゃるのではないでしょうか。

そして1973年9月、モータウン期のジャクソン5に最大の変化といいますか、新たなディスコミュージックの流行を取り入れた新機軸の楽曲が発表されます。聴いていただきましょう。１９７３年9月にリリースされました〈ゲット・イット・トゥゲザー〉。

▶〈ゲット・イット・トゥゲザー〉

この曲はハル・デイヴィス、ドン・フレッチャー、メル・ラーソン、ジェリー・マルセリーノと、社長であるベリー・ゴーディ・ジュニアが一緒に作った楽曲です。今聴いてもらって分かったと思うんですけど、14歳になるかならないかのマイケルですが、声変わりが完了したなという感じですよね。

そして１９７３年9月に出たアルバム《ゲット・イット・トゥゲザー》は、ベリー・ゴーディ・ジュニアが、デビューから4年後、もう1回ジャクソン5に賭けてみようという情熱が感じられる傑作です。

この時期はモータウンも含め、音楽シーン激動の時代でした。モータウンでマイケル・ジャクソンが憧れていたスティーヴィー・ワンダーは、１９７２年に《心の詩》(原題：Music of My Mind) と《トーキング・ブック》というアルバムをリリースし、ジャクソン5のシングル《ゲット・イット・トゥゲザー》が出たのと同じ１９７３年8月に《インナーヴィジョンズ》という世紀の金字塔を発表しています。これらはスティーヴィーが作詞・作曲をしながらプロデュースもすることで、自身の才能を決定づけたアルバムなわけですけれども、マーヴィン・ゲイ（この人もまたモータウンの先輩です）も、１９７１年5月に《ホワッツ・ゴーイン・オン》、１９７３年8月には《レッツ・ゲット・イット・オン》と、これもまた歴史に残る名作2枚を連続リリースしました。

このスティーヴィーとマーヴィン。両者に通じるのが、社長であるベリー・ゴーディの方針に歯向かったことなんですね。ベリー・ゴーディはモータウンのアーティストに人種差別を想起させる政治的な歌を歌わせず、可愛らしい曲だったり、みんなが分かりやすいダンサブルでキャッチーな曲を強制していました。それが大ヒットを生み続けていた秘訣だったんですけれども、70年代になった途端にモータウンにいた若いミュージシャンたちが、どんどん自分の主張を作品の中に込めていきます。その流れの中でジャクソン5、特にマイケルの心に「僕も将来は自分の音楽を自分で作りたい」という火がついたのです。

次に聴いていただきたいのが、この《ゲット・イット・トゥゲザー》というアルバムに含まれている曲、〈イッツ・トゥー・レイト・トゥ・チェンジ・タイム〉(邦題：時を戻して)です。この曲でまさにのちの《オフ・ザ・ウォール》や《スリラー》で聴かれるマイケル・ジャクソンのヴォーカルが完成したのではないかなと思われる楽曲です。お聴きください。

〈イッツ・トゥー・レイト・トゥ・チェンジ・タイム〉

サビのところでマイケルが「♪It's too late ダッ！」とやるんですけど(笑)、このときから「ダッ！」というのがマイケルののちのちの癖というか、アイコンになっていくんですけれども、それがここで生まれたなと思い、本作を選びました。マイケルがモータウンの中でいろいろな方向を探りながら、新しい声で、新しい自分の歌唱法、リズミックな歌唱法をどんどん追いかけていたことが分かると思います。

次に聴いていただきたいのが、スティーヴィー・ワンダーがジャクソン5のために書き、1973年にレコーディングされた(1974年という説もあるんですが)けれどもなかなかリリースされず、マイケルが亡くなったあとに発表されたこの曲です。〈バターカップ〉。

〈バターカップ〉

こんな良い曲があっていいのでしょうか。この時期のスティーヴィー・ワンダーは、先ほども触れました《トーキング・ブック》《インナーヴィジョンズ》、そして1974年には《ファースト・フィナーレ》というアルバムを出し、2年後には《キー・オブ・ライフ》という、本当にポップミュージックの歴史の中でもすべてがベスト10入りするぐらいの名盤を連発していた時期で、他のアーティストにもいろいろな曲を分け与えているぐらい、本当に乗りに乗っていたんです。なので、モータウンからしても、大人になってきたマイケルおよびジャクソン5にスティーヴィーの曲を歌わせることはすごく良い思いつきだったと思うんですけど、なぜかリリースされず、結果カール・アンダーソンという方がこの曲を歌いました。マイケルが亡くなったあと、やっとこの〈バターカップ〉は世に出たのですが、あまりにも良い曲なので選んでみました。

その頃のスティーヴィーとのエピソードがもうひとつあります。スティーヴィーのアルバム《ファースト・フィナーレ》の〈悪夢〉(原題：You Haven't Done Nothin')に、コーラスとしてジャクソン5が参加していました。マイケルはこの曲のレコーディング中、スティーヴィーがスタジオで行う作業すべてを盗んでやろうと一生懸命見つめていたようです。

この頃、メンバーはどうしても自分たちの曲を作りたいという衝動が抑えきれなくなってきたんですけれども、ベリー・ゴーディ・ジュニアはそれを許しませんでした。マイケルが作詩作曲家としてこれだけの才能があると分かった今からすると、なぜ見抜けなかったのか、なんで止めたんだと言われることも多いのですが、ゴーディもただ意地悪でしていたわけではないと思うんですよね。マイケルのダンサー、ヴォーカリストとしての才能、エンターティナーとしての存在感はとんでもないなとは思っていたでしょうけど、まさか作詞・作曲まで、そこまでの才能があるとは心の奥で思っていなかったんでしょうね。ベリー・ゴーディの親心というんでしょうか。実際良い曲を振っていましたし、演奏陣も超一流ですから、ただ単に意地悪で「いや、お前らには無理だ」と言っていたのではないだろうと、ベリー・ゴーディの肩を持ちたい気持ちもあります。

このあと、ジャクソン5はソング・ライティングを許してくれない社長とトラブルになり、モータウンを去ることになり、モータウン側は「出ていくのであれば、ジャクソン5という名前はうちに残していけ」と命令。もともと地元でやっていたときからジャクソン5と名乗っていたので変な話なんですけど、仕方なく〝ジャクソンズ〟にしますというのが、このあとの話です。

それでは、最後に〈ウィア・ヒア・トゥ・エンタテイン・ユー〉を聴いていただきます。この曲は僕も大好きで、ジャクソン5の記録映像ビデオで流れるときに、メンバーがいろんなところを旅しながら、車や飛行機の中で寝ていたり、死にものぐるいで一生懸命働いていたときの画面と重ね合わせて流れる歌です。

〈ウィア・ヒア・トゥ・エンタテイン・ユー〉というタイトルは、「君たちを楽しませるために僕らはここにいるんだよ」という意味で、本当に休みなく働き続けたジャクソン5のメンバーの気持ちを思って聴いていただけるとグッと来るかなと思って選ばせていただきました。

〈ウィア・ヒア・トゥ・エンタテイン・ユー〉

ジャクソン5で〈ウィア・ヒア・トゥ・エンタテイン・ユー〉お送りしました。

【MJミュージックヒストリー】

10代のマイケル・ソロ作品特集（前編）

2019年6月2日オンエア

今回は10代のマイケル・ソロ作品特集です。ジャクソン5としてデビューしてからちょうど2年が経った1971年秋、マイケルはモータウンでソロデビューを果たします。またモータウンからデビューしてちょうど丸10年となる1979年の夏、マイケルはアルバム《オフ・ザ・ウォール》を発表します。プロデューサーにクインシー・ジョーンズを迎え、タッグを組んで作ったこのアルバムは、マイケルの思いを初めて具現化できた作品です。これ以降の80年代から、いわゆる多くの人がイメージする〝ザ・マイケル・ジャクソン〟の時代が始まっていくのですが、今回はそれ以前のジャクソン5のグループ活動と並行してのソロ活動から、アルバム《オフ・ザ・ウォール》に至るまでを特集していきたいと思っております。

まずはこの曲からスタートしましょう。マイケル・ジャクソンで〈ガット・トゥ・ビー・ゼア〉。

▶〈ガット・トゥ・ビー・ゼア〉

1971年10月にシングルとして発売されたマイケルのソロデビュー作で、全米ビルボード・チャートで4位、そして別の集計「キャッシュ・ボックス」では1位になっていますので、最初から順風満帆だったことが分かります。

翌年1月には同名のアルバムが発売されましたが、その中からもう1曲聴いていただきましょう。マイケル・ジャクソンで〈エイント・ノー・サンシャイン〉。

▶〈エイント・ノー・サンシャイン〉

これはビル・ウィザーズが1971年の夏にヒットさせた楽曲ですが、マイケルはすぐにこの曲をレコーディングして、1972年1月発売のアルバムに収録しています。当時、素晴らしい楽曲は即カバーされることが多く、テンプテーションズも同時期にカバーしたという記録が残っております。

ビル・ウィザーズは音楽ファンの中でも評価の高い大天才音楽家で、〈リーン・オン・ミー〉〈ユーズ・ミー〉（ミック・ジャガーとレニー・クラヴィッツがカバーしていて僕も大好きです）も有名ですし、〈ラヴリィ・デイ〉という曲はCMでもよくかかっていますね。また、名曲〈クリスタルの恋人たち〉（原題：Just the Two of Us）はビル・ウィザーズとグローヴァー・ワシントン・ジュニアが協力して作った曲ですが、このように後世に残るクラシックをたくさん生み出した方です。

ビル・ウィザーズは渋みのある大人の歌い方でこの曲をヒットさせているのですが、マイケルは少年の美しい声でカバーしました。これもベリー・ゴーディの意外性を狙う戦略というか、目の付けどころが面白いなと思います。

それではファーストアルバムから、2曲続けてお聴きください。〈ロッキン・ロビン〉そして〈アイ・ウォナ・ビー・ホエア・ユー・アー〉（邦題：ボクはキミのマスコット）。

▶〈ロッキン・ロビン〉
▶〈アイ・ウォナ・ビー・ホエア・ユー・アー〉

〈ロッキン・ロビン〉はアルバム《ガット・トゥ・ビー・ゼア》から2枚目のシングルに選ばれ、1972年2月にはチャート2位まで上がっております。大ヒットですね。そして5月には〈アイ・ウォナ・ビー・ホエア・ユー・アー〉がシングルカットされて、これも14位まで上がりました。〈ボクはキミのマスコット〉という邦題が付いていたように（さすがに今はもうそう呼ぶ人はいないと思うんですけど）、当時いかにマイケルが可愛らしい存在として愛されていたのかが分かると思います。

〈ロッキン・ロビン〉は、ジャクソン5の楽曲〈リトル・ビッティ・プリティ・ワン〉のオリジナル作者であるボビー・デイが1958年にヒットさせた曲です。マイケル自身もこの〈ロッキン・ロビン〉という可愛らしい、ロックンロールの初期にあったオールディーズと呼ばれているような作品をカバーして成功させていますから、ボビー・デイの曲をジャクソン5でもマイケル・ジャクソンのソロとしてもカバーしているということになります。

そして〈ボクはキミのマスコット〉に関しては、のちにマーヴィン・ゲイが《アイ・ウォント・ユー》というアルバムでちょこっとだけカバーしています。このヴァージョンはすごく短いのですがめちゃくちゃかっこよくて、ソウルやR&Bの愛好家から熱狂的に愛されています。

ここまでファーストアルバム《ガット・トゥ・ビー・ゼア》に収録されていた曲を紹介してきましたが、1年後の1972年にマイケルは《ベンのテーマ》(原題：Ben)というソロアルバムをリリースします。まずはアルバム《ベンのテーマ》の中から〈ピープル・メイク・ザ・ワールド・ゴー・ラウンド〉(邦題：愛の世界)をお聴きください。

▶〈ピープル・メイク・ザ・ワールド・ゴー・ラウンド〉

このアルバムは、映画『ベン』の主題歌である〈ベンのテーマ〉の大ヒットと共に作られたんですが、この頃のマイケルはただでさえ忙しいジャクソン5と並行してソロ活動をしていましたから、本当にめちゃくちゃ忙しかったのです。1972年にはイギリスやフランス、オーストラリアなど世界中を回るツアーを始め、1973年には初来日も。

ジャクソン5ではバンドの兄たちがいるので、基本的にコーラス隊を活かした元気な曲が主体なのですが、マイケルのソロはどちらかというとバラードが多く、マイケルの歌手としての魅力を引き出していくプロデュースが、モータウンによってなされていきました。

それでは、引き続きアルバム《ベンのテーマ》の中から、マイケル・ジャクソンで〈シュ・ビ・ドゥ・ビ・ドゥ・ダ・デイ〉。

▶〈シュ・ビ・ドゥ・ビ・ドゥ・ダ・デイ〉

この曲はスティーヴィー・ワンダーが1968年にヒットさせたナンバーで、シルヴィア・モイ、ヘンリー・コスビー、スティーヴィー・ワンダー3人の共作です。

それでは続きまして、僕の大好きなこの曲、1973年発売のサードアルバム《ミュージック・アンド・ミー》から、マイケル・ジャクソンで〈ウィズ・ア・チャイルズ・ハート〉。

▶〈ウィズ・ア・チャイルズ・ハート〉

邦題〈大人は知らない〉をお送りしました。僕はこの曲を聴くと、いつも悲しいというか切ない気持ちになるのですが、マイケルが変声期を迎えたのがちょうどこのアルバムがリリースされた1973年4月前後のタイミングです（僕は自分の変声期のことはあまり覚えていなくて、2、3カ月かかったのか、それともある日突然声が変わったのかもすっかり忘れてるんですけど）。

マイケルは1973年4月27日から5月2日まで日本でライヴをやったのですが、そのときの様子を湯川れい子さんが「そのときのマイケルは変声期真っただ中で、発声が苦しそうだった」と回想されていました。当時のバンドマンは譜面を見ながら演奏していたので、マイケルが「お願いします。僕の声が低くなってきてるので、ちょっとキーを下げてください」と頼んでも「いや、このままじゃないと演奏できない」と言って突っぱねたらしいんです。マイケルからしたら変声期で声が出なくなっているのに、子どものキーのままで歌わされたので本当に辛い思いをしたと思うんです。

チャイルドスターが大人になる途中で声が変わることは本人もすごく怖かったでしょうし、大人たちも「この子の人気はこれまでかもしれない」という気持ちがあったと思うんですね（僕らはのちのマイケルがビッグスターになることが分かっていますけど）。なのでマイケルはこの頃ものすごい数のレコーディングをさせられていたんですが、その変声期前後の歌声がこの〈ウィズ・ア・チャイルズ・ハート〉なので、この曲を聴くといつも〈大人は知らない〉という邦題に「まさにそうだよな」と共感しますし、マイケルは毎日ものすごく忙しい中でどういう思いだったんだろう、と当時の心情を想像してしまうのです。

マイケルのサードアルバム《ミュージック・アンド・ミー》は非常に素晴らしいアルバムでおすすめです。

それでは、リリースの順番としてはだいぶ前後するんですが、まさに変声期中のマイケルが歌った楽曲〈フェアウェル・マイ・サマー・ラブ〉を最後にかけたいと思います。《スリラー》が大ヒットして人気大爆発中だった1984年に、モータウンに残されていた未発表曲集が発売されたのですが、そのうちの1曲。当時はマイケルの新曲が出たのかと僕も驚いたのですが、実際は〈ウィズ・ア・チャイルズ・ハート〉がリリースされた1973年1月から秋ぐらいまでに録ったといわれています。この曲を聴くと「あ、声変わりしてるんじゃない？」と思ったりするので参考までにと言いますか、名曲なのでどうぞ！

〈フェアウェル・マイ・サマー・ラブ〉

マイケル・ジャクソンで〈フェアウェル・マイ・サマー・ラブ〉を聴いていただきました。

［MJミュージックヒストリー］

10代のマイケル・ソロ作品特集（後編）

2019年6月9日オンエア

今月は10代のマイケル・ソロ作品特集をお送りしています。前編ではマイケルが〈ガット・トゥ・ビー・ゼア〉という曲でソロデビューを果たし、立て続けにアルバム《ガット・トゥ・ビー・ゼア》《ベンのテーマ》《ミュージック・アンド・ミー》を発表したところまでをお話ししました。後編の今日は、それ以降から1979年に発売される《オフ・ザ・ウォール》までのマイケルを追いかけていこうと思っております。

メインの物語としてはジャクソン5、ジャクソンズというグループが稼働していますから、この頃のマイケルのソロはどうしてもデザートというか課外活動のように見えるのですが、それでもどんどんヒット曲を飛ばしているんですよね。

そんな順調な中ではありますが、前回も触れたように少年ヴォーカリストの宿命、「声変わり」という大ピンチが訪れます。先週の最後に〈フェアウェル・マイ・サマー・ラブ〉という曲をかけて、この曲は声変わり頃の1973年にレコーディングされたんだよという話で終わりましたけれども、今回もそのアルバム《フェアウェル・マイ・サマー・ラブ》の中から、シングルにもなった〈ガール・ユアー・ソー・トゥゲザー〉を聴いてください。

〈ガール・ユアー・ソー・トゥゲザー〉

アルバム《フェアウェル・マイ・サマー・ラブ》は、1982年の《スリラー》人気に便乗したモータウンが、1973年にレコーディングしていた楽曲を1984年にリリースしたものです。そしてこの〈ガール・ユアー・ソー・トゥゲザー〉はイギリスでは33位になったヒット曲で、僕も大好きです。

1973年から1975年にかけて、マイケル・ジャクソンおよびジャクソンファミリーとモータウンの仲がどんどん険悪になっていきます。やりたいことがお互いにズレてきていたので、4枚目のソロアルバム《フォーエヴァー・マイケル》に関しては正直なし崩し的なリリースだったのは否めません。ヒットチャートではあまり評価はされませんでしたが、名曲もありますし、未来の僕らのようなマイケルやジャクソンファミリーのファンからすると忘れられない楽曲がありますのでご紹介したいと思います。1975年にリリースされたマイケル4枚目のソロアルバム《フォーエヴァー・マイケル》から〈ウィアー・オールモスト・ゼア〉。

〈ウィアー・オールモスト・ゼア〉

この曲は、モータウン時代にスプリームスや様々なアーティストにたくさんのヒット曲を提供していたブライアン・ホーランドとエディ・ホーランドの共作で、10代のマイケルを代表する楽曲のひとつです。

それにしても《フォーエヴァー・マイケル》ってタイトル、皮肉っぽいというかモータウンも他に何かあっただろうって思うんですけどね（苦笑）。とはいえ素晴らしい楽曲が入っておりまして、のちにアルバム《オフ・ザ・ウォール》がヒットしてマイケル旋風が巻き起こった1981年に、モータウンがヨーロッパでシングルとして発売し、イギリスではなんと1位になったという楽曲〈ワン・デイ・ユア・ライフ〉（邦題：想い出の一日）をお聴きください。

〈ワン・デイ・ユア・ライフ〉

先ほどかけた〈ウィアー・オールモスト・ゼア〉もそうなのですが、やはりモータウンのサウンドプロダクションはこの頃もキレキレだなと思います。

さて、この番組では冒頭で毎回「大河ドラマのようにマイケルの人生を追いかけていきます」と言っているのですが、今回まで意図的に名前を出してこなかった人物がいます。それはジャクソンファミリーの三男、ジャーメイン・ジャクソンです。この方、ジャクソン5ではセカンドヴォーカリストとしてマイケルの次に人気があり、10代の女の子たちの間ではジャーメインのほうが好きだという声が多かったくらい、「セックスシンボル」なんて言われ方もされていた大人気のお兄さん。

マイケルもすごく仲良しで影響を受け合ってきたこのジャーメインは、なんとモータウンのベリー・ゴーディ・ジュニア社長の愛娘ヘイゼルとお付き合いを始め、1973年12月15日に結婚しました。ビバリーヒルズホテルで式を挙げ、会場には各界のセレブリティとモータウンのスターたちが勢揃いし、盛大に行われました。

ジャクソンファミリーも最初に聞いたときは「お前ヘイゼルと結婚すんのかよ！　すげえな！」と大興奮だったようですが、それもそのはず。彼らはもともと故郷インディアナ州ゲイリーで、一部屋に5、6人で寝るような貧しい生活を送っていて、「モータウンと契約できたらいいな」「社長のゴーディさんに気に入ってもらえたらいいな」と夢見ていましたよね。なんとそのゴーディの娘とジャーメインが結婚したんですから！

2人の結婚によって、ジャクソン家と伝統あるモータウンレコード創業者一族ゴーディ家が親族になったわけですが、これがこのあとめちゃくちゃややこしくなるのです。この番組でも何度も話していますが、ベリー・ゴーディはマイケル・ジャクソンやジャクソン兄弟には、素晴らしいサウンドメーカーや作詞作曲家が手掛けた曲をパフォーマーとして歌ってほしいと思っていました。でも本人たちは自分たちの音楽を作りたいという思いが、スティーヴィー・ワンダーやマーヴィン・ゲイという先輩に触発されてどんどん強くなっていくのです。

このようにモータウンの方針と対立する直前にジャーメインとヘイゼルが結婚してしまったので、普通の関係であれば「では契約はここまで、さようなら」と解除もできるのですが、「じゃあワンマン社長の娘と結婚したジャーメインどうするの？」ということになるわけです。特にこの頃のモータウンにはリード・ヴォーカルが2人というパターンがありまして、ザ・テンプテーションズもエディ・ケンドリックスとデヴィッド・ラフィンという違うタイプのヴォーカルが、どちらがメインというわけでもなく曲によって変わったりしていましたし、大人になったマイケルとジャーメイン両者もそうなる可能性がありました。

その後、ジャーメインのみモータウンに残りジャクソン5から脱退するという事件が勃発します。ジャクソン5・マイナス・ジャーメイン。つまりジャクソン4は次のレコード会社に移籍していくのですが、〝ジャクソン5〟という名前はモータウンの権利だから使うなと言われ、それならと、ランディという末の弟を迎え入れ、新たに〝ジャクソンズ〟として再スタートすることになりました。

結果的にマイケルのいるジャクソンズはいろいろと苦労しながらもヒットを飛ばしていきますが、ベリー・ゴーディの全面的なバックアップを受けたはずのジャーメインは、残念ながらあんまりうまくいかない状況が続いてしまうことに……。でもモータウンもそれだとプライドが許さないというか、ここはもう1回ジャーメインを売っていこうじゃないかということで1980年、スティーヴィー・ワンダーの協力を仰いで《レッツ・ゲット・シリアス》というアルバムを大ヒットさせることに成功（マイケルはもう《オフ・ザ・ウォール》でヒットを飛ばしたあとですけれども）。

ではアルバムの中から、ジャーメインの代表作となっている曲を聴いていただきたいと思います。1975年にはすでにレコーディングが終わっていたといわれているので、果たしてジャクソン5のために作ったのか、それともジャーメインのソロとして作ったのかは分かりませんが〈キープ・ユア・ラヴ・フォー・ミー〉という名曲をお聴きください。

〈キープ・ユア・ラヴ・フォー・ミー〉

先ほどはジャクソン5のためではないかという言い方をしましたが、もしかしたらジャーメインのソロのため、1975年に作っていた曲にマイケルやジャッキーが参加したのかもしれません。そのあたりはブラックボックスなのですが、それだけスティーヴィー・ワンダーという天才が１９７０年代の、モータウンだけでなく世界中から注目を浴びている多作家だったということです。

ではその後、モータウンを離れたマイケルがどういう活動をしていたのかという話をしたいのですが、《オフ・ザ・ウォール》以降については《オフ・ザ・ウォール》特集のときに、ジャクソンズとしての活動はジャクソンズ特集のときに触れていきたいと思います。

さて10代のマイケル・ソロ活動の最大の転換期、大事件は１９７７年、『ウィズ』という映画の出演が決定したことです。ブロードウェイで好評を博していたミュージカルの映画化で、『オズの魔法使』のアフリカ系アメリカ人キャスト版なのですが、マイケルはこの映画のオーディションに参加し、準主役の案山子役の座を獲得しました。監督はシドニー・ルメットで主演はダイアナ・ロス、そして製作がなんとベリー・ゴーディ・ジュニアのモータウン・プロダクションなんですよ。ケンカして別れたマイケルを使うのがどうにも不思議なんですけど(笑)。監督のシドニー・ルメットがマイケルを見た瞬間に「彼は新しい時代のジェームズ・ディーンになる」と言ったそうで、ベリー・ゴーディもクオリティなどいろいろなことを考慮して、マイケルを使うことに決めたのでしょう。

１９７７年７月、マイケルが18歳の終わり頃のことですが、リハのためにニューヨークに６週間滞在し、１９７７年10月からはニューヨークのサットン・プレイスのアパートで次姉のラトーヤと一緒に暮らし、映画の撮影に取り組みました。そこでマイケルは、《オフ・ザ・ウォール》や《スリラー》《ＢＡＤ》〈ウィ・アー・ザ・ワールド〉も含め１９７９年以降の10年間、マイケルと共に世界の音楽シーンを変えていく大プロデューサー、クインシー・ジョーンズと運命の出会いを果たします。

そしてこの半年ほどのニューヨーク滞在が、マイケルのその後に大きな影響を及ぼします。この頃のニューヨークはディスコブームで、翌年には映画『サタデー・ナイト・フィーバー』が大ヒットしたのですが、このディスコ・サウンドが熱狂的に盛り上がっていく様を成人直前のマイケルが体感するのです。それがのちの《オフ・ザ・ウォール》や《スリラー》のダンサブルな手触りに結実していきました。

それでは、この映画の中でマイケルが憧れのダイアナ・

ロスと一緒に歌っている〈イーズ・オン・ダウン・ザ・ロード〉と、マイケルのソロ曲で、映画『ウィズ』から〈ユー・キャント・ウィン〉をお聴きください。

▶〈イーズ・オン・ダウン・ザ・ロード〉
▶〈ユー・キャント・ウィン〉

今回の「MJミュージックヒストリー」は10代のマイケル・ソロ作品を特集してお送りしてきました。後編では三男ジャーメインの名曲も紹介させてもらいましたが、全体的にスティーヴィー・ワンダーやダイアナ・ロスというモータウンの先輩たちの色が濃い時代だったなと改めて思っております。

【MJミュージックヒストリー】

ジャクソンズ特集（前編）

2019年7月7日オンエア

《ザ・ジャクソンズ・ファースト ～僕はゴキゲン》
The Jacksons
1976年11月リリース

《ゴーイン・プレイシズ ～青春のハイウェイ》
Goin' Places
1977年10月リリース

《ディステニー》
Destiny
1978年12月リリース

今回はジャクソンズ特集の前編です。モータウンからジャクソン5のリードヴォーカルとしてデビューしたマイケルでしたが、自分たちで曲を作りたい、自分たちでプロデュースの権利を持ちたいという思いを強くし、それを許さなかったモータウンと半ばケンカ腰に決裂してしまいます。

父親でマネージャーのジョーは、子どもたちが曲を作らないと作詞や作曲の印税が入らない、どれだけ働いても満足な額がもらえないというお金のためもあったとは思うのですが、毅然とした態度で新たなレコード会社との契約を決意しました。

ジョーは幼い子どもたちにスパルタ教育や、虐待に近い特訓をしていたので悪く言われることもすごく多いのですが、この移籍騒動では彼の強引さがなければ、その後のジャクソン兄弟やスーパースター・マイケル・ジャクソンも誕生しなかったのは明白。彼の最大の功績は、この移籍時の力技といえるでしょう。

新たな名称「ジャクソンズ」に関しては、それまでの語尾「5」と「S」という文字がたまたま似ていたし、ジャーメインが抜けてランディが入ったことにしても兄弟で顔もそっくりなので、写真を見て「ジャーメインが抜けてランディが入ったな」と思う人は少なかったと思うんですね（笑）。また結果的に、チャイルドスターとしてヒットしすぎて困っていたジャクソン5にとって、嫌がらせのように名前を取られたことが新生ジャクソンズとして新たなイメージで再スタートが切れて良かったとも思います。1976年リリースのファーストアルバムは《ザ・ジャクソンズ・ファースト〜僕はゴキゲン》という邦題です。僕は「僕ゴキ」って言ってますが、そんなふうに呼んでる人は誰もいないんですけど（笑）。

それでは移籍後第一弾アルバムの中から〈エンジョイ・ユアセルフ（僕はゴキゲン）〉を聴いてください。

▶〈エンジョイ・ユアセルフ（僕はゴキゲン）〉

レコード会社を移籍する際、自分たちの音楽を作りたいと願ったジャクソン兄弟でしたが、やはりまだそこまでの信頼がなかったようで、新たなレコード会社は当時最高のプロデュースチームとしてフィラデルフィアを中心に多くのヒット曲を放っていた、ケニー・ギャンブルとレオン・ハフの2人にプロデュースを任せました。ジャクソンズとしてのファーストアルバム《ザ・ジャクソンズ・ファースト》とセカンドアルバム《ゴーイン・プレイシズ~青春のハイウェイ》の2枚は、このスーパープロデューサーチームによって作られています。

当時はテンプテーションズ、スピナーズ、カーティス・メイフィールド、デルズ、そしてデヴィッド・ボウイやエルトン・ジョンなど多くのアーティストたちが、最先端のソウルグループを多く輩出していたこのケニー・ギャンブル&レオン・ハフ、そしてトム・ベルのもとを訪れていたくらいの実力者ですから、新しいレコード会社が本人たちにすべてを任せなかったのは嫌がらせではなく、彼らに頼んだらもっとすごいヒットソングができるのではないかという親切心もあったと思うんです。そして実はこれがジャクソン兄弟にとってものすごく良い経験で、モータウン時代は作詞作曲にはタッチするな、アーティストは歌っていればいいんだというスタンスが根本にありましたが、このケニー・ギャンブルとレオン・ハフはレコーディング、そのメソッドのプロセスを兄弟たちに見せ、教えてくれたのです。その体験が、3枚目以降のアルバムをジャクソン兄弟がセルフプロデュースするための下準備になりましたし、特にマイケル・ジャクソンには非常に大きな影響を与えました。

ケニー・ギャンブルのほうがどちらかというとメロディや歌詞を考えるコンセプト至上主義の天才で、レオン・ハフはキーボードを駆使して全体のコードアレンジを考えるような、いわゆる「ザ・ミュージシャン」だったのですが、このレオン・ハフという鍵盤奏者と、リリックやメロディを考えるアイデアマンのようなケニー・ギャンブルが合体したことこそ、素晴らしいヒット曲がたくさん生まれた理由でした。マイケルはどちらかというとケニー・ギャンブルタイプで、歌詞やメロディ、リフなどの比較的直線的なものを組み合わせて音楽を作るソングライター。マーヴィン・ゲイやスティーヴィー・ワンダーのようにピアノをバンバン弾きながら曲を作っていくというより、作曲家としてはどちらかというとヘッドアレンジというか、曲を頭の中で思いついたらひとつずつ録音していき、どんどん重ねてデモテープを作るスタイルですね。

ケニー・ギャンブルのような、同じタイプの先輩で大成功してる人に「君は才能あるよ」と認められたのは、マイケルにとってすごく大きな自信になったということを僕はここで言っておきたいのですが、時代の変化や偉大な先輩たちとの出会いが、10代、20代の若いマイケルの未来にとても役に立ったのです。

それでは、ジャクソンズ時代の代表曲と言ってもいい曲を聴いてもらいましょう。〈ショウ・ユー・ザ・ウェイ・トゥ・ゴー（愛ある世界へ）〉。

〈ショウ・ユー・ザ・ウェイ・トゥ・ゴー（愛ある世界へ）〉

ジャクソン5特集の放送で、デビュー時にジャクソン兄弟のコーチとして登場したボビー・テイラー＆ザ・ヴァンクーヴァーズの話をしたのですが、覚えていますか？このボビー・テイラー、モータウンと数年間一緒に音楽を作っていたのですが、社長のベリー・ゴーディ・ジュニアと対立して辞めさせられてしまいました。その後、モータウンを去って自分たちで音楽を作ろうとしていたジャクソン家が彼にプロデュースを頼みました。「あなた、大人になったときのマイケルやジャクソン兄弟は魅力的になっているはずだと言ってくれてましたよね」ということだったと思うんですけど。

ジャクソンファミリーに久しぶりにプロデュースを頼まれて「じゃあ俺も頑張るわ」と一緒に音楽を作り始めた1975年頃、理由は分からないのですがボビー・テイラーはまたまたなぜか途中で外されてしまうのです（結果ケニー・ギャンブルとレオン・ハフがプロデュースすることに）。いつも大事なときに登場しては良い動きをしてくれて、フィラデルフィアともつないでくれた人なのに、結局レコードになるときにはいなくなってしまう。可哀想ですよね。マイケルの歴史を追っている者として今、彼にリスペクトを捧げたいと思いました。

ケニー・ギャンブルとレオン・ハフとマイケルは非常にコンビネーションが良く、マイケルは1977年のインタビューでこんなふうに話しています。

「自分のシンガーとしてのフェイバリットトラックが、《ザ・ジャクソンズ・ファースト》の中に入ってる〈ドリーマー（今日も夢みる）〉です。ギャンブルとハフがまるで僕の心の中で一緒にこの曲を書いてくれたように僕は感じました。僕はいつだって夢を追いかけて生きています。自分で目標を定め、どうすればそこに到れるか、できるだけ具体的に思い描くようにしているんです。そうしてから限界を超えるようにと強く願うんです」

ファーストアルバム《ザ・ジャクソンズ・ファースト》は全米6位という結果で、期待されていた割には大ヒットというわけにはいきませんでした。R&Bチャートで6位、総合チャートでは36位、50万枚以上のセールスを上げていてゴールドディスクにもなってはいるのですが……。

それでは1977年リリースの2枚目のアルバム《ゴーイン・プレイシズ》から〈イーヴン・ゾウ・ユア・ゴーン（涙の誓い）〉、そして〈ゴーイン・プレイシズ（青春のハイウェイ）〉、2曲続けてお聴きください。

〈イーヴン・ゾウ・ユア・ゴーン（涙の誓い）〉

〈ゴーイン・プレイシズ（青春のハイウェイ）〉

フィラデルフィア・サウンドというのは（基本的にフィラデルフィアという名前自体がすごく象徴的なんですけど）、ウィリアム・ペンという方が付けた名前で、〝フィロス〟がギリシャ語でフレンドシップやラブという意味、〝アデルフォス〟がブラザー＝兄弟という意味なので、フィロス＋アデルフォスからフィラデルフィアとなったようです。兄弟であるジャクソンズが兄弟愛を歌うことがイメージとしては非常に合っていたのですが、この頃フィラデルフィア・サウンドのリーダーであるギャンブル＆ハフも過渡期であり、そしてランディが入ったジャクソンズも過渡期だったので、ちょっと戦略を迷っていたという気がするんですよね。

今、選曲した〈エンジョイ・ユアセルフ（僕はゴキゲン）〉や〈ショウ・ユー・ザ・ウェイ・トゥ・ゴー（愛ある世界へ）〉は最高の作品ですし、〈イーヴン・ゾウ・ユア・ゴーン（涙の誓い）〉も今聴いても素晴らしいのですが、最後にかけた〈ゴーイン・プレイシズ（青春のハイウェイ》に関してはジャクソン5時代の栄光をもう一度という感じがして、なぜわざわざフィラデルフィアに来て大人になろうとしてるのに、子どもの頃の成功に寄せたのかな、せっかくここまで来たのになという違和感があります。

たぶんレコード会社やいろんな人が「ジャクソン5のいいところも今回入れといたほうがいいんじゃないの?」と意見したのもあるかもしれないですし、マイケルもまだ19歳だったので、完全なるフィラデルフィア・サウンドを消化しきれていなかったところも敗因のひとつなのでしょう。

マイケルは1984年のアルバム《ヴィクトリー》を最後にジャクソンズを脱退するのですが、それまでの全作品の中で一番売れなかったのがこのアルバム《ゴーイン・プレイシズ》で、全米チャート63位でした。売れなかったから悪いというわけでもないのですが、ともかくちょっと迷っていたということがあると思います。

しかしこの迷いが、マイケルに「やっぱり自分たちで曲を作らないとダメだ」と決意させるのです。この時期のマイケルは実質ジャクソンズのリーダーになっていたので、お父さんとマイケルの2人でレコード会社に行き、「ギャンブル&ハフやフィラデルフィアが悪いわけじゃないんだけど、やっぱり自分たちに全部任せてほしい。どうしても自分たちでプロデュースがしたい」とお願いしました。

レコード会社は結果的にOKを出すのですが、会議ではジャクソン5およびジャクソンズの歴史はここで終わりなんじゃないかと、旬が過ぎたんじゃないかと言っていたようです。せっかくケニー・ギャンブル&レオン・ハフに任せたのに売り上げもどんどん落ちていってる、と。ともかく1回本人たちにやらせてみて、ダメだったら契約も切って見捨てればいい、なんて意見も出たらしいと伝えられています。

裏ではそんなヘヴィな話があったのですが、マイケルたちは「ついに自分たちでプロデュースできる!」と心から喜びました。そして作られたアルバムが《ディスティニー》なのですが、ここで失敗していたらその後のジャクソンズおよびマイケル・ジャクソンの成功はなかったということで、本当に売れて良かったなと思います。

まずは1978年にリリースされたアルバム《ディステニー》から、ディスコヴァージョン、ジョン・ルオンゴ・ディスコミックスで聴いてください。ジャクソンズで〈ブレイム・イット・オン・ザ・ブギー（今夜はブギー・ナイト）〉(John Luongo Disco Mix)。

〈ブレイム・イット・オン・ザ・ブギー（今夜はブギー・ナイト）〉(John Luongo Disco Mix)

ついにこのあたりからマイケル・ジャクソンとジャクソンズのセルフプロデュース作品がどんどん世に出てきます。僕らがやるんだというエネルギーに満ち溢れた、いわゆるマイケルとジャクソンズの時代がこのアルバムから始まっていくわけです。

【MJミュージックヒストリー】

ジャクソンズ特集（後編）

2019年7月14日オンエア

《トライアンフ》
Triumph
1980年10月リリース

《ザ・ベスト・ライヴ》
The Jacksons Live
1981年11月リリース

《ヴィクトリー》
Victory
1984年7月リリース

今回はジャクソンズ特集の後編です。まずはこの曲からスタートしましょう。ザ・ジャクソンズで〈キャン・ユー・フィール・イット〉、ライヴヴァージョンでお送りします。

▶〈キャン・ユー・フィール・イット〉ライヴ

この曲は、1981年にリリースされた《ザ・ベスト・ライヴ》というライヴアルバムの1曲目に〈オープニング／キャン・ユー・フィール・イット〉というタイトルで収められています。

この時期はマイケルのソロ曲もジャクソンズのレパートリーとしてツアーを回っていましたので、《オフ・ザ・ウォール》の曲も入っています。なのでマイケル・ジャクソンのアルバムを全部揃えたよという方には、次にこのライヴアルバムを聴いていただきたいなと思っています。《ザ・ベスト・ライヴ》は、1981年のジャクソンズのムードが伝わる素晴らしいアルバムです。

《ディステニー》が思いのほか大ヒットして世間の期待が高まる中、マイケルは翌年からアルバム《オフ・ザ・ウォール》の制作に突入します。プロデューサー・クインシー・ジョーンズのもとで、マイケルは初めて自分の思う通りの音楽を作るわけですが、その間もマイケルはジャクソンズのリードヴォーカルであることに変わりはありませんでした。

1979年8月に《オフ・ザ・ウォール》はリリースされるのですが、その2カ月前の6月から、ジャクソンズの《トライアンフ》のレコーディングが始まっているのです。気が早いと言いますか、ともかく父ジョーや兄弟たちはジャクソンズを動かしたかったんですよね。なのでマイケルはお願いしてソロ活動をさせてもらっているような状況で、追い込まれながら《オフ・ザ・ウォール》を作り続け、しかもまだ完成もしていないのに、ジャクソンズの次のアルバムのレコーディングに入ったというわけです。

アルバム《トライアンフ》レコーディング中の1980年3月4日、事件が起こりました。弟のランディが土砂降りの雨の中で車を運転中、ハイドロプレーニング現象を起こしてスリップし、コンクリートの街灯に激突してしまったのです。車は衝撃でほぼ真っ二つに割れ、ランディの足は粉々に砕かれてしまいました。兄弟や家族はびっくりして病院にかけつけ、父ジョーもボロボロと涙を流していたようです。

それから3カ月ほど経った1980年6月、ランディが歩けるようになったことでジャクソンズは完全復活を遂げましたが、ツアーはすぐにはできないだろうということでスケジュールが後ろ倒しになり、ここでマイケルにとって人生初めての「暇な時間」ができたのです。ソロ活動と並行してグループ活動もこなす多忙な毎日を送ってきたので、この突然空いたスケジュールが、偶然ではありますがこのあとのマイケルの歴史を変えることになります。

この間、マイケルはポール・マッカートニーなど、様々なアーティストと共作、コラボレーションをするのですが、それがのちのメガヒットアルバム《スリラー》へとつながっていきます。

それではアルバム《トライアンフ》の中から〈ウォーク・ライト・ナウ〉と〈ギヴ・イット・アップ〉、2曲続けてどうぞ。

▶〈ウォーク・ライト・ナウ〉
▶〈ギヴ・イット・アップ〉

〈ウォーク・ライト・ナウ〉はマイケルとランディとジャッキーの共作、〈ギヴ・イット・アップ〉はマイケルとランディの共作で、リードヴォーカルはマイケルとマーロンです。

マイケルの《オフ・ザ・ウォール》に〈ワーキン・デイ・アンド・ナイト〉というオリジナル曲があって、アルバムの中ではこの曲が一番ジャクソンズ的なナンバーなのですが、これをジャクソンズに持ってきてクインシーがいないところで再構築したというイメージなのが〈ウォーク・ライト・ナウ〉かもしれませんね。

〈ギヴ・イット・アップ〉では、優しくて面白くてステージでは超エネルギッシュなパフォーマーである四男のマーロンが、初めてリードヴォーカルを担当します。

ジャクソン5ではマイケルとジャーメインがリードシンガーとして君臨していたので目立つことが少なかった

マーロンですが、ステージではマイケルとマーロンが最強ツートップ。ティトとジャーメインはギターやベースを持っていますし、年長のジャッキーはちょっと引いた立場にいましたから。マイケルが右に行くとマーロンが左にという感じで上手《かみて》下手《しもて》を縦横無尽に動きマイケルと共にステージを盛り上げていたのは実はマーロンなんですよね。

そんなマーロンは小さい頃からいつもマイケルと比較されて、「お前は踊りが下手だ」「歌が下手だ」と父ジョーにいつも怒られていたんです。「弟ができるのにお前はできないのか」「グループ辞めろ」とまで言われて、すごく可哀想なんですよ(苦笑)。でもマーロンは明るくて面白くて実際にお会いしても、常にギャグばかり飛ばしているんで、僕はマーロンのキャラクターが本当に大好きです。

このあと、マイケルは《スリラー》をリリースして世界一のスーパースターになるのですが、両親と兄弟たちとの約束で「ヴィクトリーツアー」が行われ、「スリラーツアー」は開催されなかったんです。

そんなマイケル旋風の中、「ヴィクトリーツアー」はアメリカ中を回ったのですが、ともかくマイケルに人気が集中していたので、マイケルが空港でファンや群衆に押し潰されそうになるというすごく危険な瞬間がありました。そのときにボディーガードやセキュリティーに協力してとっさに盾になりマイケルを守ったのが、マーロンだったんです。

自分もジャクソンズの一員で小さい頃から大スターなのに、危険な場面で弟を守ったマーロンのことを思うと、僕もう本当に泣けてきて。群衆は本気で押し寄せてくるので自分も潰されるかもしれないし、命が危ない状況なのに弟を守るなんて、普通そんなことできないと思うんですよ。

2011年、マイケルが亡くなってから2年後のことなのですが、僕はロンドンに行きジャッキーとティト、マーロン、そしてお母さんのキャサリンとも初めてお会いする機会がありました。そのとき僕はマーロンにこのときのお礼を言ったのですが、言いながら僕もなんか泣けてきて、そしたらマーロンも「そんなこと覚えていてくれたのか」みたいな感じで泣いてくれて。いやいやもう本当に最高のお兄さんです。

マーロンは家族みんなに愛されているので、〈ギヴ・イット・アップ〉を歌ったのもマイケルとランディがそういうお膳立てをしてあげたのだろうと思いますし、そんなジャクソン兄弟愛を感じるこの曲が、西寺郷太としては堪らないということで選ばせていただきました。

マイケル・ジャクソンの《スリラー》がギネスブックで世界一売れたアルバムに認定された1984年に、ジャクソンズは《ヴィクトリー》というアルバムをリリースします。このとき、なんと一度グループを離れた三男のジャーメインも帰ってきたので、兄弟6人揃っての最初で最後のアルバムが完成します。

アルバム《ヴィクトリー》から、長男のジャッキー作でマイケルとジャーメインのデュエット曲〈トーチャー〉を聴いてください。

〈トーチャー〉

1984年の夏にリリースされたこの《ヴィクトリー》というアルバム、実は僕が一番最初に買ったレコードです。当時10歳、小学5年生でした。マイケルのことは《スリラー》から好きだったんですけど、そのときはまだレコードが高価だったので、同じマンションに住む兄的存在の鈴木元昭くんに頼んでカセットにダビングしてもらって聴いていたんですね。なので初めて買ったレコード《ヴィクトリー》は、思い入れがありすぎるアルバムです。

ライナーノーツは湯川れい子さんと吉岡正晴さんだったのですが、吉岡さんはマイケルの歴史を物語のように書いてらしたんですね。もう何回読んだだろうというぐらい読んだのですが、それが今の西寺郷太を作ったと言っても過言ではありません。このライナーノーツから、ジャクソンズやマイケル・ジャクソンの歴史、それからスティーヴィー・ワンダーやマーヴィン・ゲイなど様々なアーティストへの興味につながっていきました。

でもこのアルバム《ヴィクトリー》自体は割と駄作扱いで、評価が良くありませんでした(笑)。マイケルの《スリラー》のあとに出たアルバムなのでめちゃめちゃ期待されていたんですけど、兄弟たちがリードヴォーカルをどんどん取るので、マイケルだけを求めていた大多数のファンがガッカリしたんですよね。

一方モータウンレコードの社長の愛娘ヘイゼルと結婚し、ジャクソンズと改名した時点で離れていた三男のジャーメインは、この《ヴィクトリー》が発売される1年ちょっと前に行われたモータウンの25周年記念コンサートをきっかけにジャクソンズに戻ってきました。

この25周年記念コンサートにはダイアナ・ロスやマーヴィン・ゲイ、スティーヴィー・ワンダー、テンプテーションズなど、ありとあらゆるモータウンのスターたちが同窓会のように集まったのですが、マイケルは最初「出たくない」と言っていたんです。でも当時ヒットしていた〈ビリー・ジーン〉を歌えるなら行くよということで、ちょっと特別枠的な立ち位置で登場し、モータウンではない曲をやったのにそれが一番盛り上がっちゃったという。ご存じの方も多いと思いますが、このステージで初めて彼はムーンウォークを披露しました。

ジャーメインが帰ってきてジャクソン5再結成だ！　とモータウンの人たちは盛り上がっていたのですが、一般のお客さんたちはもう〈ビリー・ジーン〉のマイケルにしか興味がなくなっていた、そんなこともある《ヴィクトリー》だったということです。僕にとっては特別なアルバムなんですけどね。

それでは最後になりますが、六男ランディ・ジャクソンが作った名曲中の名曲で、妹のジャネットも一時カヴァーしていたこの曲を聴いて、ジャクソンズの物語を終えようと思います。1984年リリースの《ヴィクトリー》から、ザ・ジャクソンズで〈ワン・モア・チャンス〉。

〈ワン・モア・チャンス〉

ほぼランディのソロ作なんですけれども、バックコーラスにマイケルを中心に5人の兄が全員参加して、三男ジャーメインのフェイクなんかも入っている、涙が出るぐらい大好きな曲です。10歳のときにこのアルバムを買って以降、一度も嫌いになったことのない心のナンバーワン・ソングです。

《ヴィクトリー》を含め、ジャクソンズ作品に関しては、今後も「ディスカバー・マイケル」では紹介していけるようにしますので、ぜひ楽しみにしていてください。

【MJミュージックヒストリー】

《オフ・ザ・ウォール》の時代（前編）

2019年9月1日オンエア

《Off The Wall》1979年8月10日リリース

収録曲

1. 今夜はドント・ストップ *Don't Stop 'Til You Get Enough*
2. ロック・ウィズ・ユー *Rock With You*
3. ワーキング・デイ・アンド・ナイト* *Working Day And Night*
4. ゲット・オン・ザ・フロアー* *Get On The Floor*
5. オフ・ザ・ウォール *Off The Wall*
6. ガールフレンド *Girlfriend*
7. あの娘が消えた *She's Out Of My Life*
8. アイ・キャント・ヘルプ・イット *I Can't Help It*
9. それが恋だから *It's The Falling In Love*
10. ディスコで燃えて *Burn This Disco Out*

プロデュース

クインシー・ジョーンズ

***Co-produced**

マイケル・ジャクソン

参加アーティスト

ラリー・カールトン、デイヴィッド・フォスター、

ジョージ・デューク、パティ・オースティン 他

今回はマイケル初めてのソロ・アルバム《オフ・ザ・ウォール》の特集です。レコード会社を移籍して、家族の手を離れ、初めて自らの力で理想通りの楽曲を作り上げたアルバム。ようやく80年代以降の〝ザ・マイケル・ジャクソン〟期に突入します。

当時マイケルはロサンゼルスのエンシノというところに住んでいたのですが、その家にはスタジオがあって（僕もそのスタジオに伺ったことがあります）、そこでマイケルは妹のジャネットと弟のランディをデモのレコーディングに参加させ、空き瓶や缶を叩いてパーカッションをさせていたんですが、実はこのアイデアがそのまま《オフ・ザ・ウォール》に採用されています。

それでは、クインシー・ジョーンズのプロデュースによって全米ナンバーワンヒットシングルとなった《オフ・ザ・ウォール》の1曲目を聴いていただきましょう。マイケル・ジャクソンで〈今夜はドント・ストップ〉。

〈今夜はドント・ストップ〉

これは僕の人生で、指折りに繰り返し聴いた曲ですね。本当にシンプルな曲なんですけど、プロデューサーのクインシー・ジョーンズはストリングス・アレンジメントにベン・ライト、そしてホーンのアレンジメントにジェリー・ヘイという匠を呼びました。基本、同じリフレインを繰り返しているけれども、2番のAのストリングスアレンジでちょっとずつビートを下支えしながら華やかさを増していったり、トランペットも緻密に練られたアレンジメントになっていたり、中間部の展開部分（そこはキーボーディスト、グレッグ・フィリンゲインズという方が考案したとクインシーは語っています）などのアレンジにプロの手が入り、それがランディも叩くパーカッションの渦の中に敷き詰められているんです！　どんな気持ちで聴いても楽しい楽曲になっています。

当時のディスコでも本当にこの曲がよく流れ、このイントロが始まれば一瞬でフロアの空気が変わったといわれましたが、その理由は「きちんと数学的に心地良さを追求して作られているから」だと思うんですね。これがクインシー・ジョーンズのプロデューサーとしての腕だったんだろうなと僕は評価しています。

マイケルは《オフ・ザ・ウォール》の制作初期段階で、クインシーに「どうしてもジャクソンズとは違う作品にしたいんだ」と伝えます。「ジャクソンズという名前を確立するために僕らがどれだけ多くの努力をしてきたかを考えると、それはとても言いづらいセリフでしたが、クインシーは僕の言いたいことを分かってくれました」とマイケルは書籍『ムーンウォーク――マイケル・ジャクソン自伝』（河出書房新社）でも語っています。

曲そのものの作りは少し前にランディと一緒に作った〈シェイク・ユア・ボディ〉と同じようなベースラインの繰り返しによる骨組ですが、華やかさやきらびやかさという部分で、クインシーとマイケルの最強タッグによる爆発力は圧倒的なものでした。

今となってはこの《オフ・ザ・ウォール》が大ヒットして、「マイケルはスーパースターになった！」「マイケル伝説はここから始まった！」というお決まりの話なんですが、すでに触れたようにその半年ぐらい前の1978年12月に《ディスティニー》が出た頃は、「ジャクソンズはもう終わりだ」「マイケル・ジャクソンもおしまい」と多くのレコードマンは思っていたんですよね。

レコード会社も彼らは賞味期限切れだと半ば諦めの境地で「そんなにやりたいなら、お前ら自分で好きにしろよ」と。そんな中ボビー・コロンビーというプロデューサーたった1人が「ジャクソンズ、まだいけるんじゃないですかねー」と言ったことで、なんとかサード・アルバム《ディスティニー》を作らせてもらえたという感じでした。

このボビー・コロンビーという方は、A&Rというレコード会社で制作・宣伝を取りまとめる重要人物で、当時レーベルのウエストコースト支局の制作部長も兼ねていた人物なのですが、天才ベーシスト、ジャコ・パストリアスのファースト・アルバム《ジャコ・パストリアスの肖像》を作って、ジャズ界で大ヒットさせた人でもあります。あるときボビー・コロンビーがフロリダの海岸を歩いていたら、彼の噂を聞いたのか1人の女の人が突然「あなた、もしかしてレコード会社の方ですか？　私の旦那は世界一のベーシストなのでぜひ聴いてください」と声をかけてきて。普通だったらそこで「何言ってるんだよ」で終わるんですが、「じゃあ、その旦那に会わせてくれ」となりまして、結果その人が本当に世界一のベーシスト、ジャコ・パストリアスだったという話があります。そういう勘の鋭い人だったからこそ、レコード会社の上役もボビー・コロンビーが言ってるんだったら「もう1回やってみるか」と思ったんでしょうね。

とにかくそれぐらいギリギリの窮地《きゅうち》で出したのが《ディステニー》であり、《オフ・ザ・ウォール》はクロスする形でレコーディングがスタートしています。

さて、今回は西寺郷太的《オフ・ザ・ウォール》の聴き方ということで、まずはこの《オフ・ザ・ウォール》を3つのパートに分けたいと思います。

1つ目はマイケル・ジャクソン自身がソングライトに関わったパートで、〈今夜はドント・ストップ〉〈ワーキング・デイ・アンド・ナイト〉〈ゲット・オン・ザ・フロアー〉の3曲。2つ目がスーパーソングライターたちによる4曲〈あの娘が消えた〉（原題：She's Out of My Life）〈アイ・キャント・ヘルプ・イット〉〈ガールフレンド〉〈それが恋だから〉（原題：It's The Falling In Love）。そして3つ目はクインシー・ジョーンズが大抜擢した（ヒートウェーブというバンドでソングライトを担当していました）ロット・テンパートンによる〈ロック・ウィズ・ユー〉〈オフ・ザ・ウォール〉〈ディスコで燃えて〉（原題：Burn This Disco Out）という素晴らしい3曲を紹介します。

ということで、まずはマイケルが中心になってソングライトした3曲から聴いていきたいと思います。最もマイケル・ジャクソン的であろうこの曲のデモから聴いてください。

▶〈ワーキング・デイ・アンド・ナイト（オリジナル・デモ）〉

このデモヴァージョンは２００１年にリリースされた《オフ・ザ・ウォール》の特別版に収録されています。ものすごくざっくりした荒削りなデモなんですが、シンセベースの感じが今聴いても、むしろこっちでもかっこいいな、ジャクソンズ色が強いなという感じがしますね。また、この曲の歌詞が「俺めちゃくちゃ働いとるねん」「朝から晩までしんどいわ」みたいな感じの内容なんですけど(笑)、それもこれまでのマイケルにはなかった自分の正直な気持ちを歌う姿勢のスタート地点だと思っています。

それでは《オフ・ザ・ウォール》収録ヴァージョンで〈ワーキング・デイ・アンド・ナイト〉をお聴きください。

〈ワーキング・デイ・アンド・ナイト〉

それではもう1曲、マイケルがルイス・ジョンソンと組んだ曲です。〈ゲット・オン・ザ・フロアー〉。

〈ゲット・オン・ザ・フロアー〉

この曲はブラザース・ジョンソンのスーパーベーシスト、ルイス・ジョンソンと一緒に作っています。実は僕は生前の彼と一度お話をしたことがあって、そのときに「ベースラインを自分が考えて、そこにマイケルが歌詞とメロディを乗せてくれたんだよ。自分の関わった曲の中でも大好きな曲だよ」とおっしゃっていました。

ここまでの3曲、〈今夜はドント・ストップ〉〈ワーキング・デイ・アンド・ナイト〉〈ゲット・オン・ザ・フロアー〉は、共同プロデュース・マイケル・ジャクソンとクレジットされています。繰り返されるベースラインが鍵となるダンス・ミュージックの根幹、これはマイケルによって指揮されたんだなということが分かってもらえると思います。

それでは、次の凄腕作曲家パートに突入していきましょう。スティーヴィー・ワンダー、ポール・マッカートニー、デヴィット・フォスター、トム・バーラーなど、いろいろな角度からの究極の天才が大集合しているんですが、今回はマイケル・ジャクソン人脈の2人の曲をかけたいと思います。

スティーヴィー・ワンダーの名前はどうしても最初に出てきてしまうのですが、彼はマイケルにとって本当に兄さん中の兄さんです。音楽の世界にも彼ほどの天才はいるのかというスティーヴィーですが、《オフ・ザ・ウォール》では弟分のマイケルのために素晴らしい楽曲を用意してくれました。

細かくはクレジットされていないのですが、作曲は基本的にスティーヴィーで、作詞はスーゼー・グリーン。ダイアナ・ロスが抜けたあとのスプリームスのメンバーにもなっていたことのある実力派なシンガーです。

▶〈アイ・キャント・ヘルプ・イット〉

先ほどのマイケル中心のリズミックな3曲を聴いていただいたあとにこの曲を聴くと、スティーヴィーやクインシーが持っているアダルトで胸がキュンとするようなコードワークの世界観との絶妙な組み合わせが《オフ・ザ・ウォール》の魅力だなと。

それではもう1曲。マイケルが大好きだった大スター、ポール・マッカートニーに提供してもらった〈ガールフレンド〉という曲を選びたいと思います。この曲はポールがマイケルをイメージして作ったといわれています。マイケルが『ムーンウォーク――マイケル・ジャクソン自伝』で回想することには、初めてポールを見たのはロングビーチに停泊中のクイーン・メリーの船上。ポールの娘へザーはジャクソン5やマイケルの音楽がお気に入りだったので、誰かからマイケルの電話番号を聞き、そのの船上大パーティーへマイケルを招待しました。マイケルはへザーに呼ばれた際に会場でちらっとポールを見ただけでしたが、やがてロスに滞在することになったポールと顔見知りになり、その後パーティーで再会し、大変な人混みの中で握手を交わすと、「僕は君のために曲を書いたんだぜ」と言ったのがこの〈ガールフレンド〉でした。ポールはそのパーティーの中で歌って聴かせ、2人はその場で電話番号を教え合い、近いうちにまた会おうと言っていたのに気づいたら2年ぐらい時間が経っていて、その間にポールは1978年3月に発売されたウイングスのアルバム《ロンドン・タウン》に〈ガールフレンド〉を収録してしまったんです。

「えー！　僕のために作ってくれたんじゃないの!?」とマイケルは思ったらしいんですけど、あるときクインシー・ジョーンズが《オフ・ザ・ウォール》のレコーディングに、「マイケル、君にぴったりの曲を見つけたぜ」と言って持ってきたのがこの〈ガールフレンド〉(笑)。

「ポール・マッカートニーの曲なんやけど、君に合っていると思ってん」「いやいや、それもともと僕をイメージして作った曲やってポール言うてましたよー！」と(笑)。そんな流れで〈ガールフレンド〉はマイケルの《オフ・ザ・ウォール》に入りました。そしてこれをきっかけに〈ガール・イズ・マイン〉や〈セイ・セイ・セイ〉など、ポールと一緒に曲を作る機会が増えていきました。

余談ですが、この前テレビ番組でとんねるずの石橋貴明さんと共演したときに石橋さんが話していたんですが、この〈ガールフレンド〉を当時好きだった女の子にカセットテープで録ってもらったそうです。でもカセットテープをくれると同時に「あなたと付き合う気持ちはない」と言われて。帰りに地下鉄に乗りながらそのカセットを聴いていたら泣いてしまった、とおっしゃっていました。石橋さんって素敵だなーと思ったエピソードでした。

というわけで、結果的にポール・マッカートニーがウイングスで発表した曲をマイケルがカバーしたことになりました、《オフ・ザ・ウォール》の中でも、個性的なパーソナリティを持つ1曲となっております。

▶〈ガールフレンド〉

マイケル・ジャクソンで〈ガールフレンド〉をお送りしました。

【MJミュージックヒストリー】

《オフ・ザ・ウォール》の時代（後編）

2019年9月8日オンエア

後編にあたる今日は、この曲からスタートしましょう。この番組のオープニングテーマにもしていますし、「ディスカバー・マイケル」夏の特番で行ったアンケートベスト10でも人気ナンバーワンに輝きました。ロッド・テンパートン作詞作曲、マイケル・ジャクソンで〈ロック・ウィズ・ユー〉。

▶〈ロック・ウィズ・ユー〉

この曲は僕が人生で一番たくさん聴いた曲と言ってもいいでしょう。車を買うときも（ペーパードライバーだったんですけど）、〈ロック・ウィズ・ユー〉をカセットテープに録音して持っていって、カーステレオで聴いてどの車を選ぶか決めたりしてました。お店の人が「運転しないんですか？」って笑ってましたけど「この曲がいい感じで聴こえる車が欲しくて」と（笑）。それぐらい聴いていた曲ですね。

この曲を作ったロッド・テンパートンがインタビューでこのように語っています。1979年、ニューヨークでフィル・ラモーンと一緒に自分のバンド、ヒートウェーブのアルバムを作っていたとき、クインシーがスタジオに電話してきて、「マイケルの初めてのソロ・アルバム、めっちゃええのを作りたいから、いくつか曲書いてくれへんか？」と言われたそうです。当時は月曜から金曜の朝10時から深夜の3時から4時くらいまでスタジオにこもっていたし、マイケルたちがいるロサンゼルスとはアメリカの真反対だし大丈夫かな、なんて思いながら、でも「できるだけのことをやります」と引き受けることに。そしてマイケルとクインシーが好きな曲を選べるように3曲書いて「どれか気に入ったら使ってください」という感じで渡したそうで、そのときは「3曲中どれ使うんやろ」と思っていたらしいんですけど、クインシーが「全部いいから、全部使うよ」と連絡してきたので「え、まじで!?」と(笑)。ロッドもまさか3曲とも使われるとは思ってなくて、「まだ新人気分だったし、マイケルのセッションに来るミュージシャンたちが業界でも超有名な人ばかりだったので、びっくりとうれしさが半々という感じだった」とロッド・テンパートンは回想しています。でも〈ロック・ウィズ・ユー〉と〈オフ・ザ・ウォール〉もあるのに1曲しか選ばないなんて手はないですよね。

それでは、ロッド・テンパートンが書いた3曲のうちの2曲目を聴いてください。ディスコ音楽のみならず、ポップ・ミュージックの金字塔と言っていいでしょう。タイトルトラックにもなりました〈オフ・ザ・ウォール〉。

▶〈オフ・ザ・ウォール〉

この曲も演奏からハーモニーから、何から何まで最高中の最高という作品ですが、天才キーボーディストのジョージ・デュークが参加しております。メインはグレッグ・フィリンゲインズで、エレクトリック・ピアノとシンセサイザーをジョージ・デュークが弾いているのですが、プログラミングにマイケル・ボディッカーも参加しているという、もうキーボーディストだけ見ても世界のトップ・ミュージシャンで、ジャズ、フュージョン的な豊かさやきらめきが融合したものが〈オフ・ザ・ウォール〉には封じ込められています。クインシー・ジョーンズの采配のおかげか、真の意味でのアダルト・オリエンテッド・ロック(AOR)といいますか、大人の鑑賞にも耐えうる素晴らしいアルバムだなと改めて感じ入ります。

それでは、ロッド・テンパートンが書いた曲の中で、最も当時のディスコのホットなイメージに近い曲、〈ディスコで燃えて〉をお聴きください。

▶〈ディスコで燃えて〉

クインシーは、彼を評して「ロッドの歌詞はメロディを抱きしめる」って言ったんです。僕はすごくいい言葉だなと思ってるんですが、ロッドは語感だったり、発声だったり、すべてがリズムの中に溶け込んでいる歌詞が書けるということで、作詞家としての凄さも感じますね。

彼はのちに参加するアルバム《スリラー》でも、〈スリラー〉〈レディー・イン・マイ・ライフ〉〈ベイビー・ビー・マイン〉などの名曲を提供します。〈スリラー〉はマイケル・ジャクソンのイメージを決定づけたPVが有名なので、「え、あれって人からもらった曲なん?」と思う人もいるかもしれませんが、ロッド・テンパートンはそういった意味で、言葉の遊び心もある人だったなと思います。

《オフ・ザ・ウォール》は結果としてポップス史上初めて、1枚のアルバムから4曲のトップ10ヒットを生むという記録も樹立しましたし、発売後、数年間で約1000万枚を売り上げ、10年前の時点でその数が2000万枚まで上がり、84週間、1年7カ月以上もチャートインし続けました。ジャクソン5、ジャクソンズ時代も含めて、マイケルのキャリア最大の成功を収めたのが、このアルバム《オフ・ザ・ウォール》でした。

このアルバムが出てから3年後の1982年に《スリラー》がリリースされるのですが、周りはみな「次のアルバムは《オフ・ザ・ウォール》を超えることはできないだろう」と言っていたんですよ。《オフ・ザ・ウォール》はもう本当にラッキーなスーパーアルバムなので、《スリラー》を作っているマイケルに対して「《オフ・ザ・ウォール》を超えなくても大丈夫なんで」みたいなことをいろいろと言ってくるから、マイケルは逆に「《オフ・ザ・ウォール》よりもすごいアルバムを作るぞ!」と燃えたという話なんですけども……。ともかく、今紹介したロッド・テンパートンが手がけた3曲は、それ以降のマイケル・ジャクソンの栄光とキャリアを広げていく突破口になったと思っております。

当時、目の色が青い人のソウルは「ブルー・アイド・ソウル」と呼ばれていました。白人が黒人音楽を作っているなんて、ちょっと偽物的で本格的じゃないやんという悪口みたいな意もあってそんな言い方をされていた時期もあったのですが、そんななかクインシーがロッドという当時まだ新人扱いの白人ソングライターをわざわざ呼んできて組み合わせたことを考えると、《オフ・ザ・ウォール》というアルバムの面白さがより出てくると思います。

このアルバムにはもう1曲、白人の天才ソングライター、デヴィット・フォスタープロデュースの曲が入っていまして、次はその曲をお届けしたいと思います。キャロル・ベイヤー・セイガー作詞、デヴィット・フォスター作曲の〈それが恋だから〉。

〈それが恋だから〉

ソングライター、プロデューサーとして世界で名を馳せているデヴィット・フォスターはカナダ出身で、イギリス出身のポール・マッカートニー、ロッド・テンパートンなど、アメリカ国籍以外の白人の方が作った楽曲がトータルで5曲。また、トム・バーラーが〈あの娘が消えた〉という曲を提供しています。ということは、マイケル・ジャクソン含めて3曲、スティーヴィー・ワンダーが1曲なので、《オフ・ザ・ウォール》というアルバムは、実は10曲中6曲が白人音楽家による楽曲で、4曲がモータウン生え抜きの黒人ミュージシャンによる楽曲だったということですね。

最後に聴いていただきたいのが、トム・バーラーの楽曲〈あの娘が消えた〉です。トム・バーラーは1943年カリフォルニア州イングルウッド出身のソングライターなんですが、めちゃくちゃ歌が上手くて、お兄さんのジョン・バーラーと一緒にコーラスのセッションシンガーとして有名になった方です。

1974年、コーラスのセッションシンガーをやっているとき彼はクインシーに声をかけられ、《ボディ・ヒート》というアルバムに参加することになります。その流れで映画『ウィズ』にも参加しているんですが、そのときに「僕、こんな曲作ったんですよ」とクインシーに渡していたのがこの〈あの娘が消えた〉。もともとはフランク・シナトラをイメージして書いたもので、「シナトラさんにこんな曲どうですか？」という感じでクインシーに渡しておいたのに、突然「君がシナトラに、って言って預けてくれた曲、マイケル・ジャクソンに合うと思うんやけど、あげていいか?・」と言われ、「え? 全然キャラちゃいますよ!?」ということになったんですね。

それはそうでしょう、今の田原俊彦さんを想像して書いた曲を、ジャニーズの20歳ぐらいの若手イケメンアイドルが歌うことになったら「トシちゃん全然ちゃうやん!・」みたいになる(笑)。

実はこの歌詞自体、トム・バーラーの実体験で、当時カーペンターズのカレン・カーペンターと恋仲になっていたのに、二股をかけて別の人に子どもを産ませて結婚してしまい、カレンは騙されたってことで離れていったというエピソードがあるんですよ。

なので〈あの娘が消えた〉をもしシナトラが(低い朗々とした声で)「♪She's out of my life～」みたいな感じで歌ったのであれば、おじさんが若い女の子に恋をして、でも女の子が去っていった。「そんなんワシが悪いに決まってんねんけど、あの娘がいなくなってさみしいなー」みたいな、めちゃくちゃ勝手な男のイメージになるじゃないですか。でもマイケルが高音で歌うことによって、ものすごくピュアで純粋なラブソングになったので、トム・バーラーも心底驚いたと言っています。

普通は「この人に」と渡されたら先入観がつくと思うんです。でもプレイボーイのおじさんでも悲しいんだという歌詞だったのが、20歳そこそこの純粋なマイケルが歌うと初恋を感じる悲しいラブソングになる。クインシーの天才的なプロデュース力とはそういう発想の転換なんだと思います。

マイケルはこの曲のレコーディング中に歌詞の世界に入り込み過ぎて何度も泣いてしまい、歌い終わったあともブースには戻ってこず、そのまま家に帰ってしまったというエピソードも有名ですよね。

今回は、マイケルが亡くなったあと公開された映画『マイケル・ジャクソン THIS IS IT』のサウンドトラックに含まれていた〈あの娘が消えた〉のデモテープを聴いていただきたいなと思います。アコースティックギター1本でマイケルが歌っているんですが、デモというよりは別ヴァージョンという感じで。味わい深いこのヴァージョンをお聴きいただき、《オフ・ザ・ウォール》特集を終えたいなと思っています。

〈あの娘が消えた（デモ）〉

マイケルは唯一の自伝『ムーンウォーク』の中で、この〈あの娘が消えた〉について、自分自身のための曲だったと言っています。

「デートとなると、よく知っている相手でさえ相手のことをなかなか見られなくなることがある。女の子との関係やデートが、僕が探し求めているハッピーエンドになったことがなかった。いつも何かが邪魔をする。僕が何百万の人たちと分かち合うものと、1人の相手と分かち合うものとは別だった。僕は本当に友だちや恋人が欲しかったんだけど、そういうものがなくて、この《オフ・ザ・ウォール》の時期は僕の人生でも一番辛い時期だった」

「当時、僕には親友がいなくて、とてもさみしくて孤独だったから、友だちになれそうな人と出会えるかもしれないと思って、よく近所をうろうろした。僕が誰なのかを知らない人と会いたかった。マイケル・ジャクソンだということや、ジャクソン5だジャクソンズだとかは関係なく、僕のことを気に入ってくれて、自分と同じような友だちを欲しがっている人を求めていたから、近所の子どもとか、誰でもよかったけれども仲良くなりたいなと思っていた。成功は確実に孤独をもたらす。これは真実だ。人々は僕をラッキーだ、すべてを手に入れていいなと考えるけど、あなたたちはどこにでも行けるし何でもできるのだから、それは的外れなんだ」

また、先ほども少し話しましたが、〈あの娘が消えた〉のレコーディングの際に何度も泣き出してしまったのは事実だと言っています。

「歌詞が突然強く効いてしまったからなんだ。自分の人生がサーカスのトリックミラーに写る像のように、あるところでは太って見えるのに別のところでは消えるぐらい細くなる、そんな感じだなと思ったんだ」

ただそう言いながらも、マイケルは初めて父ジョーや兄弟たちのいないところで、やっと自分が歌いたい歌を歌えているんですよね。ビデオなどを観てみなさんも感じると思うんですけど、孤独だったとはいえ、音楽の中では本当に解放されて幸せそうなので、この時期のマイケル・ジャクソンの歌やパフォーマンスに僕は非常に惹かれるものがあります。

［MJミュージックヒストリー］

《スリラー》の時代（前編）

2019年10月6日オンエア

《Thriller》1982年12月1日リリース

収録曲

1. スタート・サムシング* *Wanna Be Startin' Somethin'*
2. ベイビー・ビー・マイン *Baby Be Mine*
3. ガール・イズ・マイン（with ポール・マッカートニー） *The Girl Is Mine*
4. スリラー *Thriller*
5. 今夜はビート・イット* *Beat It*
6. ビリー・ジーン* *Billie Jean*
7. ヒューマン・ネイチャー *Human Nature*
8. P.Y.T.（Pretty Young Thing） *P.Y.T. (Pretty Young Thing)*
9. レディ・イン・マイ・ライフ *The Lady In My Life*

プロデュース

クインシー・ジョーンズ

***Co-produced**

マイケル・ジャクソン

参加アーティスト

ポール・マッカートニー、エディ・ヴァン・ヘイレン、デイヴィッド・フォスター、スティーヴ・ルカサー、ジェフ・ポーカロ 他

今回は世界中で最も売れたマイケル・ジャクソンのアルバム《スリラー》の特集です。

《スリラー》は80年代を象徴するアルバムですが、ポップ・ミュージックというものを、例えば100年後200年後の人たちが聴くときに、僕はベートーベンの〈交響曲第9番〉や〈運命〉のような、そういうタイムレスな存在になる金字塔だと思っています。

このアルバムは1982年のクリスマスシーズンにリリースされましたが、前作《オフ・ザ・ウォール》から約3年の月日が経っています。これはマイケル・ジャクソンのそれまでの歴史の中では非常に長いインターバルでした（その間にジャクソンズの《トライアンフ》というアルバムはあったのですが）。

長いインターバルの最大の理由は、弟のランディが車を運転していて交通事故に遭い、生きるか死ぬかの大怪我をしてしまったことです。それによってジャクソンズのツアーも遅れ、アルバム《トライアンフ》の完成も遅れ、アルバム《スリラー》も遅れてしまったんです。

でもこのことでマイケルの人生で恐らく初めて空白のスケジュールが生まれ、そのおかげでいろいろなアーティストと出会い、コラボレーションすることができたということをまず知っていただけるとうれしいです。《スリラー》前夜という感じの話ですね。

今作もまずは《オフ・ザ・ウォール》のときと同じように、マイケル自身が作った曲をピックアップしていきたいと思います。マイケル・ジャクソンで〈スタート・サムシング〉のロングヴァージョンです。

〈スタート・サムシング（Extended 12"Mix）〉

ロサンゼルスにウエストレイク・レコーディング・スタジオという、超一流のスタジオがあるのですが（僕も行ったことがあります）、そこにマイケルとプロデューサーのクインシー・ジョーンズ、エンジニアのブルース・スウェディン、そしてソングライターのロッド・テンパートンの主要4人が1982年4月14日集結し、《スリラー》のレコーディングは開始されました。このときクインシーがこう言ったそうです。「俺たちはミュージック・ビジネスを救うためにここに来たんだ！」

ここ10年〜20年ぐらいの間にCDの販売数が落ちたとよく耳にしますよね。でも《スリラー》が出た1982年も、レコードが売れなくなったと言われていた時期だったんです。実はこの時点でレコード産業がカセットテープの影響で（今でいうとダウンロードやネットに近いと思うんですけど）大打撃を受けていたんです。当時、ダビングしたカセットテープを車で聴いたり友だちにあげたりすることがとても流行っていたので。

なので当時のレコード業界の人たちは、「マイケルには頑張ってほしいけど、あくまでも前作がラッキーだっただけで、次に作るアルバムは《オフ・ザ・ウォール》より売れなくてもしょうがないよ」という空気が蔓延していたらしいんですね。

そんな状況の中で、クインシーが「やるぞー！ 俺たちはミュージック・ビジネスを救うんだ！」と叫ぶわけですが、結果的に《スリラー》は世界の音楽の歴史を本当に変えることになります。

このアルバムで一番最初にレコーディングされた曲は、ポール・マッカートニーとの〈ガール・イズ・マイン〉。《オフ・ザ・ウォール》でも〈ガールフレンド〉という曲をポール・マッカートニーが作っていますが、今度こそポールとデュエットしようということで作られたのが、〈ガール・イズ・マイン〉です。作詞作曲はマイケル・ジャクソンで、《スリラー》のファースト・シングルに選ばれております。マイケル・ジャクソンwithポール・マッカートニーで〈ガール・イズ・マイン〉をお聴きください。

〈ガール・イズ・マイン〉

この曲は当時大人気だったTOTOのメンバー、ジェフ・ポーカロ、デヴィット・ペイチ、そしてスティーブ・ルカサーがレコーディングに参加しています。

TOTOのメンバー、スティーブ・ルカサーが自伝でこのときのことを語っているのですが、突然マイケルだと名乗る人物から電話がかかってきたそうです。「（モノマネで）Hello, Hello, This is Michael Jackson

……」みたいな感じですかね(笑)。こういう感じだったので、「ふざけるな！　嘘つくな！」と電話を切ったら、それでも何度も「(モノマネで) Hello, Hello, This is Michael Jackson……」ってかかってくるから、「なんだよお前は！」と怒ったら次はクインシー・ジョーンズからかかってきて、「マジでマイケルがかけてるから、出てやれよ」と言われて(笑)、3回目の電話でやっと話をして、レコーディングに行ったと言っています。

彼もポール・マッカートニーのファンでしたから「この〈ガール・イズ・マイン〉の演奏のときはめちゃくちゃ感動した」と話しています。

ウエストレイク・スタジオでのセッションには、アメリカのテレビ番組『アメリカン・バンドスタンド』の名司会者ディック・クラークや、70年代にテレビで活躍した子役スターが現れたり、マイケルがエマニエル・ルイス(エマニエル坊やですね)を抱っこしてスタジオに入ってきて盛り上がったこともあったらしく、ともかく楽しい雰囲気で始まったようです。

マイケルがそれまでに作ってきた楽曲は、《オフ・ザ・ウォール》に入っている〈今夜はドント・ストップ〉や〈ワーキン・デイ・アンド・ナイト〉など、ダンサブルな曲が多かったので、いわゆるスタンダードなポップソングというものを、ポール・マッカートニーと出会ったマイケルがソングライターとして誠心誠意取り組んだことが、この曲を聴くとよく分かります。

実はプロデューサーのクインシー・ジョーンズは、このアルバムのために世界中の作詞作曲家から600曲もの大量のデモテープを集めていたそうです。この頃のクインシーはマイケルのプロデュースだけでなく、数々のプロジェクトを大成功させていました。1980年にはジョージ・ベンソンの《ギヴ・ミー・ザ・ナイト》というアルバムでグラミー賞4部門獲得。1981年にはクインシー・ジョーンズ名義のシングル〈愛のコリーダ〉〈ジャスト・ワンス〉を含む大ヒットアルバム《愛のコリーダ》でグラミー賞5部門獲得。他にもドナ・サマーやブラザーズ・ジョンソンまで、いろいろなアーティストのプロデュースをしていたので、たくさんの曲を持っていたんですよ。なので《スリラー》にも「僕が持ってきたいい曲あるよー」と言ってマイケルと一緒にどれがいいかと選んだようです。

クインシーのモットーに「プロデューサーの仕事は、選曲をすることだ」という言葉があるように、マイケルの楽曲が良くなければクインシーは他の曲を勧めようと思っていたはずです。が、結果的に《スリラー》は9曲中、4曲がマイケル自身の作詞作曲になりました。先ほどかけた〈スタート・サムシング〉〈ガール・イズ・マイン〉、そしてこれからかける2曲、〈ビリー・ジーン〉と〈今夜はビート・イット〉。これらも世界中のポップソングの代表曲と言ってもいい2曲ですね。この〈ビリー・ジーン〉に関してはデモテープがありますので、ぜひマイケルが最初に作ったヴァージョンはどんな感じだったかを知ってもらえるとうれしいです。〈ビリー・ジーン(Home Demo From 1981)〉聴いてください。

▶〈ビリー・ジーン(Home Demo From 1981)〉

これはマイケルがエンシノにあった自分の家のスタジオで作っていたたくさんの曲の中のひとつ、公式に出ているデモテープです。歌詞が決まらないところもいっぱいあって、ほにゃほにゃ歌っていたりしますね。でもギターのフレーズだったりアレンジの肝みたいなものは、やっぱりすでにできているなと思います。こういう途中段階のデモを聴くことは、僕のように作曲をする人間にとって、非常に興味深いんですね。

日本の歌謡曲やJ-POPは音の数がすごく多くて、お弁当でいうと幕の内弁当みたいなものだと思うんです。ご飯があって、おかずがお魚とか唐揚げとか5～6種類ある感じといいますか。そういう豪華な感じが日本人は好きなんですよね。

でもマイケルの楽曲って、もちろんいろいろな音は入っているんですけど、本当に大事なものがドン！　とある感じで。ステーキがドン！　そこにご飯がちょっとだけあって、でもめちゃくちゃ旨い！　みたいな。ドラム、ベース、ギターひとつひとつが独立していて、とにかく耳に入ってくるんですよ。特に〈ビリー・ジーン〉は「♪ドッチ、ダッチ、ドッチ、ダッチ」というリズムから始まって、「♪ドゥンドゥンドゥンドゥンドゥンドゥン」というベースが重なり、「♪パッパッ」というキーボードがあって、（デモにも入ってましたけど）「♪タラッタッタターン」というギターが鳴って、そういうものがバラバラにして、耳の中で聴こえやすいというか理解しやすいというのが、マイケルの楽曲の特徴だと思うんです。それはマイケルが楽器の音を口でマネするのがめちゃくちゃ上手くて、いろいろなフレーズを歌いながらミュージシャンに「こうやって弾いてくれよ」と伝えられたから、それぞれの音が独立して、それぞれがキャッチーになったんだろうと僕は考えています。それでは《スリラー》から、〈ビリー・ジーン〉をお聴きください。

▶〈ビリー・ジーン〉

この曲に関して、ふたつの観点からお話をしたいなと思っております。

ひとつは歌詞ですね。作詞家マイケル・ジャクソンという人がどれだけ不思議なといいますか、独特な世界観を持っていたかというのがよく分かる実例かなと思うんです。

ビリー・ジーンというのは女性の名前なんですけど、そのビリー・ジーンさんと主人公（マイケルではないです。歌の主人公ですね）はダンスを踊ったりしていたんですけど、突然「あなたの子どもができたの」と言われるんですね。「いやいやいや、そんなことしてないやないか、踊っただけだ」と主人公は答えるんですけど、周りからは「お前ひどい奴やなー」と怒られるわけですね。「いやいやいや、ダンスしただけですから！」と釈明しても、「あいつ最低男や」みたいにどんどんなっていくんですよ。しまいにはお母さんからも「女の子を悲しませたらあかんよ」なんて言われて「え！　お母さんまで信じてくれへんの!?」ってなって、それから裁判にも呼び出されるみたいな話で、ものすごい具体的な悲劇なんです。「♪Billie Jean is not my lover.（僕の恋人じゃないです）」「♪the kid is not my son（この子は僕の子じゃないです）」という、「え!?　そんなこと歌にするの？」というような、かなり不思議な歌詞なんですよ。

かつ、ビリー・ジーンという名前が結構独特な名前なんです。アメリカの女子テニスプレイヤーで本当にみんながよく知っているビリー・ジーン・キングさんという女性がいるんですけど、普通の人ならそのビリー・ジーンさんを思い出すだろうという、そういう名前なんですよ。たぶん日本で誰でも知ってるテニスプレイヤーの名前といったら伊達公子《だてきみこ》さんかなと思ったんですけど、伊達公子さんという名前もかなり特徴ある名前じゃないですか。鈴木明子さんとかだったら他にもいるかなと思うんですけど、伊達公子と聞いたら「あの伊達公子さんのことしか思い浮かばへんやろ！」ってなりますよね。

クインシー・ジョーンズも「あのビリー・ジーン・キングを誰もが思い出すから、変えようよ」と反対したんですけど、「いやいや、ビリー・ジーンは僕の恋人じゃないし、ビリー・ジーンしかないんで」とマイケルは譲らないんですよ。いくら「伊達公子は俺の恋人じゃない」と言っても、「伊達公子ってあの人しか思い浮かばない……変えたら？」というクインシーのアドバイスも分からなくもないですよね(笑)。

嘘が嘘を呼んで周りからの信頼を失っていく可哀想な男の歌という、超パーソナルで変わった曲なんですけど、結果的に名作になりましたから、作詞家としてのマイケルってすごいなと思います。それにクインシーに何度言われても変更しないという、その意志もさすがですし。「いやいやビリー・ジーンが一番合っているんで！」って、確かにそうなんですけどね。

そしてもうひとつ。この曲でマイケルの人生がドーンと変わったわけですが、それはミュージック・ビデオを作ったことが大きいと思うんです（マイケルは「ショート・フィルム」と呼んでほしいと言ったので、今後、彼の映像作品に関しては「ショート・フィルム」で統一しています）。

その頃の娯楽として、若者たちはみなケーブルテレビ局「ＭＴＶ」で放送していたミュージック・ビデオを観ていた時代だったんですね。ラジオのように次々と出てくるロックスター、ポップスターに子どもたちも夢中になっていたんです。でも黒人をはじめとする有色人種が映る割合は２、３％以下という少なさで、１００本あったら２本あるかないかというぐらいでした。ほとんどが白人で、イギリス人であろうが、アメリカ人であろうが、とにかく白人の若いシンガーやバンドだけが歌い踊り演奏することが当たり前だったんです。

「我々はロックステーションです」がMTV側の言い分だったのですが、変な話ですよね？　ロックンロールってもともと黒人のチャック・ベリー、ファッツ・ドミノ、リトル・リチャード……そういう黒人のスターが中心となって作った音楽なんですよ。

もちろん白人のロックスターもいましたけど、なぜか20年ちょっと経つ間に「ロックは白人がやるものだ」というふうな固定観念が作られていて。ソウル・ミュージックやレイス・ミュージック、R&Bなどいろいろな言い方がありますが（ヒップホップもそうですね）、「そういう黒人音楽は黒人のカテゴリーの中でやってよ、ロックは白人のものなんで」と。「うちはお金を払って白人のロックを観せるテレビ局なので、黒人のビデオは扱いません」みたいなことを言っていたんです。

そんな状況だったので、マイケルの〈ビリー・ジーン〉も最初はなかなか放送されませんでした。そこで当時のマイケルのレコード会社CBSが「いやいや、そんなこと言ったらブルース・スプリングスティーンもビリー・ジョエルも、うちのところの白人スターのビデオもお前らのところには渡さへんぞ！」と非常に怒りまして、MTV側も慌ててマイケルのビデオを取り上げるようになりました。するとすぐに白人の少年少女たちにも黒人スターが愛されるようになり、もちろん白人だけでなく黒人の少年少女やアジア人、僕のような日本人の子どもたちのもとにも黒人スターの楽曲がビジュアルと共に洪水のようにやってくることになったのです。

今の時代にこの頃の状況を説明しても、なかなか伝わらないと思うんですね。ビヨンセやクリス・ブラウン、ブルーノ・マーズもアジア系の血が入っていますし、そういう人たちがスターとしてテレビに映っていることが今は当たり前じゃないですか。でもこの〈ビリー・ジーン〉が実はその流れのスタート地点で、当時マイケルが闘ったことでその後のいろいろなことが大きく変わったんだということを、僕は何度でも強調したいなと思っています。

それでは〈ビリー・ジーン〉とほぼ同時に大ヒットしました〈今夜はビート・イット〉のデモを聴いてください。

▶〈今夜はビート・イット（Demo）〉

この曲は、《スリラー》のセッションの中でも最後のほうに作られた楽曲だそうです。先ほども言ったようにクインシーは600曲ぐらいの楽曲を集めていたんですけれども、これでもないあれでもないと難航している中、クインシーが「〈マイ・シャローナ〉（ザ・ナック）のマイケル版を作ったらどうだ？」というふうにマイケルに言ったんですね。その助言から生まれたのが〈今夜はビート・イット〉です。

そしてこの曲では、MTVに対しての皮肉として、当時一番人気のヴァン・ヘイレンというバンドのギタリスト、エディ・ヴァン・ヘイレンにソロを弾いてもらっています。「あのヴァン・ヘイレンのエディがギターを弾いているんだから、あなたがたがいうその概念でも、この曲はロックですよね？」ということをクインシーも考えたんでしょうね。

その放送局の差別にも、実は訳がありました。というのも、ケーブルテレビのお金を払っているのが白人のお父さんお母さん、おじいさんおばあさんだからで、そういう保守的な層が、黒人スターの映像が流れて子どもたちが熱狂することを嫌がるのが最大の理由だったんですね。その壁を壊すためにクインシーとマイケルは次々とアイデアを出し実行していきました。この努力があったからこそ、その後いろいろな黒人や有色人種アーティストたちが台頭し、今の世の中の状況があるのです。

〈今夜はビート・イット〉のショート・フィルムを観たことのある方はたくさんいると思うのですが、白人のボスと黒人のボス率いるギャング団同士のケンカをマイケルが止めるという話なんですね。それもひっくるめて、マイケル・ジャクソンが挑んだ映像。革命的だったのは前例のないトライ。彼は本当に偉業を成し遂げたんだなと思います。

それではアルバムのレコーディング最終日に完成したという〈今夜はビート・イット〉を聴いてください。

▶〈今夜はビート・イット〉

この曲にも結構有名なエピソードがあって、クインシーがエディ・ヴァン・ヘイレンのソロを聴きながら「ホットな曲やな〜」と思ってたら、右のスピーカーから火花が飛び散って実際に燃えてて慌てて火を消したという話。これ本当らしいんです(笑)。

最後に〈今夜はビート・イット〉の歌詞についてひとつだけ言いたいことがあるのですが、日本で最初にリリースされた歌詞カードでは「殴れ!」と訳されているんです。ビートするということで「叩け!」みたいな意味になっているんですけど実はこれ全く逆で、「ほっとけ!」とか「逃げろ!」ということなんです。

数年前に『嫌われる勇気』という本が流行りましたけど、日本人の僕が今タイトルをつけるなら「逃げる勇気」ですかね。マイケルは「おかしなことが起きたとき、立ち向かうという選択もあるけど、ともかくくだらないことからは逃げたほうがいいんだよ」と少年少女たちに言っているんですよ。僕はそれがすごく高尚な、ハイレベルなメッセージだなと思っているのですが、それが日本で間違って受けとめられているところもあるので、そこだけは改めておきたいなと思いました。

【MJミュージックヒストリー】

《スリラー》の時代（後編）

2019年10月13日オンエア

後編はスーパーソングライターたちによる5曲をピックアップしたいと思います。

まずは〈ヒューマン・ネイチャー〉を聴いていただきます。TOTOのスティーヴ・ポーカロ作曲、ジョン・ベティス作詞。ドラムはTOTOのジェフ・ポーカロ、キーボードにTOTOのデヴィッド・ペイチ、そしてギターがこれまたTOTOのスティーヴ・ルカサーで、作曲のスティーヴ・ポーカロもシンセサイザーとして参加。そこにマイケルがヴォーカリストとして入っているので、TOTO featuring マイケル・ジャクソンという見方、言い方もできる作品ではないのでしょうか。

▶〈ヒューマン・ネイチャー〉

先ほど、演奏はTOTOのメンバーたちだと話しましたが、TOTOのデヴィッド・ペイチのお父さんのマーティー・ペイチは、〈ヒール・ザ・ワールド〉のアレンジをしていて、マイケルに直接関わっている方なんです。ちなみにジェフ・ポーカロとスティーヴ・ポーカロのお父さんジョー・ポーカロもセッション・ドラマーだったりしたので、彼らは小さい頃からお父さんの影響を受けて音楽を作っていたんです。TOTOはそういう音楽家の息子たちが作ったグループなので、バンド演奏がとにかく上手くて、70年代から80年代にかけて誰のクレジットを見てもTOTOのメンバーが入っているという感じの凄腕集団でしたね。

作詞のジョン・ベティスは、カーペンターズのリチャード・カーペンターの大学時代の親友で、リチャードが作った曲に作詞をしていたこともあり、〈イエスタデイ・ワンス・モア〉〈トップ・オブ・ザ・ワールド〉〈オンリー・イエスタデイ〉〈青春の輝き〉など、数々の名曲の作詞をされていて、マドンナの〈クレイジー・フォー・ユー〉というヒット曲も彼の仕事です。

その中でも〈ヒューマン・ネイチャー〉は、訳す人たちそれぞれにいろいろな考え方を促すような非常に深みのある歌詞で、さすがプロだなと思わされます（今、日本での正式なライナーノーツは吉岡正晴さんと僕が一緒にやった訳になっています）。

続きまして〈P.Y.T.（Pretty Young Thing）〉という楽曲をかけたいと思います。マイケル・ジャクソンをそんなに聴かないという人でも、この曲は好きだという人も多いのではないでしょうか。

マイケルにとっても特別なダンス・チューンだと思うのですが、実はこの曲は2パターン存在しています。ひとつは結果的にアルバムに入ったジェームス・イングラムとクインシー・ジョーンズの共作で、ふたつ目はマイケル・ジャクソンとグレッグ・フィリンゲインズが協力して作ったヴァージョンです。まずはマイケルとグレッグが作った〈P.Y.T.（Pretty Young Thing）〉のデモを聴いてもらいたいと思います。

▶〈P.Y.T.（Pretty Young Thing）（Demo）〉

これは2004年に発売された限定ボックスセット《Ultimate Collection》に収録されており、我々のもとに公式に届いた楽曲です。

その後2007年に《スリラー》の25周年記念リミテッド・エディションが発売されたのですが、そこに〈P.Y.T.2008〉という曲が入っていて、ブラック・アイド・ピーズのウィル・アイ・アムが参加しているし、僕はもうてっきり《スリラー》に正式に入ったクインシーとジェームスの〈P.Y.T.（Pretty Young Thing）〉のリミックスだと思っていたのに、マイケルとグレッグが作ったほうだったんですよ！　デモと言いながら25周年記念盤にこっちを入れているということは、マイケルはこのヴァージョンを結構気に入ってたんでしょうね。

ということで、アルバム《スリラー》を読み解く上でキーとなる楽曲かなと思いまして〈P.Y.T. (Pretty Young Thing)〉のデモヴァージョンをかけさせていただきました。

それではもうひとつのヴァージョン、1982年リリースのアルバム《スリラー》から、ジェームス・イングラムとクインシー・ジョーンズヴァージョンをお聴きください。この曲にはコーラスでマイケルのお姉さんラトーヤと、妹のジャネットも参加しています。

〈P.Y.T. (Pretty Young Thing)〉

このアルバム、最後はギリギリのスケジュールになっていたらしく、マイケルやエンジニアたちは3つのスタジオそれぞれ同時進行で、寝ずに締め切り当日の午前9時までオーバーダビングなどの作業をしていたそうです。マイケルが9時から3時間ほど仮眠している間に、早くもレコード会社の人たちがスタジオに来て「早く《スリラー》できないかな」と待っている状況で。それから12時頃マイケルがスタジオに戻って来てからみんなでファイナルミックスを聴いたのですが、それが最悪だったらしいんですね。「こんな曲を作るために、俺たちは頑張ってきたの？」とマイケルは泣いちゃって。

ロッド・テンパートン、ブルース・スウェディン、そしてマイケル・ジャクソンとクインシー・ジョーンズが「ミュージック・ビジネスを助けるんだ！」と意気込んで4月から作り始めていたアルバムが秋になってようやく出来上がったのに、クインシーが「24カラットの〝音の糞〟だった」というくらい、仕上がりが完全な失敗だったんです。

もちろん全部いい曲なんですよ、レコーディングも良かった。ただ、最後のミックス作業であまりにもみんなが寝ずにやっていたので、よく分からない感じになってしまったんです。また当時はLPレコードでしたから、片面19分ぐらいの長さで作っておかないといけないのに、それを超えていて「どうしよう」ということでマイケルは泣いちゃったらしいんですけどね。

先行発売していたポール・マッカートニーとのシング

ル〈ガール・イズ・マイン〉はすでにヒットチャート2位に急上昇していたので、レコード会社は「早くアルバム持ってこいよ！」とせかすんですけど、クインシーが「2日間休息をくれ。2日間休んで、そのあと8日間ください。そしたら1日1曲のペースでもう1回ミックスし直すんで！」と頼み込んで、最終的に完成したのが世界一売れたアルバム《スリラー》だったというわけです。

ここまで、マイケル・ジャクソンが中心になって作った曲、TOTOのメンバーとジョン・ベティスが作った曲、それからジェームス・イングラムとクインシーが作った曲を聴いていただきましたけど、いよいよ最終パートです。

《スリラー》をパート分けしたとき、この人を絶対に外すわけにはいかないというのが、ロッド・テンパートンです。《オフ・ザ・ウォール》のときにも話しましたけど、ロッド・テンパートンは〈ロック・ウィズ・ユー〉や〈オフ・ザ・ウォール〉を作った方で、マイケルとクインシーがタッグを組んでいた時代に彼の存在は欠かせませんが、この《スリラー》でも大活躍しています。なぜなら、マイケルがゾンビと一緒に踊るあの有名な〈スリラー〉は、彼が書いているんです。

〈スリラー〉のアミューズメントパーク的というかホラー映画のファンタジックなテイストというのは、マイケルの持ち味だと思う方もいるでしょうし、その後のマイケルのイメージを決定づけましたが、その曲が実はマイケル作ではなくロッド・テンパートンの楽曲なんですね。

それでは聴いていただきましょう。マイケル・ジャクソンで〈スリラー〉。

〈スリラー〉

この「ディスカバー・マイケル」でジャクソン5時代から振り返ってきて今〈スリラー〉をかけたところで、ゴムがバチッと切れた感覚というか、マイケルすごいなーと改めて衝撃を覚えました。これは音楽を超えたアトラクションというかジェットコースターというかなんというか、クインシーの言葉を借りると「8歳から70歳までの世界中の人たちが夢中になった」という、ものすごい楽曲ですね。映像の影響ももちろんあったと思います。このショート・フィルム自体は〈スリラー〉がリリースされた翌年、ちょうど1年後くらいにできたのですが、大ヒット中のアルバム《スリラー》から、本当に最後の段階でシングルカットされました。

マイケルのお父さんのジョー・ジャクソンが、マイケルが亡くなったあと「マイケルの曲で一番好きな曲はなんですか?」とインタビュアーに訊かれて、お父さんも日によっていろいろな意見を言ってはいるんですけど(僕もそういうことあります)、僕が見たインタビューでは「〈スリラー〉だ」と答えていました。理由を問われたら「みんなあの曲好きだろう?」って言ったんですよ。

マイケルファンの中では〈ビリー・ジーン〉を挙げる人が多いんですけど、これはマイケル自身が作った楽曲ですしヒット曲なんですけれども、ちょっと高尚なといいますか、彼が高みをストイックに目指したダンス・チューンじゃないですか。僕も大好きなんですけどね。でも〈スリラー〉はどちらかというとエンターテインメント性が強くて、一般大衆やメディアが〈スリラー〉こそマイケルの代表作だと認めた結果、コアなマイケルファンの中ではこの曲が一番好きという人は実はあまりいないんじゃないかという流れになっていたんです。でもお父さんのジョーは「だってみんな好きだろう」と言った。そんなところにマネージャーとしてジャクソンファミリーを育てたジョーの凄みを感じましたね。

この〈スリラー〉の中間部に入っているのが、クラシックホラー映画の第一人者、ヴィンセント・プライスの語りです。1911年生まれのヴィンセントは、当時71歳の大ベテランだったのですが、クインシーの当時の奥さんペギー・リプトンが「ホラー映画っぽいのをやるなら、ヴィンセントに頼むしかないんじゃないの?」と言ったのがはじまりだそうです。

ヴィンセント・プライスを日本人で例えると、誰が一番イメージに合っているのかなとさっきからずっと考えていたんですけど、江守徹さんとか、亡くなった丹波哲郎さんとかかな(笑)。あまりにもすごすぎる大御所でちょっと笑っちゃう、みたいなそういう感じのキャラクターだったと思うんですけどね。

突然「間奏の間にヴィンセントが話すことになったから、セリフを考えてくれよ」とクインシーに頼まれたロッド・テンパートンは焦って、「じゃあ明日の昼にはなんとか」と返事をしたのに、収録日の朝方に出版社の人と家でミーティングになっちゃってバタバタして、「ヴィンセントが来る、大御所が来るのに頼むセリフがなかったら困る！」と、スタジオに向かうタクシーの中で必死に書いたそうです。

「暗闇が世界に立ち込め、真夜中がそこまでやってくる。化け物たちは生き血を求め、お前の街を蠢《うごめ》き回る。息もできぬほど満ち満ちた、4万年の腐乱の臭い。墓という墓から現れた邪気たちが、お前の運命《さだめ》ににじり寄る。邪悪な世界、スリラーだ。アーハハハハハハ！　アーハハハハハハ！」

こんな感じですね。

このあとマイケルはこのヴィンセントの語り部分だけを特別版に入れました。もともとはラジオ用か何かに作られたようで、マイケルとヴィンセントが2人で「This is Michael Jackson.」「Vincent Price Thriller.」「Ahahahaha」と掛け合ったりしているのですが、今回はその貴重なヴィンセント・プライスのセリフのみを聴いてみたいと思います。どうぞ。

▶ヴィンセント・プライスのセリフ

これ2テイク目だったらしいんですけど、ヴィンセントが最後に「めっちゃ面白いなー。これで大丈夫？　もっとやれることあったらやるよ」と言っています。クインシーとマイケルが「最高でした！」と答えると「アハハハハ！」と笑ってヴィンセントは帰っていき、その姿を見た2人が「カッコええなー」と絶賛したというエピソードが残っています。

こういう話を聞くと、《スリラー》というアルバムが売れた理由として「いい曲だね」とか「ダンサブルだね」ということももちろんあるのですが、楽曲〈スリラー〉の持っているホラー映画的な遊びの部分が、いろいろな人に響いた大切なファクターだったのかな、なんて思ったりもしています。

それでは引き続きまして、これもロッド・テンパートンの名曲〈ベイビー・ビー・マイン〉をかけたいと思います。この曲は《オフ・ザ・ウォール》における〈ロック・ウィズ・ユー〉と全く同じ役割を果たしていると思うのですが、ただ1979年夏の《オフ・ザ・ウォール》における〈ロック・ウィズ・ユー〉と1982年秋冬の〈ベイビー・ビー・マイン〉を比べると、サウンドがプラスティックなイメージといいますか、メタリックなイメージになっているんですよね。〈ロック・ウィズ・ユー〉のほうがもう少し人間味があるというか温かい印象なんですけど、デジタルの変化だったりシンセサイザーの進歩が影響しているのかもしれません。でも僕はカリフォルニアやロサンゼルスなど、マイケルが暮らしていたあのあたりの明るい日差しの中で〈ベイビー・ビー・マイン〉がかかっているのを想像すると、このクリアな音像もすごくフィットするだろうなと思うんです。それではお聴きいただきましょう、アルバム《スリラー》の2曲目〈ベイビー・ビー・マイン〉。

▶〈ベイビー・ビー・マイン〉

頭のドラムが（フィルインと言ったりするんですけど）、「♪タカドンドンタカドンドンタカヅクヅク」みたいな感じで始まるのも〈ロック・ウィズ・ユー〉に近いですね。でもこの曲にしかないクリスタルなイメージ、僕は非常に好きです。

アルバム《スリラー》は9曲中7曲がシングルカットされているんですけど、〈ベイビー・ビー・マイン〉はシングルにならなかった曲のひとつです。一番最初にシングルになったのは、マイケルとポール・マッカートニーの〈ガール・イズ・マイン〉で、1982年10月のことですね。アルバム《スリラー》が出る前にシングルとしてリリースされていたのですが、その後〈ビリー・ジーン〉〈今夜はビート・イット〉〈スタート・サムシング〉〈ヒューマン・ネイチャー〉〈P.Y.T.（Pretty Young Thing）〉と来て〈スリラー〉までがシングルカットされていくのですが、もう1曲、じゃあ何がシングルカットされなかったのかというと、アルバムの最後を飾る〈レディ・イン・マイ・ライフ〉です。

「シングルカットされなかったからこの曲は良くないのか」と言われそうですが決してそういうことではなく、全体のクロージングとして、アルバムを最後まで聴いたときにこのロッドの名曲が流れると「なんかいいアルバムを聴いたなあー」というイメージになれることが、《スリラー》が世界的に売れた理由のひとつだと思うのです。しかしマイケルとロッド・テンパートン、そしてクインシー・ジョーンズという三者の結び付きは、この〈レディ・イン・マイ・ライフ〉で幕を閉じることになります。

〈レディ・イン・マイ・ライフ〉

この曲は演奏陣が本当に素晴らしく、グレッグ・フィリンゲインズがピアノを弾き、TOTOのメンバー、デヴィッド・ペイチとスティーヴ・ポーカロがシンセサイザー、ポール・ジャクソン・ジュニアがギター、そしてルイス・ジョンソンがベース、TOTOのジェフ・ポーカロがドラム、マイケル・ボディッカーがコンピューターの打ち込みをしているという、世界一の演奏陣が集結しています。

《スリラー》は、演奏陣もプロデューサーも超一流。ヴォーカリストであるマイケルも世紀の天才。本当に世界最高のメンバーが集まって作ったアルバムなんだな、ということを改めて噛み締めました。

［MJミュージックヒストリー］

《BAD》の時代（前編）

2019年11月3日オンエア

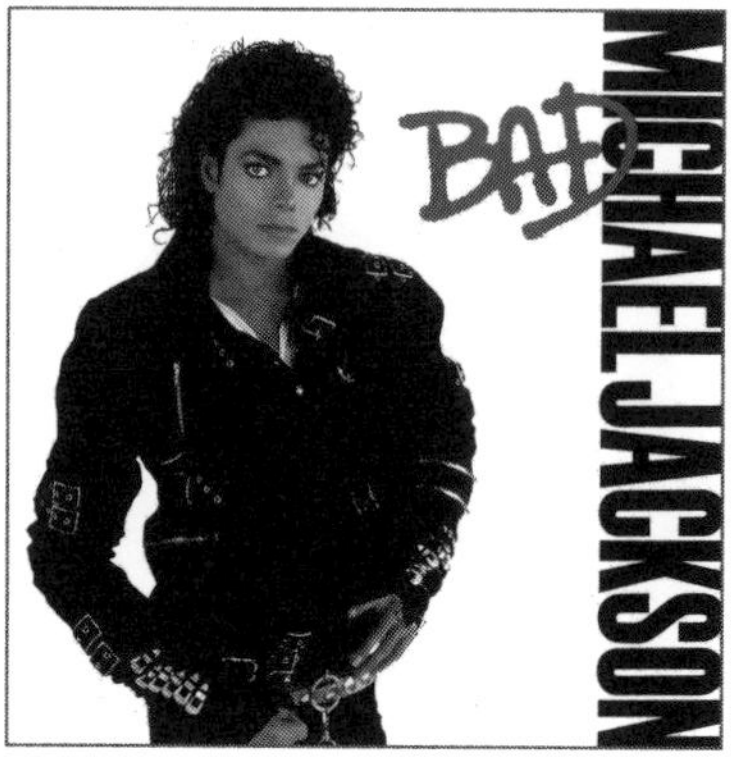

《Bad》1987年8月31日リリース

収録曲

1. BAD *Bad*
2. ザ・ウェイ・ユー・メイク・ミー・フィール *The Way You Make Me Feel*
3. スピード・デーモン *Speed Demon*
4. リベリアン・ガール *Liberian Girl*
5. ジャスト・グッド・フレンズ *Just Good Friends*
6. アナザー・パート・オブ・ミー *Another Part of Me*
7. マン・イン・ザ・ミラー *Man in the Mirror*
8. キャント・ストップ・ラヴィング・ユー *I Just Can't Stop Loving You*
9. ダーティ・ダイアナ *Dirty Diana*
10. スムーズ・クリミナル *Smooth Criminal*
11. リーヴ・ミー・アローン *Leave Me Alone*

プロデュース

クインシー・ジョーンズ＆マイケル・ジャクソン

参加アーティスト

スティーヴィー・ワンダー、サイーダ・ギャレット、
スティーヴ・スティーヴンス 他

《オフ・ザ・ウォール》と《スリラー》では前半にマイケル・ジャクソン自身が作った曲をセレクトして、後半にロッド・テンパートンやスティーヴ・ポーカロなど、いろいろな職業作曲家や仲間の作曲家が作った曲に分けてお話をしてきたのですが、《BAD》はそういう方法がとれません。なぜなら、ほとんどがマイケルの作曲だからです。なので、よりグルーヴィーでソリッド、ベースラインのリフが繰り返されていくような、マイケル・ジャクソン的な楽曲を前半に集めてみました。

クインシー・ジョーンズのプロデュースは、もちろんこのアルバムでも効果的に効いていますので、後半はクインシーのアレンジによってマイケルの曲がより芳醇になったなと感じた曲を紹介したいと思っております。

それでは、マイケル・ジャクソン的楽曲ナンバーワン、これこそ〝ザ・マイケル・ジャクソン〟と言ってもいいのではないでしょうか。アルバム《BAD》のタイトルトラック〈BAD〉を、今日はBADワールドツアー1987年9月横浜公演のライヴ音源でお楽しみください。

〈BAD（Live）〉

アルバム《BAD》は1987年8月31日にリリースされましたが、マイケルの誕生日が8月29日なので、2日前に29歳になったばかりですね。同年9月9日、日本を皮切りに世界中を回るBADツアーが始まるのですが、意外にも29歳にして初めてのソロツアーです。それまでジャクソン5やジャクソンズでのツアーはあったのですが、マイケル・ジャクソンとしてのツアーは実はこのタイミングが初めてでした。

このアルバムの最大のポイントは、マイケル自身の単独作詞作曲がほぼすべてを占めていること。次のアルバム《デンジャラス》になると共作がぐっと増え、その後の《ヒストリー パスト、プレズント・アンド・フューチャー ブック1》や《インヴィンシブル》というアルバムも、もちろんマイケル単独の作詞作曲曲はあるのですが、《BAD》ほど多くはないんです。なので、《BAD》はマイケルの残したアルバムの中でも、一番作詞作曲家としてオリジナルで個性的な〝ザ・マイケル・ジャクソン〟という楽曲がたくさん詰まったアルバムになっています。

1986年から1987年にかけて、マイケルはウエストレイク・レコーディング・スタジオで、来る日も来る日もレコーディングと作曲を続け、アルバム《BAD》のためにデモテープを60曲以上作ったそうです。最終的にレコーディングしたのは33曲という説もありますが。

ではシングルカットもされ、全米ナンバーワンにもなったマイケル・ジャクソンを代表する楽曲のひとつと言っていいでしょう、〈ザ・ウェイ・ユー・メイク・ミー・フィール〉をお聴きください。

〈ザ・ウェイ・ユー・メイク・ミー・フィール〉

アルバム《BAD》からは〈キャント・ストップ・ラヴィング・ユー〉〈BAD〉という順番でシングルカットされていき、3枚目のシングルとしてこの〈ザ・ウェイ・ユー・メイク・ミー・フィール〉が発売され、大ヒットしました。

この時期、ティアーズ・フォー・フィアーズというグループの〈ルール・ザ・ワールド〉など、シャッフルビートのヒット曲が多かったので、マイケルのお母さんキャサリンが「あなたも作ったらどう?」とすすめたことでマイケルもやってみようかなと思って作ったというふうにいわれております。「キャサリン、たまにはグッジョブ!」という感じです(笑)。

〈ザ・ウェイ・ユー・メイク・ミー・フィール〉はライヴでも重要な場面で何度も使われていて、例えば1988年3月にラジオシティ・ミュージックホールで行われたグラミー賞でのジャズ的なアレンジでスタートするパフォーマンスは今でも歴史に残っていますし、マイケルが亡くなったあとに公開された、ツアーのリハーサルシーンを集めたドキュメンタリー映画『マイケル・ジャクソン THIS IS IT』でも、キーボードのマイケル・ベアデンにこの曲のコードワークの響きを的確にダンスをしながら説明しているかっこいいシーンもあります。

パフォーマンス込みでビジュアル的にも映える楽曲と

して、まさに《BAD》的な1曲だなと思います。

このアルバムに関しては、ほぼすべての曲にショート・フィルムと呼ばれた素敵なイメージビデオが作られたのですが、その中でも最も視覚的、映像的にマイケル・ジャクソンの美学が完成された1曲と言ってもいいでしょう〈スムース・クリミナル〉をお聴きください。

〈スムース・クリミナル〉

この曲は本当にそれぞれ思い入れのある方が多いんじゃないかなと思うんですが、僕にももちろんあります。

僕は《スリラー》のあたりでマイケルの大ファンになったので、新しいアルバムが出るのをずっと楽しみに待っていたんですよ。でもなかなか出なかったんですよね。結果、5年ぶりのアルバムになりました。

今みたいにインターネットもない時代ですから、雑誌を買ってきては端に載っている細かいマイケル情報をめちゃくちゃチェックしていたんですけど、あるときマイケル・ジャクソンの新曲が〈スムース・クリミナル〉という曲らしいと書いてありました。僕は10歳ぐらいのときから作詞作曲をしてデモテープを作っていたんですけど、〈スムース・クリミナル〉という新曲が出ると知った瞬間（全然マイケルの曲を聴いてないんですけど）勝手に頭の中に自分の〈スムース・クリミナル〉ができちゃったんですよね。その頃の自分は、当然《オフ・ザ・ウォール》とか《スリラー》のマイケルしか知りませんでしたから、〈今夜はドント・ストップ〉みたいな陽気な調子の（スムースって言っているので、そんな感じがしたんですよね）「素敵な犯罪者」みたいな歌詞を勝手に書いて。なんでマイケルが日本語で歌うんだって話なんですけれども。それからカセットに録音して、新曲が出るまで自分の曲で〈スムース・クリミナル〉を楽しんでいたんですが、それぐらい思い入れのある曲です。本物を聴いたとき全然違うのでびっくりしましたけど。

昔からのファンにしてみると、それまではニコニコした好青年という印象だったマイケルが、《BAD》で急にケンカ腰になった感じがしたんです。ライバルといわれたプリンスはいつも不機嫌な顔をしていて怖いというイメージがあったんですけど、マイケルは例えば〈セイ・セイ・セイ〉のポール・マッカートニーというちょっと可愛らしさの残る甘酸っぱい青年、という雰囲気のキャラだったんですよね。

ではなぜこの時期にマイケルが変化したのかというと、この頃（1982年から1987年の間）Run-D.M.C.の〈ウォーク・ディス・ウェイ〉などのヒップホップがオーバーグラウンドでヒットし始めたことももちろん影響していると思うのですが、僕は最大のポイントはジャネット・ジャクソンだったのではないかなと思っています。

ジャネットの最初のアルバムとセカンドアルバムは父親のジョー・ジャクソンのディレクションのもとでレコーディングをしたんですけど、それほどヒットしなかったんですね。そうしたらジャネットがジョーに対して「あんたの言うこと聞いていても売れへんやんか！」と反旗を翻しまして、「ミネアポリスという街にジャム＆ルイスというすごいプロデューサーがいるから、その人たちと私はやりたい」と飛び出していきました。

ジャム＆ルイスがどういう人たちなのかというと、もともとザ・タイムというグループのメンバーで、プリンスの弟分といいますか後輩という感じで（本当は同期や先輩なんですけどプリンスのほうがデビューが早いので）、表舞台に出てきたバンドだったんです。ザ・タイムの楽曲も最初はプリンスが全部作っていて、プリンスと親友のモーリス・デイがフロントを張っていたのですが、そこでキーボードを担当していたのがジミー・ジャム、ベースを担当していたのがテリー・ルイスでした。

彼らはプリンスのバックバンドをしたり一緒にツアーを回っていたんですけど、「プリンス怖いし、なかなかお金ももらえないし」ということで、他のアーティストに頼まれてプロデュース仕事も請け負っていたんです。

あるとき、他の人のプロデュースをしていたらブリザードで飛行機が飛ばなくなり、プリンスのライヴに穴を開けてしまうんですね。最初は「女の人と遊んでたのか？」なんてプリンスも優しかったらしいんですけど、本当は他の人のプロデュースをしていたということが分かった途端めちゃくちゃ怒りまして「お前らなんか辞めちまえ！」ということで辞めさせられたのがジミー・ジャム

&テリー・ルイスだったのです。

その後、彼らは新進気鋭のプロデューサーとして名を上げていくのですが、ジャネット・ジャクソンとタッグを組んで作ったのが1986年の春にリリースされた《コントロール》というアルバムで、これが大ヒットしました。《BAD》が出たのは1987年の夏ですから、その前年ですね。

ではその頃のマイケルの動向はというと、アミューズメントパークで観られる『キャプテンEO』という3Dアトラクション映画のようなものを撮っていたり、その前の年には〈ウィ・アー・ザ・ワールド〉の作詞作曲をライオネル・リッチーとやったり、いろいろな仕事をしてはいたんですけど、世の中の空気がその1、2年で変化したということと、妹ジャネットがめちゃくちゃクールなアルバム《コントロール》で世界の潮流を変えたということで、マイケルもちょっと焦ったんだと思うんですよね。

今まで同世代ではプリンス以外にライバルがいなかったマイケルですが、妹のジャネットが新しくてかっこいいアルバムを発表したことが、この《BAD》のアルバムのサウンド作りであったり、マイケル自身のイメージの変化ということに実は大きな影響をもたらしたのだろうと僕は思っています。

それではアルバム《BAD》から、マイケルのこれまでの作品の中で最も八ードロック色が強い楽曲、〈ダーティ・ダイアナ〉を聴いてください。

▶〈ダーティ・ダイアナ〉

《BAD》からカットされた5曲目のシングルで、これも全米1位になりました。

この曲にはマイケルの作詞家としてのある種の凄みを感じます。タイトルの〈ダーティ・ダイアナ〉は「ダイアナ、めっちゃ最悪やん」って意味なんですけど、そうなると「ダイアナって誰よ?」となるんですが、マイケルの人生を追いかけている人からしたら、どうしてもダイアナ・ロスを想起してしまいますよね?

スプリームスのシンガーであり、大先輩であり、一番愛していると公言してはばからなかったダイアナ・ロス。一緒に歌も歌ったし、小さい頃は一緒に住まわせてもらっていたということで影響も大きかったでしょう。マイケルは「ダイアナが好きなんだ」とずっと言っていたんですが（今の感覚だと10歳〜20歳年が離れた男女で、男性のほうが若いってことも別におかしくないなと思うんですけど）、当時は「いやいやいや、そんなありえへんやろ」という感覚だったんだろうな思うんですけどね。

そのダイアナといういわば神聖で特別な名前を、わざわざこういうハードロックで、しかも「バンドマンが好きで、いろいろな男の人に抱かれるために、どんな街にもついていく尻軽女や」みたいな物語に使うかって話ですよ。

そしてもう1人のダイアナといえば、イギリス王室の故・ダイアナ妃ですね。世界的にも大人気で、注目を浴びた美しい女性でしたね。僕も小さい頃ダイアナ妃が京都に訪れたとき、「ダイアナ――！　ダイアナ――！」ってでかい声で叫んだことがあるぐらいの人ですから。車でスーッと通り過ぎていったんですけど（笑）。

まず、ダイアナ妃に関して言うと、マイケルがイギリスのウェンブリー・スタジアムでBADツアーを開催したとき、チャールズ皇太子と共に来てくれたので、楽屋で挨拶したらダイアナ妃が「今日は〈ダーティ・ダイアナ〉歌うんですか？」と訊いたそうです。いつもはセットリストに入っていたけど「いくらなんでもあなたに失礼なので、今日は歌わないでおこうと思います」とマイケルが答えたら、「私、大好きなんですよあの歌。そんなこと言わないで、どうぞ歌ってください」と懇願されたのでやることになったというエピソードがあります。

ダイアナ・ロスに関して言うと、したたかというか、さすがという感じなんですが、次のツアーのオープニングで〈ダーティ・ダイアナ〉をアレンジした演奏で入場してきたんです。女王の貫禄といいますか、「そんな歌、歌わんといて！」と言うのではなく逆手に取る、さすが「女帝ダイアナ・ロス」という感じです。

実は《BAD》の制作中にダイアナ・ロスがアルネ・ネス・ジュニアという登山家で実業家、ノルウェーの船舶王である大金持ちと結婚したので、マイケルがショックを受けてこの曲を作ったんじゃないかという説もあるのですが、真相は分かりません。

さて、もう1曲いってみましょう。〈リーヴ・ミー・アローン〉。

〈リーヴ・ミー・アローン〉

《BAD》はレコードとCDが同時に発売されたのですが、当時はレコードで買う人とCDで買う人がちょうど半々くらい、まだちょっとだけレコードのほうが多かったんじゃないかな、という時期だったんですけど、この〈リーヴ・ミー・アローン〉はレコードには収録されておらず、CDのボーナス・トラック扱いでした。なので、今《BAD》を買うとこの曲が当たり前のように入っているので、アルバムの最後が〈リーヴ・ミー・アローン〉だという印象で聴いてしまうと思うんですけど、実際僕ぐらいまでの世代は《BAD》の〈リーヴ・ミー・アローン〉はボーナスだよという感覚が未だにあるんですよね。

この「ディスカバー・マイケル」を始めて分かったことなんですが、この曲は今でもめちゃくちゃ人気がありまして、《BAD》の中でも指折りといいますか上位に入るリクエスト数を誇り、すでに1回かかっているんですね。先ほど改めて聴いていても、すごく現代的な内容といいますか。「プライバシーに関することはほっといてくれよ」というメッセージが、先を見越したものだったんだなというふうに思わされます。

続きまして、ある意味《BAD》の中心に位置する曲と言ってもいい、まさに〝ザ・マイケル・ジャクソン〟であり、クインシー・ジョーンズの手腕も光る、僕個人、マイケルのキャリアの中でも指折りに好きな楽曲です。聴いてください、〈アナザー・パート・オブ・ミー〉。

〈アナザー・パート・オブ・ミー〉

この曲はもともと、3D映画『キャプテンEO』のテーマ曲として、マイケルがクインシー・ジョーンズの手を借りずに、自分の意思でジョン・バーンズというパートナーと一緒に作ったのが最初のヴァージョンです。この曲はマイケルも良い出来だとは思っていたのですが、《BAD》のアルバムを作る際には別の曲を、特に〈ストリート・ウォーカー〉という曲を推していました。

プロデューサーのクインシー・ジョーンズが「いやいやいや、〈アナザー・パート・オブ・ミー〉めちゃめちゃいいやんか。お前なんでこれ入れへんねんや」と訊くと、マイケルは「いや、これもう『キャプテンEO』でやりましたから」みたいに言ったらしいんですけど、「絶対〈アナザー・パート・オブ・ミー〉を《BAD》に入れたほうがいいよ!」「でももう1回できてるし」「それなら俺がちょっと手加えるから」というやり取りの末、クインシーのスパイスが振りかけられた第2ヴァージョンが、この《BAD》に収録された〈アナザー・パート・オブ・ミー〉です。

ここに関して僕は「クインシーありがとう、ともかくあなたはすごいです」と何度でも言いたいんですよね。ストイックなアレンジなので、生のブラス、いわゆるトランペットもいろいろなことをやっているわけではないんですよ。というか間奏の一部と最後に出てくるだけなんですけど、それがめちゃめちゃ気が利いてまして。やっぱり最初の『キャプテンEO』のヴァージョンと、この《BAD》に含められたヴァージョンを聴き比べると、マイケルもすごいけどクインシーもすごいなと。クインシーが言っていた「プロデューサーの仕事は選曲をすること、良い曲を選ぶことだ」ということが、やっぱりここでもすごく証明されているなと僕は思います。

というのも、〈アナザー・パート・オブ・ミー〉はマイケル・ジャクソンの良いところがめちゃくちゃ入っている曲だと思うんですね。「You're just another part of me.(君は僕の中のほんの一部なんだ)」ということが、かなり深い意味を持っているなと。

最近、DNAで自分のルーツを知るみたいな検査があって、自分は何人だと思っていたけど、実は自分が文句を言ってた国の人の血がいっぱい入っていたとか、世の中は人間を人種で分けているけど、実は根っこで交ざっていることなどが技術の進歩で分かるようになりました。この曲はまさにそういう話で、敵対していると思っている国や人間同士も、突き詰めていけば結局一緒じゃないかということが「You're just another part of me.」

という言葉の中に含まれていて、彼の哲学が凝縮されているダンス・ナンバーだといつも感じています。

[MJミュージックヒストリー]

《BAD》の時代（後編）

2019年11月10日オンエア

今回もアルバム《BAD》の特集です。全11曲のアルバムですが、このうち9曲がマイケル・ジャクソン自身が作った曲で、2曲のみ別のソングライターが曲を提供しています。まずはそのうちの1曲を聴いていただきましょう。マイケル・ジャクソンとスティーヴィー・ワンダーのデュエット曲〈ジャスト・グッド・フレンズ〉。

〈ジャスト・グッド・フレンズ〉

この曲はティナ・ターナーの〈愛の魔力〉でグラミー賞の最優秀レコード賞を獲得した、職業作曲家のテリー・ブリテン&グラハム・ライルというコンビの曲で、タイプとしては《スリラー》に入っていた〈P.Y.T.（Pretty Young Thing）〉のような、ちょっとコンサバティヴといいますか、誰もが好きになるようなポップスという感じです。攻撃的な曲が多いアルバムなので、こういうグルーヴィーでハッピーなポップスをクインシーは入れたかったのかなという気がしています。

当時スティーヴィーが作っていたアルバム《キャラクターズ》の〈ゲット・イット〉という曲にマイケルが参加していたり、他にもお互いにコラボレーションしていたりと80年代後半も仲良くしていたので、今回も本当はスティーヴィーに作曲を頼みたかったのではないかなと僕は思っています。

続きましては《BAD》のレコーディング中にたくさん作られた曲の中で、結局アルバムには入らなかったという曲を紹介したいと思います。この曲は、2012年

6月に発売された《BAD》25周年記念盤で初めてきちんとした形で公開されたデモです。マイケル・ジャクソンで〈ドント・ビー・メッシン・ラウンド〉。

▶〈ドント・ビー・メッシン・ラウンド〉

これはリアルなデモテープで、ピアノをマイケル自身が弾いているそうです。エンジニアのブルース・スウェディンは「マイケルの曲の中でも指折りに好きだ」と褒めていた楽曲なのですが、最初は8分ぐらいにまで長くなってしまったので、切ったりしていろいろ考えているうちに《BAD》の中からは外されてしまいました。

それではもう1曲聴いていただきましょう。マイケルは非常に気に入っていたのにギリギリで外された曲です。〈ストリート・ウォーカー〉。

▶〈ストリート・ウォーカー〉

この曲は、2001年にリリースされた《BAD》のスペシャル・エディションにボツトラックとして入ったのですが、発売時よりも今現在2019年に聴いたほうがよりいいなと思います。1987年の作品というと2001年には14年前だったんですけど、今だと32年前になるので、サウンドの80年代《エイティーズ》感みたいなものも含めて今、非常にいいなと思います。

本作が選ばれなかった経緯なのですが、マイケルはこの曲を推していたものの、クインシーは〈アナザー・パート・オブ・ミー〉がいいと言うので、「じゃあ2曲を競争させよう」という話になったようです。スタジオでこの2曲を大音量で流しながら、マイケルとクインシーは必死に持論を展開していたんですが、マイケルの当時の名物マネージャー、フランク・ディレオさんというちょっとずんぐりむっくりなおじさんが、〈ストリート・ウォーカー〉のときには黙って聴いていたのに〈アナザー・パート・オブ・ミー〉をかけた瞬間にめちゃくちゃ踊ってしまって。マイケルからしたら、自分のマネージャーなのにお前はどっちの味方なんだって話なんですけど(笑)、クインシーが「ほら見ろ、フランク・ディレオですら踊っているんだぞ！」ということで、結局〈アナザー・パート・オブ・ミー〉が選ばれたということです。

この曲は、当時エンジニアだったビル・ボットレルが一緒に作っています。彼はマイケルの右腕としていろいろな曲のトラック作りを手伝っていたのですが、のちのちシェリル・クロウという90年代を代表するシンガー・ソングライターのプロデューサーになった方です。

アルバム《BAD》以降もビル・ボットレルとのコンビは続きまして、クインシーと離れた次のアルバム《デンジャラス》の中でも〈ブラック・オア・ホワイト〉や〈ギヴ・イン・トゥ・ミー〉など、ビル・ボットレルのカントリー、ブルース的な、昔のアメリカンな楽曲カラーがマイケルサウンドの中に入っていきます。

続きまして、マイケル・ジャクソンwithサイーダ・ギャレットの〈キャント・ストップ・ラヴィング・ユー〉をお聴きいただきたいのですが、実はこの曲、この番組「ディスカバー・マイケル」の一番最初にかけた曲でした。覚えている方もいらっしゃるかもしれませんが、マイケルのささやきから始まるヴァージョンです。僕がなぜこの曲を選んだのかというと、そのときも話しましたが、《スリラー》でマイケル・ジャクソンを大好きになり、5年間待ちに待った待望のアルバム《BAD》の1曲目のシングルがこれで、ものすごく衝撃的だったからです。

この〈キャント・ストップ・ラヴィング・ユー〉は映画『THIS IS IT』でも歌われているので知っている方も多いと思うのですが、この曲はすごく人気があって、「ディスカバー・マイケル」でも2度、ナレーションがあるヴァージョンとないヴァージョンをかけています。そして実は他にも、スペイン語ヴァージョンとフランス語ヴァージョンも作られているので、今回は2001年リリースの《BAD》スペシャル・エディションに収録されたスペイン語ヴァージョンを聴いていただきたいと思います。

▶〈キャント・ストップ・ラヴィング・ユー（スペイン語ヴァージョン）〉

「♪Todo mi amor eres tu」って言ってましたね。

フランス語ヴァージョンの訳詞は、70年代後半ベルギーで活動したザ・ラブレターのシンガーであるクリスティーヌ・デクロアで、彼女は当時クインシーと男女の関係にあったんですね。ある日《BAD》のレコーディングに呼ばれたクリスティーヌがこの曲を聴いて、「フランス語はこの種のロマンティックな恋愛を奏でるメロディにぴったりだから、フランス語でも歌ってほしいわ」とマイケルに言ったそうです。そしたらクインシーに「じゃあ君が訳せよ」と言われて「え？　私？　歌詞も書いたことないのよ？」と断ったのに、「歌ってほしいって言ったんやったら責任とって訳してーな」と頼まれて引き受けることになったそうです。

結果フランス語ヴァージョンはとても評判が良く、マイケルはフランス語は分からないけど耳がいいので繰り返し聴いたらできたということで、「じゃあ、スペイン語もやろうよ！」となり、ルーベン・ブラデスさんというパナマ出身の音楽家、俳優、政治家でもあるラテンのスーパースターが訳すことになりました（この人、1994年に立候補したパナマ共和国大統領選挙では、落選したけど20％の票を得たスーパースターなんですよ）。

というわけで、ちょっと珍しいスペイン語ヴァージョンを聴いていただきました。

それでは、シームレスにつながっているアルバムの3曲目と4曲目を2作続けてお聴きください。〈スピード・デーモン〉と〈リベリアン・ガール〉。

▶〈スピード・デーモン〉
▶〈リベリアン・ガール〉

この2曲も僕が大好きな曲で、特に〈スピード・デーモン〉のベースラインのかっこよさだったり、〈リベリアン・ガール〉のマイケルのヴォーカルの多重録音がすごくいいですね。マイケルがいろいろな声を何重にも重ねて、まさにミルフィーユのように作った声の音の壁がすごく心地よい楽曲です。

この〈リベリアン・ガール〉は、もともとジャクソンズの《ヴィクトリー》というアルバムのために〈ピラミッドガール〉というタイトルで作られていたそうです。この

〈リベリアン・ガール〉に関して言うと、キーボーディストがジョン・バーンズ、マイケル・ボディッカー、そしてラリー・ウィリアムスとTOTOのデヴィッド・ペイチ、シンセサイザープログラミングに〈ヒューマン・ネイチャー〉を書いたスティーヴ・ポーカロが入っているということで、ある意味アルバム《スリラー》の〈ヒューマン・ネイチャー〉のチームがそのままこの〈リベリアン・ガール〉に移行してきているといいますか、そういう意味でもTOTOの〈アフリカ〉っぽい、ワールドワイドなイメージを持つ楽曲だなと思ったりもしています。

《BAD》は全11曲中9曲がマイケル・ジャクソンの単独ソングライティングで、2曲だけが違うと最初に話しましたが、そのうちの1曲は最初に選曲した〈ジャスト・グッド・フレンズ〉で、もう1曲は次にセレクトする〈マン・イン・ザ・ミラー〉です。これはマイケルの代表曲と言っていいでしょう。《BAD》を象徴する楽曲〈マン・イン・ザ・ミラー〉をお聴きください。

▶〈マン・イン・ザ・ミラー〉

このナンバーは〈キャント・ストップ・ラヴィング・ユー〉でデュエットしている才能ある女性歌手サイーダ・ギャレットが歌詞を書いて、グレン・バラードという作曲家が曲をつけました。

〈マン・イン・ザ・ミラー〉とは鏡の中の僕、自分、人を指し、「自分から世界を変えよう」というメッセージなんです。これまでのマイケル・ジャクソン自身の楽曲は、どちらかというと〈ビリー・ジーン〉などのフィクショナルな物語調だったり、ダンス仕様だったり、多少は自分の意見を言っているものもあったりはしたのですが、こういう政治的な「社会を動かそう」みたいなテーマは実はあまりなかったんですよね（〈ウィ・アー・ザ・ワールド〉という例外はありましたけど）。90年代以降、マイケルは〈アース・ソング〉など、いろいろなメッセージソングを出していくことになるのですが、そのきっかけになった楽曲ではないかなと思います。

アルバム《BAD》は1曲目の〈BAD〉から〈ザ・ウェイ・ユー・メイク・ミー・フィール〉〈マン・イン・ザ・ミラー〉〈キャント・ストップ・ラヴィング・ユー〉

そして〈ダーティ・ダイアナ〉と、5曲の全米ナンバーワンヒットを出し、また〈スムース・クリミナル〉と〈アナザー・パート・オブ・ミー〉もそれぞれ全米7位と全米11位まで上がるという、ものすごい結果になりました。

ただ、覚えている方もいると思うのですが、こんなにすごいアルバムなのに評論家などにあまり評価されなかったんですよね。当時は音楽としてマイケルを聴く人が本当に少なくて、今聞くと「なんでなんだろう?」と思う人も多いと思うんですけど、ともかく軽視され、スルーされていたんですよ。また、マイケルに関する本、特に音楽的にマイケルを研究するこの「ディスカバー・マイケル」のような番組や書籍も、ほとんどありませんでした。

当時、レコード会社のEPICソニーは《BAD》に〝5年先が聴ける〟というキャッチコピーをつけていたんですけど、5年後の1992年に《BAD》みたいな音楽をやっている人、誰もいなかったんですよね。ニュー・ジャック・スウィングも流行っていましたし、ヒップホップも出ていましたけど。

マイケルが作ったこの《BAD》というアルバムは(マイケル・ジャクソンが単独で作った曲が多いということもあるのですが)、誰にも真似できないオリジナリティに溢れた曲が多いのも理由のひとつかなと思うのですが、映画『THIS IS IT』では、この《BAD》の曲が数多くチョイスされていたんです。〈ザ・ウェイ・ユー・メイク・ミー・フィール〉や〈スムース・クリミナル〉、〈キャント・ストップ・ラヴィング・ユー〉もそうですし、最後の方に〈マン・イン・ザ・ミラー〉がかかったり、〈BAD〉なんて一瞬しか出てこないんですけど「Who's BAD!」なんて言ってる姿がめちゃくちゃかっこよかったり。なので《BAD》がちゃんと評価されたのは、マイケルが亡くなった2009年以降なんじゃないかなと思ったりもしています。

《BAD》は独自のマイケルテイストが香るアルバムとして、僕は大好きです。今の若い人にとってはすべてがフラットで同じように感じるかもしれませんけど……。

［MJミュージックヒストリー］

《デンジャラス》の時代（前編）

2019年12月1日オンエア

《Dangerous》1991年11月26日リリース

収録曲

1. JAM *Jam*
2. ホワイ・ユー・ワナ・トリップ・オン・ミー *Why You Wanna Trip On Me*
3. イン・ザ・クローゼット *In The Closet*
4. シー・ドライヴス・ミー・ワイルド *She Drives Me Wild*
5. リメンバー・ザ・タイム *Remember The Time*
6. キャント・レット・ハー・ゲット・アウェイ *Can't Let Her Get Away*
7. ヒール・ザ・ワールド *Heal The World*
8. ブラック・オア・ホワイト *Black Or White*
9. フー・イズ・イット *Who Is It*
10. ギヴ・イン・トゥ・ミー *Give In To Me*
11. ウィル・ユー・ビー・ゼア *Will You Be There*
12. キープ・ザ・フェイス *Keep The Faith*
13. ゴーン・トゥ・スーン *Gone Too Soon*
14. デンジャラス *Dangerous*

プロデュース

マイケル・ジャクソン、テディ・ライリー他

参加アーティスト

テディ・ライリー、スラッシュ、ポール・ジャクソンJr、
ルイス・ジョンソン、ヘヴィーD他

今回は1991年秋にリリースされたアルバム《デンジャラス》の特集です。

《オフ・ザ・ウォール》《スリラー》《BAD》、この3枚は、天才と言われたプロデューサーのクインシー・ジョーンズとマイケルがタッグを組んで作られました。

マイケルが20歳前後でレコーディングを始めた《オフ・ザ・ウォール》は、クインシーがプロデューサーとして、こうしたほうがいいんじゃないか、ああしたほうがいいんじゃないかという流れを作り、それにマイケルが乗っていった形で、クインシー8：マイケル2のようなバランスでレコーディングが進んでいきました。というのも、マイケルはそれまで兄弟たちと共にモータウンやフィラデルフィアで作ったりした経験しかなく、1人で自由に自分の思い通りに曲を作るという制作体制はこの時が初めてだったのです。

〈今夜はドント・ストップ〉や〈ロック・ウィズ・ユー〉を歌っている表情なんて本当に楽しそうで、僕も大好きなんですが、クインシーがマイケルの魅力を爆発させてくれた、それが《オフ・ザ・ウォール》です。

《スリラー》では、その2人のバランスがちょうど5：5になり、〈ビリー・ジーン〉〈今夜はビート・イット〉など、マイケルが作る曲もどんどんスクエアなビートになってきます。いわゆる（言い方はあまり好きじゃないですけど）白人ロック・バンド的な真四角のビート。クイーンの影響を感じますが、ブラック・ミュージックのしなやかでグルーヴィーなノリというだけではなく、ソリッドで鋭いビートがちょうどいいバランスで、〈ヒューマン・ネイチャー〉はまさにTOTOサウンドだと指摘しましたが、それが《スリラー》の鍵を握っています。

そして《BAD》では、マイケル8：クインシー2のバランスに。マイケルが1人で作っている曲が多いこともあり、鋭角的で、映画・映像的な表現がふんだんに見られます。〈スムース・クリミナル〉もそうですよね。そういった意味で、オリジナルなマイケル・ジャクソン、〝ザ・マイケル・ジャクソン〟がついに確立されたのが《BAD》ではないでしょうか。

とはいえ〈アナザー・パート・オブ・ミー〉や〈スピード・デーモン〉などのクインシーのブラスやストリングスのアレンジは、クインシーにしかできない味付けで、スパイスの利かせ方が本当に心地良く、優雅に音楽を広げています。もともとクインシーはトランペッターですから、そういう意味でも生楽器の使い方やジャズからの影響、伝統も、きっちり押さえられていたというのが《BAD》でした。

これらのアルバムは3枚とも大大大成功で、大方の予想では次のアルバムもまたクインシーと組むのだろうと見られていたのですが、マイケルは90年代最初のアルバム《デンジャラス》で、なんと自分よりも若いテディ・ライリーにプロデュースを頼みます。マイケルが初めて会ったときのテディ・ライリーは22、23歳で、自分よりも年下のメンバーをプロデューサーに据えることは、マイケルにとって冒険だったと思うのですが、それでも新しい参謀役にテディを選んだわけですね。

この《デンジャラス》というアルバム、実は最初から新しいアルバムを作ろうと始めたわけではなく、《オフ・ザ・ウォール》《スリラー》《BAD》の中から〝ディケイド〟と呼ばれるCD2枚組のベスト・アルバムを作ろうという企画が発端でした（《スリラー》《BAD》なんて、ほとんど全部ベスト・アルバムみたいな感じなんですけど）。

そこにポール・マッカートニーとの〈セイ・セイ・セイ〉や他のヒット曲なんかも当てはめながら、最後に6曲ほど新曲を録ろうとしていたのですが、マイケルは途中で「これは〝ディケイド〟やってる場合ちゃうぞ。僕は新しいアルバムを作るんだ！」と方向を変えます。そして、なんと18カ月というマイケル史上最長の制作期間を要したフル・アルバム《デンジャラス》が、76分58秒という（LPの時代だったら絶対2枚組になる）圧倒的なボリュームを持って発表されたわけです。

それでは度肝を抜かれた1曲目、聴いてみましょう。〈JAM〉。

▶〈JAM〉

何度聴いても、当時《デンジャラス》のCDを買って、この曲が鳴り響いたときの衝撃的な瞬間を思い出します。

先ほど少し説明しました今作のプロデューサー、テディ・ライリーは、1967年10月8日生まれのプロデューサー、ソングライター、そしてアーティストです。マイケルより9歳年下で、アルバム《デンジャラス》が出たとき彼は24歳になったばかり。制作していたのは22、23歳のときでした。

これまでのマイケルの歴史には、ベリー・ゴーディ・ジュニア、ギャンブル&ハフ、クインシー・ジョーンズという名だたるプロデューサーがいたわけで、10歳近く年下の人と共同プロデュース体制を築いたということは、マイケルにとっても極めて大きな冒険でした。

このテディ・ライリーという人はめちゃくちゃおしゃべりで、いろいろなことを話してくれます(笑)。訊いてもいないようなことまでいっぱい教えてくれるので、資料としては本当にありがたい人なんですけど、《デンジャラス》のプロデュースを依頼されたときのことをこんなふうに回想しています。

「最初は彼をプロデュースできるか心配だった。だって、相手はあの敬愛するマイケル・ジャクソンだよ? 俺は22か23の若造だったしね。そしたらマイケルがこう言ったんだ。『テディよく聞いてくれ、僕を新人だと思ってプロデュースしてほしいんだ。君が話しかけてくれることを必要としている。ダメな部分は批評をして、ここがダメだと言ってほしい。君の才能のすべてをぶつけてほしいんだ。僕はテディ・ライリーをプロデューサーに選んだんだ。GUYや君が今までプロデュースしてきたアーティストたちと同じように僕をプロデュースしてほしい。今まで通りやれば、僕は今まで通りの世界観でしかできないからね』って。あれは忘れられない瞬間だね」

「僕を新人だと思ってダメなところはダメだと言ってくれ」と伝えたマイケル。この《デンジャラス》の制作に向かった彼の強い決意を感じる、まさにそれを代表するのが1曲目の〈JAM〉なのではないでしょうか。

それでは続きまして《デンジャラス》のカラーを決定づけているこの曲、〈ホワイ・ユー・ワナ・トリップ・オン・ミー〉をお聴きください。

〈ホワイ・ユー・ワナ・トリップ・オン・ミー〉

この曲は《デンジャラス》の中ではちょっと珍しいのですが、マイケルが作曲に参加していません。テディ・ライリーとバーナード・ベルが作曲しています。

このバーナード・ベルという人は、真の天才作曲家だなと僕はいつも思っています。〈リメンバー・ザ・タイム〉も彼が作っているのですが、テディとはまたちょっと違う、エレガントでメロウな良さも持っている作曲家として、ぜひとも名前を覚えておいてほしいと思います。

この〈ホワイ・ユー・ワナ・トリップ・オン・ミー〉の頭にちょっとヘヴィなギターソロがあるのですが、これを弾いているのがポール・ジャクソン・ジュニア。アメリカを代表するセッション・ギタリストです。様々なアーティストの楽曲に参加していますが、僕が好きなスクリッティ・ポリッティの《キューピッド&サイケ85》というアルバムや、マイケルの作品でもいろいろな制作現場に参加してギターを弾いてきました。

このポール・ジャクソン・ジュニアさんが来日されたとき、貴重な証言のインタビューを録ってきましたので、近いうちに必ず流させてもらいたいなと思っております。

続きましては〈イン・ザ・クローゼット〉。僕はこの曲が大好きで、こんなことを言い始めたらキリがないんですけど、マイケル・ジャクソン ベスト10とか、ベスト5とかで必ず入れたくなる楽曲ですね。

そして、ハーブ・リッツという、当時本当にナンバーワンのフォトグラファー、ビデオグラファーがこの曲のショート・フィルムを撮っています。僕は、このジャケットやいろいろなアートワークを含めて、マイケル・ジャクソン史上最もかっこいいショート・フィルムなんじゃないかなと思っている作品です。これこそ《デンジャラス》でマイケルが作りたかった新たなマイケル・ジャクソン像を体現している楽曲だと思います。

マイケルって髪の毛が長くても短くても、額にちょろちょろちょろって前髪を垂らしてることが多かったんですが、この時は完全にオールバックにしてまして、30年近く時を経た今観てもタイムレスなファッションになってます。それでは聴いていただきましょう、〈イン・ザ・クローゼット〉。

▶〈イン・ザ・クローゼット〉

実はこの曲でマイケルはマドンナと共演しようとしていたという話を以前しましたけれども、ビデオにはナオミ・キャンベルが登場しています。

背景に何があったのかというと、マドンナはマイケルに「私と一緒に踊りに行きましょう。あなたみたいな格好をしている人、90年代にはいないわよ」みたいなことを言ったんです。つまり、マドンナが自分の友達と一緒に都会のクラブに行きましょうって声がけしたけど、マイケルが断ったんですね。

あとは「とんでもないことをやりましょうよ」とマドンナに誘われて、何かなと思ったら、マイケルが女装をしてマドンナが男装をするビデオを撮ろうと言ったらしいんです。マイケルは「マドンナはかっこいいかもしれないけど、性を逆転することでどうなるんだ」と疑問に思いジャネットに相談したら、ジャネットもその頃はマドンナに対して否定的だったらしく、「街中で裸になったら、私だって人の注目を浴びられるわよ」と皮肉ったようです。

結果マドンナはこの曲のデュエットを断る形になったんですけど、マイケルも腹が立ったんでしょうね。本当の王女を呼んでやろうということで、モナコのステファニー公女がレコーディングに参加したり、ナオミ・キャンベルを呼んできたり。

ともかくマドンナとのデュエットが上手くいかなかったからこそ、マイケルは逆に気を引き締めて当時のトレンドに完全にぶつかっていき〈イン・ザ・クローゼット〉を作ったということで、僕も結果的にこれで良かったんだなと思っております。

それでは引き続きまして、これまたもう、お前そればかり言うやんけって話ですけど(笑)、大好きな曲ですね。この番組でもジングルに使わせてもらっていますし、マイケル・ジャクソン ベスト10があるなら、10位までには絶対に入るだろうと思うほど、この曲は本当に好きですね。ジェームス・ブラウンのファンク・マナーを90年代に復活させたような、再構築したような楽曲です。〈キャント・レット・ハー・ゲット・アウェイ〉。

〈キャント・レット・ハー・ゲット・アウェイ〉

この曲、本当に一生聴いていたいぐらい好きですね（笑）。マイケルのことをそんなに好きじゃない僕のミュージシャン仲間でも、この曲のかっこよさは分かるみたいで。やっぱりマイケル・ジャクソンだからというより、本当にグルーヴとしてのかっこよさ、心地よさ、鋭さみたいなものが集約されていて、僕個人的には〈アナザー・パート・オブ・ミー〉と〈キャント・レット・ハー・ゲット・アウェイ〉はマイケルのグルーヴの代表作だと思っていますね。

それでは次の曲〈リメンバー・ザ・タイム〉にいきましょう。この曲のショート・フィルムはエディ・マーフィ、デヴィッド・ボウイの奥さんのイマン、そしてNBAバスケットボールプレイヤーのマジック・ジョンソンも登場する話題作で、マイケルのショート・フィルムの中でも指折りの傑作だと思います。

今日は普通のシングル・ヴァージョンではなく、ちょっと珍しいアカペラ・ヴァージョンで聴いてみたいと思います。僕は多重録音が《BAD》あたりからのマイケルのひとつの醍醐味であり、キャラクターのチャームポイントだよ、みたいな話をよくするんですけど、このアカペラ・ヴァージョンを聴くと、マイケルの息遣いやハーモニーの凄さ、グルーヴがとんでもないなということが分かってもらえると思います。というわけで、今日は〈リメンバー・ザ・タイム〉をアカペラ・ヴァージョンでどうぞ。

〈リメンバー・ザ・タイム（acapella）〉

この曲のレコーディングシーンが映像に残されていますけど、マイケルが足踏みしたり、指を鳴らしたりしてます。本当はダメなんですよ、指を鳴らしながら歌を録ったら邪魔じゃんって話なんですよ。だけどマイケルは指を鳴らしたり、ブリッジや大サビのところで足をガンガンさせて踊っちゃってるので、その音をマイクが拾っているんです。でもそれがマイケルの普通の音楽とは違う躍動感というか、凄みに繋がっているなと僕は思うわけです。

この〈リメンバー・ザ・タイム〉のアカペラを聴くだけでも、マイケル・ジャクソンという人のシンガーとしての絶対的な魅力が伝わってくるなということで、このヴァージョンを選ばせていただきました。

いまさらですが、今日はアルバム《デンジャラス》の前半部分の特集です。「え?」と思った方もいるかもしれませんが、先ほど「このアルバムがもしLPだったら2枚組になる」という話をしましたけれども、今日はCDでいう前半の曲をまとめてかけています。というのも、この前半にマイケル・ジャクソンとテディ・ライリーのコンビによる曲が集まっていて、ダンス・ミュージックのマイケルという特徴が非常に強く出ているんですね。《インヴィンシブル》という2001年のアルバムでも、ロドニー・ジャーキンスという、当時旬だった若手のプロデューサーと組んで、前半はそのロドニーとのコンビで構成されているのですが、マイケルの制作スタイルとして、《オフ・ザ・ウォール》《スリラー》《BAD》とは違い、これ以降のアルバムはダンス・ミュージックを若いプロデューサーと作り極めていく前半に対し、後半はバラードだったり、バラエティに富んだ楽曲を入れる、というのがオリジナル・アルバムの形になっていきます。なので、今日の放送ではテディとマイケルがタッグを組んだ前半の曲を集めて放送しました。

テディはマイケルと出会った当時22、23歳だったと先ほど話しましたが、彼はニューヨーク市のハーレム生まれで、12歳のときにキッズ・アット・ワークというグループでデビューしているので、キャリアはその時点ですでに長かったんですね。1988年にはボビー・ブラウンの《ドント・ビー・クルエル》というアルバムに〈マイ・プリロガティヴ〉という楽曲を提供したんですが、これがマネージャーだったジーン・グリフィンのプロデュースということになってしまい、自分の名義を取られた取られてないと揉めて結局ケンカ別れみたいになるんですけど、実質はテディが仕切っていたということで評価はされていました。

実際《デンジャラス》に参加するときも、すでにニュー・ジャック・スウィングで流行りまくってましたから、正直「テディとやるから新しい」という感じでもなかったんですけど、マイケルと組むことでテディの才能もさらに開花。世間的にいろいろなニュー・ジャック・スウィングの楽曲がヒットしましたが、オリジナルな、本当に美しいタイムレスな作品が《デンジャラス》で花開いたと感じています。

【MJミュージックヒストリー】

《デンジャラス》の時代（後編）

2019年12月8日オンエア

前編でお送りしたアルバム前半パートは、〈JAM〉や〈リメンバー・ザ・タイム〉〈イン・ザ・クローゼット〉など、基本的にテディ・ライリーと組んだダンス・ミュージックがこれでもかと詰め込まれています。

そして後半パート（2枚組のレコードでいうと2枚目になります）は、マイケル・ジャクソンにしかできないような、バラエティ豊かでオリジナリティに溢れた楽曲が目白押しです。

後編は《デンジャラス》からファースト・シングルに選ばれた〈ブラック・オア・ホワイト〉から始めましょう。

▶〈ブラック・オア・ホワイト〉

この曲は、ビートルズが1969年にリリースした〈ゲット・バック〉以来の速さ、3週間でナンバーワンを獲得したといわれています。

ミュージック・ビデオでは様々な人種の人たちの顔が、女性も男性も関係なく次々に変化していくモーフィング技術を使っていて、とてもインパクトがあり話題にもなりました。

前回も話しましたが、1972年に《オフ・ザ・ウォール》が出てから10年という節目で、この10年間の様々なヒット曲をベスト・アルバムとして出そうとレコード会社から言われていたマイケルは、一旦はOKして作業を進めていたらしく、〈ブラック・オア・ホワイト〉はそのベスト・アルバムの新録曲6曲の中の代表的なものだったようです。
でもやっぱりアルバムを作りたいと思ったマイケルは、18カ月というマイケル史上最長の制作期間で《デンジャラス》を世に出し、〈ブラック・オア・ホワイト〉もそのファースト・シングルに選ばれました。

この楽曲は、白人のエンジニアでプロデューサーのビル・ボットレルとの共同作業で、ものすごく時間をかけて作られました。

ビル・ボットレルは後にシェリル・クロウのプロデューサーになったりと大活躍するのですが、もともとはエンジニアだったんですよ。楽器もできるということで、マイケルは自宅スタジオ「ラボラトリー」にて、ビル・ボットレルとともに、ああでもないこうでもないと相談しながら音を作り上げていきました。

オープニングのギターはガンズ・アンド・ローゼズのスラッシュなのですが、スラッシュが何気なく弾いていたのを気に入ってオープニングにくっつけたそうです。そして中間部にはラップが入るのですが、マイケルに「このへんラップ入れるから」と言われたビル・ボットレルさん、「何もないと曲の全体像をつかみにくいな」と思って合図として適当に自分でラップを入れたらしいんですよ。実際は本職のラッパーが当ててくれるんだろうなと思ってたら、マイケルが「これでいいじゃん」と言い始めて(笑)。「え!? これ俺が仮でやったやつですよ! やめてください!」となったらしいんですけど、マイケルが気に入ったので採用されてしまいました。

世界中が注目しているアルバム《デンジャラス》のファーストシングルに、自分が仮で歌ったラップがそのまま使われるということで、ビル・ボットレルは相当焦ったらしいんです。当然、「誰がラップしてるんや?」と世間はざわついたんですけど、ただのエンジニア、裏方だったというね。普通の感覚だったらLL・クール・Jやアイス・キューブなど当時の人気ラッパーに頼むと思うんですけど、裏方の素人ラップでも出来がすごくいいからそのまま残したというのも、マイケルの凄さだなと思ったりもします。

それでは《デンジャラス》からもう1曲いってみましょう。〈フー・イズ・イット〉。

〈フー・イズ・イット〉

この曲は《デンジャラス》の中で意外と少ないマイケル単独作詞作曲です。《BAD》のときはマイケル自身の曲がほとんどを占めていたんですけれども、この《デンジャラス》のひとつの特徴として、テディ・ライリーやビル・ボットレルなど、いろいろな人との共作が多いということが挙げられます。

この〈フー・イズ・イット〉はまさに〈ビリー・ジーン〉などのマイケルが今まで実践してきた音楽の作り方を、90年代的に仕上げた楽曲だなと思います。特に歌詞の面で、彼がずっと信じていた宗教や家族の問題、いろいろと自分の中で抱えている人生観や裏切られた経験など、そういったものをメッセージをぼやかしながらも力強く込めているので。

〈フー・イズ・イット〉はマイケル研究の中でもかなり大切な楽曲です。いろいろな切り口でこの曲を研究している方が世界中にいるはずですけど、この曲はショート・フィルムも含めて、不可思議な部分も残されているミステリアスな楽曲なので、これからもまだまだ考察が必要な楽曲だなと思っています。

それではもう1曲いってみましょう、〈キープ・ザ・フェイス〉。

〈キープ・ザ・フェイス〉

この曲は〈マン・イン・ザ・ミラー〉を書いたグレン・バラード作曲で、作詞はサイーダ・ギャレットです。〈キャント・ストップ・ラヴィング・ユー〉で一緒にデュエットしていた方ですが、〈キープ・ザ・フェイス〉はこの方たちとの共作、3人の作品となっています。

《デンジャラス》の他の曲はクインシー・ジョーンズ色はほぼないと言いますか、いきなりテディ・ライリー・サウンド連打みたいな感じなんですけど、マイケルもこのアルバムを作るときに〈マン・イン・ザ・ミラー〉のゴスペルタッチのフィーリングもほしいということで、グレン・バラードとサイーダ・ギャレットにもう一度オファーをしたのだろうと思います。本当にこのコンビの楽曲は素晴らしいので。

グレン・バラードはピアノを弾きながらこの曲を作っているときに、マイケルが隣で歌って心から感動したとおっしゃっています。

アルバム《デンジャラス》の前半には新しいダンス・ミュージックをいっぱい入れたけど、後半にはきっちりと今まで進めてきた路線をさらに高めていく楽曲もあることこそマイケルの凄みだと思います。


それでは、この曲をようやく選曲できます。《デンジャラス》の中のタイトル・トラック〈デンジャラス〉です。

マイケルにはいろいろな素晴らしい楽曲があって、この曲が一番好きだという話を僕も今までなんやかんやずっとしてきましたけど、ダンスや舞台、ライヴを含めた演出面などをトータルで見た場合、個人的に〈デンジャラス〉のパフォーマンスがマイケルのひとつの完成形じゃないかなと思っております。群舞という意味での〈ビリー・ジーン〉でのソロ・パフォーマンスはちょっと置いておいて、ダンサーを引き連れて、トータルの芸術作品として完成させたのは〈デンジャラス〉なのではないかなと。それではお聴きください。

▶〈デンジャラス〉

最高ですね。マイケルとビル・ボットレルとテディ・ライリー3人の共作ということになっております。

以前この番組でもかけました〈ストリート・ウォーカー〉という、アルバム《BAD》に入りそびれた楽曲がありましたよね。この〈ストリート・ウォーカー〉のベースラインをもとに広げていったら、ダークな〈デンジャラス〉として仕上がっていったというふうにマイケル自身は証言していますが、本当に素晴らしい楽曲だと思います。

アメリカの「ミュージック・アワード」や「ソウル・トレイン」、「MTVビデオ・ミュージック・アワード」などの式典や祭典でマイケルが出てくると、90年代はこの曲をパフォーマンスすることが多かったですね。売り出されたVHSやレーザーディスクにも式典でのライヴ映像が入っています。

ジャクソンズ時代の〈ハートブレイク・ホテル〉だっ

たり、もちろん〈ビリー・ジーン〉もそうですけど、複合的にというか、曲だけじゃなくパフォーマンスすべてを集約させてミュージカル的な作詞の方法、物語、映画のようなムードも輝く最高峰の傑作だと僕は思っています。

《デンジャラス》が出たのは1991年の秋、僕は高校3年生だったんですけど、受験勉強そっちのけでこのアルバムをめちゃめちゃ聴いてました。

大学に合格して1992年に上京するのですが、夏の間はずっとフランスのパリに留学していました。その頃マイケルが《デンジャラス》のワールドツアーでヨーロッパを回っていたので、ドイツやスイスなどからフランス語の勉強でパリに来ていた子たちが、みんなサボってマイケルのツアーがあるときに2、3日地元に帰っていたんですよ。

その子たちが「郷太もマイケル好きならおいでよ！」と誘ってくれたんですけど、僕はまだ18歳だったので親か成人している誰かの許しがないと国境を越えられなかったんですね。なのでパリに住んでる伯母さんに「マイケル観に行きたいねんけど」と相談したら「絶対あかん！」と撃沈しました……。

でも夏が終わって東京に帰ってきたら、マイケルが12月に《デンジャラス》ワールドツアーで日本に戻ってきてくれることになって。「これはマイケルを全力でおもてなしせなあかん！」と発起し、バイトでドームに椅子を並べるところから始めました。

僕はフレンドリーな性格ですので、ドラマーのリッキー・ローソンやギタリストのジェニファー・バトゥンとも仲良くなったり、他にもいろいろなところで「マイケルが大好きです」と言いまくってましたね。

そしてあのアンチ・グラビティ、当時まだネットもなかった時代なので、どうやってマイケルが前傾姿勢で倒れているのかが分からなかったので、そこの掃除を率先してやりました（今では有名ですけど、溝があってカチカチッとはめてました）。あとはマイケルがトースターで飛んでいく待機場所をめちゃくちゃ綺麗に掃除したりして（笑）。

ライヴももちろん自分のお金でも行きましたけど、基本的にはバイトで、ほとんど全日行ったんじゃないですかね。最前列で警備しながら、かぶりつきで観てまして、

「お前めっちゃ観てるやん！　そこにいたらあかん！」なんて先輩に怒られましたけど（笑）。

そういういい思い出が《デンジャラス》ツアーにはあります。最後、パイプ椅子を片付けるところまで、僕の中での青春の思い出というか。みんな優しかったんですよね、ツアーのメンバーもね。

そんなことで、《デンジャラス》ツアーというと非常にいろいろな思い出がありますけれども、その中でもタイムレスな魅力を放っております、〈ヒール・ザ・ワールド〉を聴いてください。

〈ヒール・ザ・ワールド〉

この曲もマイケル単独作詞作曲で、イントロのプレリュードは、TOTOのデヴィッド・ペイチのお父さんマーティ・ペイチです。80年代に発表された〈ウィ・アー・ザ・ワールド〉はライオネル・リッチーとの共作でしたけど、〈ウィ・アー・ザ・ワールド〉のコンセプトを1991年の《デンジャラス》でマイケルがピュアな状態で作り直したという感じの曲ですね。〈ウィ・アー・ザ・ワールド〉もマイケルの代表曲のひとつではあるんですけど、やっぱりみんなで歌った歌なので、ライヴで自分の曲として1人で歌うことはなかなか難しいと思うので。

この番組、大河ドラマのように1年かけてと言ってきましたけれども、12月になって《デンジャラス》を取り上げて、今ちょっとうるっと来ちゃってます。《デンジャラス》までのマイケルにも、辛いこともたくさんあったと思うのですが、このあとさらにいろいろなことが起こりました。今まで想像していた試練とは全然違う状況に、マイケルが放り込まれていきます。ということを考えると、少年時代からいろいろな苦労がたくさんあったマイケルの中でも、この《デンジャラス》まではまだ精神の安定をギリギリ保てていたのかなと。1993年以降は普通の人間だったら耐え難い出来事が彼を襲っていきますので……。そんなことも考えながら聴いていると、ちょっと胸にぐっと来るものがありました。マイケル・ジャクソンで〈ヒール・ザ・ワールド〉をお送りしました。

［MJミュージックヒストリー］

《ヒストリー パスト、プレズント・アンド・フューチャーブック1》の時代（前編）

2020年1月5日オンエア

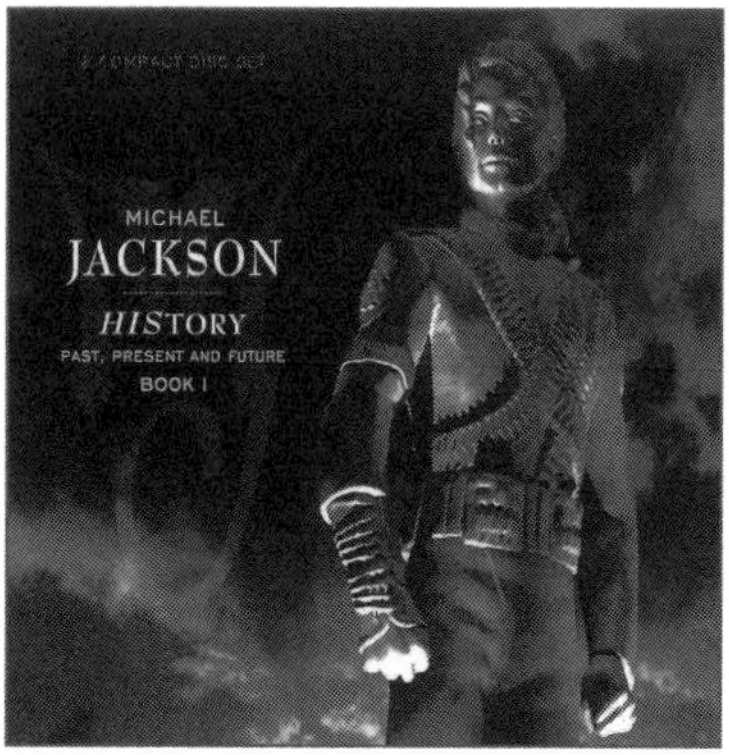

《HIStory: Past, Present and Future, Book I》
1995年6月20日リリース

プロデュース

ジャム＆ルイス、R.ケリー、ダラス・オースティン、
デイヴィッド・フォスター 他

参加アーティスト

ボーイズII メン、ザ・ノトーリアスB.I.G.、
シャキール・オニール 他

収録曲

DISC 1 (HIStory Begins)

1. ビリー・ジーン *Billie Jean*
2. ザ・ウェイ・ユー・メイク・ミー・フィール *The Way You Make Me Feel*
3. ブラック・オア・ホワイト *Black Or White*
4. ロック・ウィズ・ユー *Rock With You*
5. あの娘が消えた *She's Out Of My Life*
6. BAD *Bad*
7. キャント・ストップ・ラヴィング・ユー *I Just Can't Stop Loving You*
8. マン・イン・ザ・ミラー *Man In The Mirror*
9. スリラー *Thriller*
10. 今夜はビート・イット *Beat It*
11. ガール・イズ・マイン (with ポール・マッカートニー) *The Girl Is Mine*
12. リメンバー・ザ・タイム *Remember The Time*
13. 今夜はドント・ストップ *Don't Stop 'Til You Get Enough*
14. スタート・サムシング *Wanna Be Startin' Somethin'*
15. ヒール・ザ・ワールド *Heal The World*

DISC 2 (HIStory Continues)

1. スクリーム (with ジャネット・ジャクソン) *Scream*
2. ゼイ・ドント・ケア・アバウト・アス *They Don't Care About Us*
3. ストレンジャー・イン・モスクワ *Stranger In Moscow*
4. ディス・タイム・アラウンド *This Time Around*
5. アース・ソング *Earth Song*
6. D.S. *D.S.*
7. マネー *Money*
8. カム・トゥゲザー *Come Together*
9. ユー・アー・ノット・アローン *You Are Not Alone*
10. チャイルドフッド *Childhood*
11. タブロイド・ジャンキー *Tabloid Junkie*
12. 2 BAD *2 Bad*
13. ヒストリー *HIStory*
14. リトル・スージー *Little Susie*
15. スマイル *Smile*

今回は1995年にリリースされたアルバム《ヒストリー パスト、プレズント・アンド・フューチャー ブック1》（以下、《ヒストリー》）特集です。2枚組の本作、ディスク1はベスト盤になっております。

前回、80年代後半にマイケルのヒット曲に数曲の新曲を加えた〝ディケイド〟というベスト盤が出るという噂があったと話したのですが、背景として、LPを持っていた人たちがCDを買い直すときに、今までのヒット曲を入手しやすいために企画されたのではないかなと思います。当時はマイケル自身が「ベスト・アルバムは退屈だから新しいアルバムを作りたい」と言って計画は頓挫したのですが、今回はベストを1枚目、新曲を2枚目に入れるということで完成したわけです。

ディスク2は新曲集と言いましたが、それまでに発表されていた〈カム・トゥゲザー〉（ビートルズのカバーで、映画『ムーンウォーカー』でマイケルが歌いました）が入っていたり、今まで発表はしていたけどCDに収められていなかった曲もあるので、単なる新曲集というわけでもなかったんです。手にしたときは、非常に不思議な感覚のアルバムだと感じたのを覚えております。

まずはこのアルバムの代表曲と言っていいでしょう、ファーストシングルとなったジャネット・ジャクソンとマイケル・ジャクソンの〈スクリーム〉から始めたいと思います。

前作《デンジャラス》で、マイケルはプロデューサーのテディ・ライリーに任せて様々な楽曲を作ったわけですが、この〈スクリーム〉は妹のジャネットの名盤《コントロール》《リズム・ネイション1814》などで組んでいたジャム&ルイスと一緒に作りあげました。マイケルが妹のジャネットチームに手を貸してくれと言った、それもライバルとされていたプリンスの同郷の仲間ジャム&ルイスに頼んだということで、非常にエポックメイキングな作品だったわけです。

それでは聴いていただきましょう。マイケル・ジャクソン with ジャネット・ジャクソンで〈スクリーム (Single Edit #2)〉。

▶〈スクリーム (Single Edit #2)〉

ディスク2の1曲目がこの〈スクリーム〉なのですが、

今までのマイケル・ジャクソンの個性と全く違うベクトル、世界観の作品だなと思って、僕は正直驚きました。今までのマイケルには、どこか非日常的なエンターテインメント性や、物語的でファンタジー的な空想だったり、ユーモラスな感覚みたいなものが必ずどこかにあったと思うんですね。《デンジャラス》も最初のシングルは〈ブラック・オア・ホワイト〉でしたし。もちろん〈ブラック・オア・ホワイト〉でも人種差別の問題、戦争のことなども含まれているのですが、この〈スクリーム〉は世の中の不条理とか、地獄のような状況に対して本当に怒っているんです。ともかく激しい怒りを楽曲の中に封じ込めたマイケルに対して、僕は非常に驚きました。

ただ、それにも理由があります。ご存じの方も多いと思うのですが、1993年の夏、ジョーディ・チャンドラーという1人の少年と父親のイバン・チャンドラーの告発によって、マイケル・ジャクソンの少年性的虐待疑惑が世界中のニュースになりました。

マイケルは1991年末にアルバム《デンジャラス》を発売し、翌1992年6月から約1年3、4カ月、1993年の秋まで390万人を動員した《デンジャラス》ツアーを展開していたので、告発をされたときはアジアに来ていました。なのでマイケル不在のまま邸宅であるネバーランドが家宅捜索されてしまったのです。ネバーランドがあったのはカリフォルニア州のサンタバーバラなのですが、サンタバーバラ地方の検事トム・スネッドンが、マイケルを性的虐待の犯罪者じゃないかということで容赦なく追い詰めました。この流れの中で、世界中の報道がマイケルに対して99・9％犯罪者に向けるような、罪人を扱うような冷たいものに変化していくんです。当時は今のようにインターネットもありませんでしたから、報道されるもの、テレビで流れるものがすべてというところもありましたので、世界中の人たちがこの疑惑を信じてしまいました。

結果的にこの件は訴えた側との和解が成立し、両者の間では決着がついたのですが、「和解したということはマイケルがやったのではないか」という声が大きくなり、問題が尾を引きました。この裁判については僕も著書『マイケル・ジャクソン』（講談社現代新書）で詳しく書いているのですが、２００９年のマイケル逝去を受け、ずっと捜査をしてきたアメリカのＦＢＩに対してジャーナリストたちが「亡くなった人の捜査状況について、本当の情報を教えてくれないと困る」と執拗に抗議。ＦＢＩは渋々マイケルの捜査ファイルを公表したんですね。それはWikiLeaks（ウィキリークス：匿名により機密情報を公開するサイト）に今でも載っているんですけど、ともかくこの案件は間違いなく無罪だったんです。ＦＢＩは盗聴やPCのハッキングなど様々な捜査を十数年間続けてきたので、本当にマイケルを捕まえたかったんだと思うんですけど、どうしてもできなかった。これが真実です。今ではネットでいくらでも得られる情報なのでぜひ調べていただき、ご自身で判断してもらいたいと思います。

そんなことで、マイケル・ジャクソンの評判が地に落ちていた時代が１９９３年以降、《ヒストリー》が出るまでの2年間だったわけです。

一方、妹のジャネット・ジャクソンは80年代中盤から世界一の女性スーパースターの座に君臨していました。

そしてこの〈スクリーム〉は、なんとマイケルがジャム&ルイスの地元であるミネアポリスのスタジオまでヴォーカルを録りに行っています。つまりジャネット・ジャクソンチームにマイケルが参加してできたのが、この〈スクリーム〉です。彼らのいいところを盗んでやろうという、マイケルの貪欲さなんですけれども。

ショート・フィルムは真っ白い映像で、すごくかっこいいジャネットとマイケルが出てきます。それまでのマイケルと兄弟たちとの関係性といえば、マイケルにサポートされている兄弟たちというふうに見えがちだったんですが、このジャネットは世の中から痛めつけられた兄貴を、超強い乗りに乗ってる妹が怒り狂って守りにきた、みたいなそういう姿なんですよね。ということで、僕はこの〈スクリーム〉にすごく感動したわけです。

ではもう1曲、ジャム&ルイスと組んだ曲で、マイケル・ジャクソンの心情を歌っている楽曲〈タブロイド・ジャンキー〉です。

▶〈タブロイド・ジャンキー〉

1995年に〝タブロイド・ジャンキー〟という言葉が生みだされたわけですが、この状況は2020年の今、SNSやスマートフォンの普及で、より一層ジャンキー度が高まっているんじゃないかなという惨憺たる気持ちになります。

もう一度改めて強調させてもらいたいのは、僕はこの「ディスカバー・マイケル」という番組をやっていたりマイケルに関する著書も出していたりするので、「お前マイケル好きじゃん」とか「マイケル信者」などと言われたこともあるのですが、決してマイケルをえこひいきしているわけではありません。僕は物事をきちんと調べるタイプなので、たとえそれが自分にとって嫌な結果だったとしても徹底的に追及するので、そこは誤解しないでいただきたいんです。

それを踏まえてもう一度確かめますと、2009年12月22日、アメリカ合衆国連邦捜査局FBIがマイケル・ジャクソンの捜査ファイルの一部を公表しました。マイケルが少年性的虐待者ではないかと疑いを持ったFBIが、1992年から2005年までの10年以上に渡って執念深く彼を監視し調査した7個の極秘ファイル、全333ページに及ぶ膨大な資料を（情報公開法があるので仕方なく）出しましたが、そこには次のことが書かれていました。

「歌手マイケル・ジャクソンの私生活を10年以上モニターした結果、性的虐待の加害者とみなす証拠は何ひとつ見つからなかった」

これをFBIが言っているんです。正式な捜査資料です。「感情論じゃなくてデータを示せ」と言う人がたまにいるんですけど、彼らが提出したこのデータを確認してほしいです。本当にすぐに見ることができるので。

マイケル・ジャクソンのことを、例えば整形手術をしたとかそういうことに対して「あいつは変わったやつだ」と思うのは、別にそれはそれでいいと思うんですよ。だけどこの件に関しては、僕は新聞社やラジオ局、テレビ局の方たちにも僕の本を読んでもらったりして、すごく闘ってきたんです。なのでマイケルのアルバム《ヒストリー》を聴いてもらう上ではこの流れを説明せざるを得ないということで、改めて強調させてもらいました。

それではもう1曲聴いてください。〈ヒストリー〉。

▶〈ヒストリー〉

クラシックからミュージカル、ダンス・ミュージック、ゴスペルなど、これまでの音楽の歴史をまとめたような、マイケルにしかできない楽曲になっております。この曲は当時コーラス・グループとして最盛期を迎えていたボーイズ・Ⅱ・メンがコーラスをしておりまして、僕のようなジャクソンズのファンからすると、ちょっとジャクソンズっぽい香りもあるな、マイケル自身も自分の歴史をたどって作ったのかななんて思ったりもしてます。プロデュースは先ほどと同じで、マイケル・ジャクソンとジミー・ジャム&テリー・ルイスです。

それでは、これもまたマイケルの歴史を振り返るときに外せない名曲ですね。聴いていただきましょう。〈ストレンジャー・イン・モスクワ〉。

▶〈ストレンジャー・イン・モスクワ〉

マイケル自身もアルバム《ヒストリー》が発売されたとき、「ディスク2に入っている楽曲は今までの歌とは全然違う。これは僕自身の歌なんだ」と言っていたのですが、僕も本当にそう思います。

この〈ストレンジャー・イン・モスクワ〉は、マイケルが1993年9月に《デンジャラス》ツアーでモスクワに行ったときに作られた曲ですが、実は少し前の8月にサンタバーバラ警察やLA警察の捜査が開始されて、マイケルは大変な状況になっていました。ツアーでタイのバンコクに滞在しているときに家宅捜索を受けたネバーランドや、カルフォルニア州センチュリーシティにあるコンドミニアムが令状に基づいてめちゃくちゃにされました。いろいろな荷物を取られ、お金もいっぱいなくなって。それでもマイケルはツアーを続行して（シンガポール、台湾はキャンセルしましたが）、途中倒れたりしながら9月10日、11日には福岡でツアーを行い、その後モスクワに向かったのですが……。

そのときに「僕は本当にひとりぼっちだ」「自分は名声の中に見捨てられた」という歌詞を含むこの曲をマイケルは書いたと伝えられてます。その日のモスクワは雨が降っていて、「自分は本当に辛い状況の中でこの曲を書いたんだ」とインタビューでも答えています。

ジャクソンズや《オフ・ザ・ウォール》などについては、僕はウキウキで楽しく語っていましたけど、マイケル・ジャクソンの本当の凄みが出ているのは、やっぱりこの《ヒストリー》というアルバムだと思っているんです。クインシー・ジョーンズやベリー・ゴーディ、ケニー・ギャンブル&レオン・ハフなど、今までいろいろなプロデューサーと組んでいたときには出せなかった、本当に悲しく、名声の中からどん底に落とされるという誰も経験したことがないような地獄の中で、こういう歴史に残る曲を作ったマイケル。

でも《ヒストリー》は完全体なアルバムではないんですよね。今までのアルバムでのマイケルは元気な感じというか、明るく喜怒哀楽を歌ってきたんですけど、このアルバムでは怒りという表現とその後の孤独を訴えたことで、すごく残酷な言い方をするとマイケル・ジャクソンというスーパースター、そして1人の天才アーティストの芸術としての深み、恐ろしさが増したのではないかなと思うんです。というか、そう言うしかないですね、本当に考えられないぐらいの地獄を経験したと思うので。

というわけで次の曲を聴いていただいて、《ヒストリー》前半の曲を終わりたいと思っております。この曲も素晴らしい楽曲ですね。〈ユー・アー・ノット・アローン〉。

〈ユー・アー・ノット・アローン (Radio Edit)〉

この曲のショート・フィルムには、当時の奥さんリサ・マリー・プレスリーが出演しています。1994年5月26日にマイケルはエルヴィス・プレスリーの愛娘であるリサ・マリー・プレスリーと結婚したんですが、この〈ユー・アー・ノット・アローン〉のショート・フィルムにいきなり2人がセミヌードで出てきたことには、僕もすごくびっくりしました(笑)。

エルヴィス・プレスリーといえば〝キング・オブ・ロックンロール〟なんて言われたアメリカを代表するシンガーですけれども、マイケルが1980年のジャクソンズのアルバム《トライアンフ》で〈ハートブレイク・

ホテル〉（原題：Heartbreak Hotel）という作品をリリースしたとき、白人のエルヴィスの曲を使うなとエルヴィスファンから叩かれて、〈This Place Hotel〉というタイトルに替えさせられたという経験がありました。マイケルは怒っていたんですけど、エルヴィスが亡くなって間もなくのことだったので、エルヴィスファンの気持ちを考えればあまり責められないところもあるとは思うのですが。

ともかく因縁の仲だったエルヴィス、その娘であるリサ・マリーとマイケルが結婚するということで世界中が驚きました。この曲は1995年8月に《ヒストリー》からのセカンドシングルとしてリリースされたのですが、史上初の全米ヒットチャート初登場1位という快挙を成し遂げました。日本だと結構珍しくないと思うんですけど、アメリカは広いので通常何週間かかけて1位になるのです。

エルヴィスやリサ・マリーについてマイケルはこう言っています。

「昔、エルヴィスは僕ら兄妹のショーに娘のリサ・マリーを連れてきてくれた。そのとき楽屋でよく話していたんだけど、数年ぶりにリサと電話で話をしていたらすごくリラックスできたんだ。去年のあの捜査のときは誰も何も信じられなかったんだけど、彼女はいつだって僕をサポートしてくれたし、電話で僕のために泣いてくれたり、僕よりも怒ってくれたから感動したんだ」

リサ・マリー自身も小さい頃からマスコミ、マスメディアに追いかけられて暮らしてきたという、マイケルと同じような経験をしていたので2人は分かり合えたのでしょう。結局数年で彼らは別れてしまうのですが、この〈ユー・アー・ノット・アローン〉を聴くとマイケルとリサの結婚を思い出します。

【MJミュージックヒストリー】

《ヒストリー パスト、プレズント・アンド・フューチャーブック1》の時代（後編）

2020年1月12日オンエア

前回、《ヒストリー パスト、プレズント・アンド・フューチャーブック1》（以下、《ヒストリー》）は1993年に起きたマイケルへの性的虐待疑惑、そして数々のスキャンダルの渦中にあったマイケルの怒りや悲壮感がすべて詰まったアルバムだという話をしました。この件に触れるかどうかは僕もすごく迷ったんですけれども、でも話さなければマイケル自身のこの作品に込めた思いを語れないなと思いまして、改めてお伝えしました。

80年代から雑誌やメディアでのインタビューをほとんど受けなくなったマイケルでしたから、そういった意味でもこの《ヒストリー》のディスク2は彼の肉声といいますか、「正真正銘僕の心の歌なんだ」とマイケル本人も言っていましたが、実際そうだなと思うような作品がたくさん入っています。

それでは早速聴いていただきましょう。《ヒストリー》から〈2 BAD〉。

▶〈2 BAD〉

この曲はじっとして聴いているのが辛くなるような、踊り出したくなるような楽曲ですよね。90年代の代表曲のひとつだなと思っています。

この曲はマイケルを筆頭にジャム&ルイスがプロデュースしているのですが、マイケルの右腕、クインシー・ジョーンズ時代からずっと一緒に制作しているエンジニアのブルース・スウェディンと、レネー・ムーアもプロデュースを担当していたり、ダラス・オースティンがソングライティングに名前を連ねています。《デンジャラス》の〈ＪＡＭ〉あたりからマイケルを支えてきた人たちが集結して作った楽曲、そんなイメージですね。
マイケル自身の「パッ」や「チキッ」などの言葉のサンプリングで作られているリズムが特徴だと思うのですが、だからこそ時が経ってもマイケル・ジャクソンらしいサウンドといいますか、あまり古さを感じないというか。これはマイケルのヴォイス・パーカッションのようなものがリズムの基本になっているからなのかな、なんて思ったりもします。

続きまして、この曲も大好きな曲なのでぜひ聴いてほしいと思います。ラップにはノトーリアス・B.I.G.という、当時大人気のラッパーが参加しています。〈ディス・タイム・アラウンド〉。

〈ディス・タイム・アラウンド〉

《ヒストリー》のディスク2は、マイケル自身が90年代前半の激動の時期に受けた心の痛みや傷を剥き出しの状態で発表していく楽曲が多かったのですが、この〈ディス・タイム・アラウンド〉はそういう部分もちょっとありつつ、ポップなR&Bとして仕上がっています。
ヘヴィーな楽曲が多い中、このなんでもない心地好いビートのR&Bを聴けたことが、僕はすごくうれしかったという記憶がありますね。もちろん歌詞には捜査で受けた傷の影響も見えるんですけど、全体的にポップなまとまりになっている楽曲です。

続いてはアルバム《ヒストリー》の中でも最大の問題作と言ってもいいのではないでしょうか。〈リトル・スージー〉、聴いてください。

〈リトル・スージー〉

歌詞を読むとちょっとドキッとするのですが、スージーという小さな女の子が何者かによって殺害されたという物語が軸になっています。この曲が大好きだという方ももちろんいらっしゃると思うんですけど、僕個人的にはマイケル・ジャクソンの作品の中で一番聴いた回数が少ないんじゃないかな。

《ヒストリー》というアルバムで、こういう曲をある種の強い熱意を持って取り組んだマイケルの意図が分からない、と言うとちょっと違うんですけど、でも僕にはまだ到達できていない部分もありまして。だからこそマイケル・ジャクソンはすごいということでもあるのですが。

世の中には少年少女にまつわる酷い事件が多く、2020年の現代でも目を背けたくなるようなニュースもたくさんあるじゃないですか。そのときに僕らが感じる以上に、マイケル・ジャクソンという人は痛みや悲しみに反応する人だったんだなということが、彼の足跡を見ているとよく分かります。恵まれない子どもたちや病気の子どもたちへの多額の寄付、ツアー先の病院や、家族や身寄りのない子どもたちが預けられている施設に実際に足を運ぶという活動も続けてきたので。

そういった意味で、この〈リトル・スージー〉という曲を《ヒストリー》のディスク2という作品の大切な場所に入れたということに関して、マイケルの深い想い、まだ僕には届かない部分もあるのかなという気がします。

「マイケル・ジャクソンの一番好きな曲」と言うと「あの曲でも言ってたやんけ!」と突っ込まれそうですが、次の曲はいつもベストワンに選ぶ曲のうちのひとつです。本当に大傑作だと思っています。現代の日本や世界の社会情勢にもぴったりフィットする楽曲ではないでしょうか。マイケル・ジャクソンで〈ゼイ・ドント・ケア・アバウト・アス〉。

▶〈ゼイ・ドント・ケア・アバウト・アス〉

この曲にはショート・フィルムが2つあります。牢獄の中で撮影されたプリズンヴァージョンと、ブラジルで撮影されたヴァージョンですが、どちらもマイケルにとって大切な瞬間として僕も記憶しています。この曲は映画『マイケル・ジャクソン THIS IS IT』の中でも効果的に使われているので、好きな人も多いのではないでしょうか。

以前この曲をクイーンの〈ウィ・ウィル・ロック・ユー〉とリズムや全体的な構成が似ているよ、マイケルがクイーンから受けた影響が分かるよと話したことがあるのですが、理由のひとつに足踏みのようなリズムから楽曲ができているということがあります。そしてマイケルはその手法に格差社会や人種差別などの政治的な問題を乗せて歌うことで、クイーンとは違うアティチュード、メッセージの楽曲として完成させたわけです。

80年代から90年代になって、僕はマイケルの言葉が少し大袈裟だなと思うことが増えていました。でもこの頃のマイケルが必死になって訴えていたことに、結局10年、20年、25年を経てようやく世の中の認識が追いついたという面もありますし、この〈ゼイ・ドント・ケア・アバウト・アス〉も、まさに今の日本や様々な国々の状況にマッチしていると思うんです。

例えばプライバシーの問題を取っても、1995年の段階では一般の人たちのプライバシーが侵されるなんてことは実感としてなかったと思いますが、SNSの発達によって、今はバイトの若者が変な行動をしたら一瞬で袋叩きに遭ったりしますよね。みなさんも突然日本中からバッシングされることだって、ネット上では起こり得るのだという危険性をすごく感じていると思うんです。〈タブロイド・ジャンキー〉や〈2 BAD〉などでマイケルが訴えていたことが、良くない意味でどんどん現実化していくのを知るたびに、このアルバムでマイケルは単にスーパースター・マイケル・ジャクソンの悩みや苦悩を語っていたのではなく、こういうことが一般の人たちにも押し迫っているんだということを、カナリヤのように警告してくれていたんだと。そして最初にそのプレッシャーを受けたのがマイケルだったんだな、なんてことを思ったりもしています。

その中でも特に今、現実となっている問題をマイケルが歌っているのがこの曲です。

〈アース・ソング（Radio Edit）〉

この曲もマイケルの代表曲と言われる曲のひとつではないでしょうか。日本では、《スリラー》で大成功してBADツアーも大好評だった、そこがマイケルの頂点で、そのあとはどんどん地味になっていったという印象を持たれている方もいるかもしれないのですが、実は全然違います。この曲、イギリスやドイツではマイケル史上最大のヒット・シングルで、ドイツではシングルで初めて

100万枚売れたという、マイケルにとって最大のヒット曲になっているんですね。

先ほども言いましたが地球環境がどんどん変わっている今、温度上昇や巨大台風の到来がそれ以上の話題はないというぐらいのトピックになっていますが、これはマイケルがずっと訴えていたことです。当時は僕も含めみなが「なんでそんなに大袈裟に歌っているんだ?」と困惑したのですが、それがここ十年、現実のトラブルとして迫ってきていることを考えると、当時からマイケルは警鐘を鳴らしていたんだなと思うのです。

《スリラー》のキラキラしたマイケル、《オフ・ザ・ウォール》のニコニコしているマイケルも最高ですし、《BAD》や《デンジャラス》もすごかったけれども、この《ヒストリー》というアルバムの持っている重みというのは、本当に時を重ねるごとに僕らの胸に迫ってくるものがあるなと改めて思います。

2010年代初頭、僕は「マイケル・ジャクソン:ザ・イモータル・ワールドツアー」(シルク・ドゥ・ソレイユの公演演目)のアンバサダー、日本への紹介役としてモスクワに行き、このショーをロシアのファンたちと一緒に観たのですが、この〈アース・ソング〉をはじめ《ヒストリー》に入っている曲でなぜか会場が異常に盛り上がったんです。《BAD》や《スリラー》《オフ・ザ・ウォール》の曲も交ざっているんですけど、《ヒストリー》に入っている曲で急にみんなが熱狂したので、現地の人に「なぜなんですか?《ヒストリー》の曲でめっちゃ盛り上がってませんか?」と訊いたら、「ロシアの人たちは《ヒストリー》のアルバムからリアルタイムで聴いた人が多いからだ」と説明を受けました。80年代のソビエト連邦には、東西冷戦の影響でマイケル・ジャクソンの曲が入ってこなかったらしいんです。マイケルはアメリカ文化の象徴のような存在ですから、当たり前といえば当たり前なんですけど。

〈ゼイ・ドント・ケア・アバウト・アス〉など、ロシアの人たちにとってもマイケルが歌っているということが本当に感無量だから盛り上がっているんだろう、という話を聞いて「なるほどな」と思いましたね。日本ではバブルスを連れてきたBADツアーがメディアでのマイケルの頂点でしたけれども、実はそうじゃない、その後もマイケル・ジャクソンは世界に音楽でメッセージを伝えていたんだということを、そのときも強く感じました。

そしてアルバム《ヒストリー》の最後の曲としてマイケルが選んだのは、チャーリー・チャップリンのカバー曲〈スマイル〉でした。このアルバムで、マイケルは自分自身のためだけに曲を作り、歌詞を書き、歌いました。彼の人生でここまでエゴイスティックな感情を吐露したことは初めてだったといえるのですが、その最後をこの〈スマイル〉という曲で終えたのは、非常に深い意味を持っていると思っております。

作曲はチャーリー・チャップリン、作詞はジョン・ターナー&ジェフリー・パーソンズで〈スマイル〉。

〈スマイル〉

過去のヒット曲を自身の歴史としてディスク1にまとめ、ディスク2にビートルズのカバーやチャップリンの〈スマイル〉を入れたことで、マイケルはトータルでの音楽の歴史というものをこのアルバムで表現したかったのではないでしょうか。そして最後に〈スマイル〉を入れた訳は、様々な辛いことがあっても〈スマイル〉というゴールに向かっていくんだというメッセージなのではないかと、そしてこれがこのアルバムの素晴らしさだなと思っています。

【MJミュージックヒストリー】

《インヴィンシブル》の時代（前編）

2020年2月2日オンエア

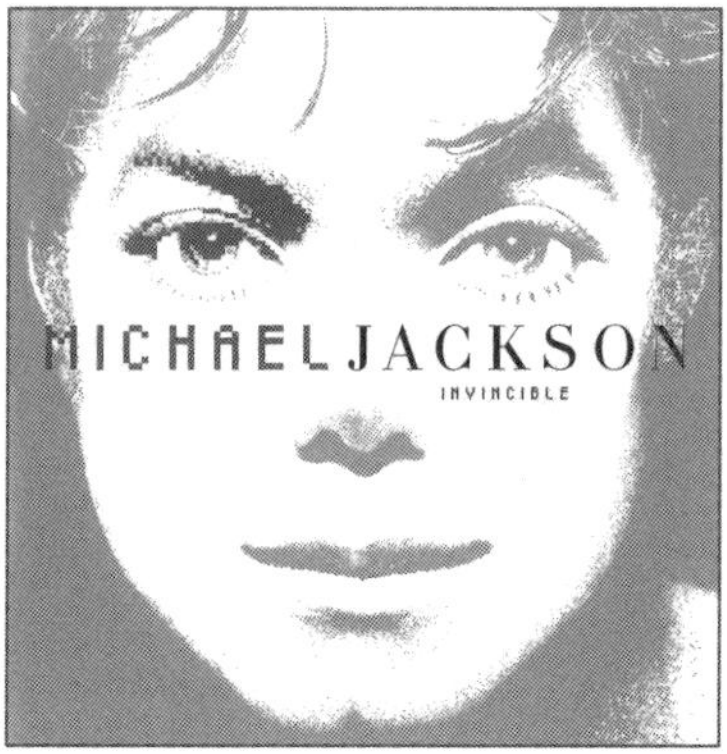

《Invincible》2001年10月30日リリース

収録曲

1. アンブレイカブル *Unbreakable*
2. ハートブレイカー *Heartbreaker*
3. インヴィンシブル *Invincible*
4. ブレイク・オブ・ドーン *Break Of Dawn*
5. ヘヴン・キャン・ウェイト *Heaven Can Wait*
6. ユー・ロック・マイ・ワールド *You Rock My World*
7. バタフライズ *Butterflies*
8. スピーチレス *Speechless*
9. トゥー・サウザント・ワッツ *2000 Watts*
10. ユー・アー・マイ・ライフ *You Are My Life*
11. プライヴァシー *Privacy*
12. ドント・ウォーク・アウェイ *Don't Walk Away*
13. クライ *Cry*
14. ロスト・チルドレン *The Lost Children*
15. ワットエヴァー・ハプンズ *Whatever Happens*
16. スレトゥンド *Threatened*

プロデュース

マイケル・ジャクソン、ロドニー・ジャーキンス、テディ・ライリー、
R.ケリー、ベイビーフェイス他

参加アーティスト

ザ・ノートリアスB.I.G.、クリス・タッカー、カルロス・サンタナ、ブランディー他

今月は、マイケルの生前に発表された最後のアルバム《インヴィンシブル》特集です。まずはこの曲からスタートしましょう。〈アンブレイカブル〉。

〈アンブレイカブル〉

2001年10月30日にリリースされたこの《インヴィンシブル》ですが、マイケルのオリジナル・アルバムという意味では1991年の《デンジャラス》以来なので、なんと10年もの月日が経っていました。その間、ベスト盤とくっつけて未発表曲をディスク2とした《ヒストリー パスト、プレズント・アンド・フューチャー ブック1》や、ミニ・アルバム的な《ブラッド・オン・ザ・ダンス・フロア〜ヒストリー・イン・ザ・ミックス》などが発売されましたが、僕的にそれらは《スリラー》や《BAD》と並ぶいわゆるオリジナル・アルバムという形では受け取れなかった部分もありまして。今思えば10年経ったとしても出てくれるだけでありがたいという話なのですが……。

共同プロデューサーに選ばれたのは、1990年代末にブランディ&モニカの〈ザ・ボーイ・イズ・マイン〉や、ディスティニーズ・チャイルドの〈セイ・マイ・ネーム〉など数々のヒット曲を生み出した、マイケルより19歳若いロドニー・ジャーキンス。ロドニーは「《インヴィンシブル》はこれまでのアルバムよりエッジが効いた仕上がりにすることをマイケルは目指していたよ」と言っています。

先ほど〈アンブレイカブル〉を聴いていただきましたけれども、マイケルのメッセージが伝わってくる本当に素晴らしい楽曲だと思います。マイケルはこの曲をシングルにと考えていたほどの自信作でしたし、のちにジャネット・ジャクソンも《アンブレイカブル》というタイトルのアルバムをリリースしていますから、「絶対に負けない」「潰されない」「不屈」という意味の〝アンブレイカブル〟は、ジャクソン家のポリシーのひとつなのでしょう。

それでは次に〈ハートブレイカー〉をお聴きください。

〈ハートブレイカー〉

約20年前の楽曲なのですが、めちゃくちゃかっこいいですよね。

以前、和田唱くんがゲストで来てくれたときにも話したエピソードですが（本書P.236）、この《インヴィンシブル》の発売前、日本のジャーナリストやミュージシャンなどに数曲お披露目してくれるという会がありまして、僕も参加しました。驚いたのは、そのときアメリカから来たスタッフが音源CD－Rを入れたアタッシュケースを手錠でつなげていたんです。絶対にコピーされたくなかったのでしょうね。

そしてその会でなんの前情報もなく聴かされたのが、この〈ハートブレイカー〉や〈アンブレイカブル〉だったので、僕は本当に驚きました。次にかける〈インヴィンシブル〉にも本当に度肝を抜かれましたし、今聴いてもすごい楽曲だなと思います。

〈インヴィンシブル〉

このアルバムは1997年にレコーディングを始めて1998年に発売する予定だったのですが、延びに延び2001年にやっと世に出ました。

その間、マイケルにもいろいろな変化が起こっています。まずマイケルが患っていた尋常性白斑という病気を看護士として看《み》ていたデビー・ロウと、マイケルは1996年11月14日に再婚。リサ・マリー・プレスリーとはすでに離婚していますので、2人目の奥さんとしてデビー・ロウを迎えたことになります。そして翌1997年2月にプリンスくん、1998年4月にパリスちゃんという長男長女を授かったのですが、1999年にはデビー・ロウとも離婚してしまいます。親になり、2度の離婚を経験したというのが90年代半ば以降のマイケルだったわけです。

アルバム《インヴィンシブル》は、中盤以降からミドルテンポの曲がたくさん入っていて、その中にはラブソングもあるのですが、今までのように女性に対してではなく、完全に息子さんや娘さんへの愛を歌っているなという印象です。特に今からセレクトするファースト・シングルの〈ユー・ロック・マイ・ワールド〉は、ラブソングの体は取っているのですが、子どもたちへの歌で間違いないでしょう。

「僕の人生は今までとは違う。君が現れて僕の歩き方も話し方もすべてを変えてくれた。君が僕の世界を強く揺さぶって、僕は自分のすべてを捧げた。どこの誰が僕がこれほど希少な愛を手に入れると想像できただろう。君のような人が僕のものになってくれるだなんて、感激で胸がいっぱいだ。心から気分がいいのさ。僕は今までの人生のすべてを完璧な愛を探すことに費やしてきたんだ。今まさに僕はついにその答えを見つけた」とマイケルは歌っています。

「愛を持って生きていれば、いつの日かこんな幸せがもたらされると僕は知っていたんだ。だから僕は正気を保つように努力して、我慢を重ねてずっと待っていた。君と出会って僕の人生のピースは完全に揃った。なぜなら僕がずっと探していたのは君だから。君は君らしくそのままでいてほしい」と。

マイケル・ジャクソンというスーパースターがお父さんになり、子どもたちに対して本当の愛を歌っているという、他のアルバムとの違いを感じる作品になっております。リリース当時マイケルは43歳ですね。40代のヴォーカルもすごくかっこいいので、聴いていただきましょう。〈ユー・ロック・マイ・ワールド〉。

▶〈ユー・ロック・マイ・ワールド〉

素晴らしいですね。僕は1997年にノーナ・リーヴスでデビューしていましたから、《インヴィンシブル》が発売された2001年というと、自分自身もミュージシャンになって4年目だったので、それまでのように単純にマイケルを追いかけてリスナーとして聴いていたときの気持ちとは全然違ったのですが、歌詞も含め、サウンドの作り方にも衝撃を受けたことを昨日のことのように思い出します。

〈ユー・ロック・マイ・ワールド〉の正規CDの対訳は僕が担当しています。初めてこの曲を聴いたとき、あまりにもいい歌詞だと思って居ても立ってもいられなくなり、自分で訳してみたらかなりいい対訳が出来上がったので、マイケルのファンサイトMOONWALKERの掲示板に「ヴィクトリー」という仮名で投稿してみたんですね。そして翌日か翌々日に掲示板を覗いてみたら「ヴィクトリーさん神」「すごい人が現れた」みたいにみんなが喜んでくれて、うれしかったですね。

発表当初は恋人に対して歌っている訳だったのですが、僕は子どもたちに向けて歌っているのではないかと思い、訳し直しました。それが今や正規版の対訳になっていますので、《インヴィンシブル》を手にした方は「ヴィクトリーさん神」と絶賛された対訳も見てもらえるとうれしいです（笑）。

次に聴いていただきます〈ユー・アー・マイ・ライフ〉が《インヴィンシブル》の最後に完成した曲で、これによって長い時間をかけて作っていたアルバムがついに発売されました。マイケルにとっても特別な意味を持つ曲だったのではないでしょうか。

▶〈ユー・アー・マイ・ライフ〉

この曲はマイケルとベイビーフェイス、キャロル・ベイヤー・セイガー、ジョン・マクレーンとの共作となっておりますが、バックグラウンド・ヴォーカルもマイケルとベイビーフェイスがやっていて、アコースティックギターやキーボード、ドラムプログラミング、ベース、ギターもすべてベイビーフェイスです（90年代はエリック・クラプトンとベイビーフェイスの〈チェンジ・ザ・ワールド〉という曲が大ヒットしていましたね）。

このアルバムはロドニー・ジャーキンスと作った鋭角的なダンスサウンドと、こういう70年代シンガー・ソングライター的な、まるでカーペンターズのようなアコースティックギターを使った楽曲が混在しています。〈ユー・アー・マイ・ライフ〉も、当時は「シンプルな曲だな」という印象でしたけど、今聴くとまた新たな魅力に気がついたりしてしまいました。

次にかける楽曲は、これもどちらかというとシンガー・ソングライター的で、僕はジャクソンズの《ディステニー》時代の空気を感じるんです。《インヴィンシブル》に入っている〈ドント・ウォーク・アウェイ〉を聴いて

ください。テディ・ライリーとマイケルの共同プロデュース曲です。

▶〈ドント・ウォーク・アウェイ〉

それでは最後に、アルバム《インヴィンシブル》の中で僕も指折りのお気に入り楽曲をお聴きください。〈ブレイク・オヴ・ドーン〉。

▶〈ブレイク・オヴ・ドーン〉

《インヴィンシブル》の中盤には〈ブレイク・オヴ・ドーン〉や〈ヘヴン・キャン・ウェイト〉そして〈バタフライズ〉など、ミディアムスローの曲が入っていますが、どれも本当に見事です。

マイケルは「このアルバムは曲の幅が広い。音楽はどれだけの寿命を持つかが大切なんだ。今だけじゃなくて、どうやってストーリーが終わるか、それこそが重要なんだ」と語っているんですけれども、このアルバムに収められた楽曲の素晴らしさに、僕は毎回新たな発見があります。

【MJミュージックヒストリー】

《インヴィンシブル》の時代（後編）

2020年2月9日オンエア

今回はアルバム《インヴィンシブル》特集の後編です。まずは1曲目をお聴きください。〈ヘヴン・キャン・ウェイト〉。

▶〈ヘヴン・キャン・ウェイト〉

2009年にマイケルが亡くなったあと、僕はいくつかのラジオ番組に呼ばれたのですが、そのときにこの曲を選んだ思い出があります。

「お迎えの天使たちにまだダメだって言うんだ。愛するベイビーを置き去りにはできない。僕以外の誰かが君を抱きしめるなんて嫌だから、ベイビーまだ天国へは行かない。きっと神様は待ってくれるはずさ」

子どもたちが生まれる前のマイケルは、もしかしたらいつ死んでもいいと思っていたのかもしれないけど、「この子たちがいるから僕はまだ死ねない、神様は待ってくれるはず、もうちょっと君たちと一緒にいさせてくれ」と歌っています。僕はこの曲が本当に大好きで、聴くたびに感動してしまいます。

続きまして、《インヴィンシブル》の中からシングルカットされずにラジオプレイだけで全米14位になった〈バタフライズ〉をお送りします。《インヴィンシブル》の中で一番人気の曲かなと思っております。〈バタフライズ〉。

▶〈バタフライズ〉

〈バタフライズ〉は本当にタイムレスな楽曲で、今聴いても全く古びない、めちゃくちゃかっこいい曲だなと思います。2000年代のマイケルの代表曲のひとつではないでしょうか。

共同プロデューサーのアンドレ・ハリスは、「この曲はマイケルの新境地を開いた名曲だ」と話し、作詞者のマーシャ・アンブロシウスは「あのマイケルから質問攻めに遭う経験なんて普通ありえないでしょ？『マーシャ、次はどんなハーモニーだい？この音程で合っているかな？　君が探してるのはこんな感じかい？』ってね。ともかく彼はオープンマインドでしたよ」と回想しています。

プロデューサーに大抜擢されたアンドレ・ハリスと共作者のマーシャですが、マイケルはこの2人のように若い世代にも様々な質問をしながら、どうすればもっと良くなるかを常に模索しながら制作していたんですね。

次の曲は、今も世の中の話題のひとつであるプライヴァシーについてマイケルが歌っています。

〈プライヴァシー〉

マイケルは80年代の半ばあたりから、いわゆる普通のインタビューを受けなくなっていました。その理由として「自分は曲の中で言いたいことを全部言うようにするんだ」と話していたのですが、それから約20年近くが経って作られたこの曲が、まさにその主張の集約なのではないでしょうか。

「僕にだってプライヴァシーが必要だ。誰の目にも触れない生活が必要だ。だからパパラッチ、僕の目の前から消え失せろ。君たちは僕の友人の1人が死んだ原因を未だに探って、新しいとっておきのネタをつかもうとしている。僕の友人は他の有名人同様、君たちに追いかけられて追い詰められたのさ」

これはまさにダイアナ妃のことでしょう。ダイアナ妃は1997年8月31日、パパラッチをまくため猛スピードで走らせていた車がトンネル内で横転し、亡くなってしまいました。ダイアナ妃とマイケルは世界中のマスコミから追いかけられる代表のような2人で、そういった意味でも心を通わせていた友人が、大袈裟ではなくリアルに自身の人としての生活を守るために逃げたことで亡くなってしまった。この曲を聴くとマイケルの怒り、メッセージが痛いほど伝わってきます。

アルバムの《ヒストリー》の回でも話しましたが、SNSやネットの普及によって普通の環境に暮らす我々のような人たちにもマイケルやダイアナ妃と同じようなリスクがどんどん迫ってきていますよね。これは19年前の楽曲ですが、今改めて響いてくるなと思います。

それではアルバム《インヴィンシブル》から、R・ケリーによる楽曲〈クライ〉をお送りします。

〈クライ〉

アルバム《インヴィンシブル》がリリースされたのは2001年10月30日ですが、直前の9月7日と9月10日にマイケルのソロ活動30周年記念コンサートがニューヨークのマディソン・スクエア・ガーデンで開かれました。マイケルを祝うために集まったホイットニー・ヒューストンやイン・シンク、ブリトニー・スピアーズ、ディステニーズ・チャイルドなどがパフォーマンスを披露し、ジャクソン兄弟6人が集まりジャクソン6を結成したり、また2日目の9月10日にはヨーコ・オノさんも参加して〈ウィ・アー・ザ・ワールド〉を歌うなど、一大イベントとなりました。

普通であればこれだけの大イベントですから翌日の新聞やニュースに取り上げられ、それがアルバム《インヴィンシブル》の宣伝になるはずだったのですが、翌日の2001年9月11日、まさにマイケルがいたニューヨークのワールド・トレード・センターにハイジャックされた旅客機が激突するテロ事件、絶対に忘れられないあの大惨事が起こりました。この事態を踏まえマイケルは予定を変え、この〈クライ〉をシングルに急きょ選び直したと言われています。

《インヴィンシブル》と世の中との組み合わせがいまひとつ上手くいかなかった理由は、アメリカ中が混乱に陥ったタイミングだったということもあると思います。まさかライヴの次の日にニューヨークを狙ったテロが起こるなんて思ってもみなかったでしょうし。マイケルというスーパースターの持つ運命の寓話を感じてしまいます。

それでは引き続き聴いていただきましょう。〈ロスト・

チルドレン〉。

〈ロスト・チルドレン〉

「この歌を、姿を消してしまったこの世のすべての子どもたちに捧げる。どうかみんなが無事でありますように。そしていつか家へ帰れますようにと祈っている」というこの曲には、4歳になっていたマイケルの長男プリンスくんの声も入っています。

以前ゲストで来ていただいた田中章さんにお話をしていただきましたが（本編P.254）、マイケルは世界中の子どもたちが教育を受けられるようにとユネスコの基金を作り、匿名で多額の寄付をしました（ユネスコ側はマイケル・ジャクソン基金という名前にしたいと言ったのですが、マイケルは隠してほしいと断ったそうです）。田中さんはシードマネーという言い方をされていましたけど、事業を回していく土台のお金をマイケルが負担したということですが、でも寄付をしたのはこれだけではないんですよね。マイケルはこれまでにも弱い立場の人たちや子どもたちに、お金だけでなく様々な援助をしてきたし、この〈ロスト・チルドレン〉のようにたくさんの歌でも訴えてきました。

僕は『アマデウス』という映画がすごく好きなのですが、この映画ではモーツァルトは天才で「すごい子どもが現れた」と持てはやされるところから、だんだんとその音楽だったり考えていることが世の中のシステムとズレてゆき、軽んじられたり、変なやつだと言われ窮地に陥る展開になります。ちょうどこの時期、僕は「マイケルも将来アマデウス・モーツァルトみたいになる人だから、ちゃんと音楽を聴いてくれ！」と強く訴えていたんですが、でも結局このあと、悲しいことにマイケル自身も同じように追い込まれて亡くなってしまいました。このアルバムを聴くたびに胸が痛くなります。

次に〈スピーチレス〉をかけたいと思うのですが、最後のアルバムになってしまった《インヴィンシブル》で、サウンドがないところでヴォーカルを聴かせるという〈スピーチレス〉のやり方に結局行き着いているのが、やっぱりすごいなんて思ったりもしています。

〈スピーチレス〉

昨年の4月からマイケルの軌跡、足跡を辿ってきましたが、この〈スピーチレス〉で一旦その長い旅が終わるなという気持ちです。それくらい《インヴィンシブル》というアルバムの〈スピーチレス〉が到達した境地は、とてつもないところだなと思うんです。

マイケルはインタビューで「いつだってアルバムがあらゆるスタイルの素晴らしいメロディの集合体になるように心がけている。なぜなら僕はあらゆるタイプの音楽の境界を決めつけることを信じていないから。偉大なアーティストはどんなスタイルのどんなタイプの楽曲も作り出せるはずだ。ロック、ポップ、フォーク、ゴスペル、スピリチュアルまでただただ素敵な音楽を。アイルランドの農夫からハーレムでトイレ掃除を仕事とする女性まで、あらゆる人たちが歌える音楽が大切なのさ。みんながその曲に合わせて口笛を吹いたり、ハモったりしてくれることこそ最も重要なんだ」と話しています。

《インヴィンシブル》を今まで聴いたことがなかったという方ももしかしたらいらっしゃるかもしれませんが、このアルバムの素晴らしさに先週と今週の放送で改めて気づいていただけたらうれしいです。

というわけで、昨年の4月から紹介してきましたマイケルのオリジナル・アルバムですが、ついにこの《インヴィンシブル》でゴールまでたどり着いてしまいました。改めて、どの時代のマイケルの楽曲も本当に素晴らしいということを再認識するばかりです。特に今年に入ってからご紹介した《ヒストリー》と《インヴィンシブル》に入っている楽曲の本質的な価値にみんなが気がつくのは、これからだと思うのです。メッセージ性やマイケル自身の意思が真摯に伝わってくる90年代半ば以降のこの2枚は、僕にとっても非常に大切なアルバムです。

マイケルは2000年代以降、ハードな音楽活動をしなくなってしまうのですが、子どもたちと過ごしたその10年は、マイケルにとって本当に宝物のような日々だったのではないかなと……。世界中から注目され続けたスーパースターであったが故に失ってしまった子ども時代に非常に傷つき、そしてそれを追い求め続けた人でしたから。

【MJミュージックヒストリー】

映画『マイケル・ジャクソン THIS IS IT』

2020年3月1日オンエア

《Michael Jackson's This Is It》
2009年10月28日公開

監督

ケニー・オルテガ

２００９年３月５日、マイケル自らがロンドンのＯ２アリーナにて、THIS IS IT公演の開始を告げる公式記者会見を設けました。大勢のマイケルファンは久々のライヴ開催発表に驚き、歓喜しました。その後、３月から６月にかけてマイケルはコンサートに向けてのリハーサルを行います。２００９年７月13日から２０１０年３月６日まで全50公演を組み、チケットも売り切れ、みなが楽しみにしていたのですが、ツアー直前の６月25日（日本時間６月26日金曜日）、マイケルが亡くなったというニュースが世界中を駆け抜けました。

この幻となった公演のための１００時間以上に及ぶリハーサル風景、それから貴重な舞台裏の映像をまとめたドキュメンタリー映画が２００９年秋に公開され、特大ヒットを記録しました。
撮り溜めた映像はあとあとＤＶＤやブルーレイになるときのため、もしくはメンバーやスタッフたちの確認作業のために記録していたものでしょうから、これが映画になるとは誰も意図していなかったと思うのですが、たくさんあるので、つなげればマイケルがどんなことを「最後」と宣言したコンサートで行おうとしていたのか、そして再起にかけてどういうメッセージを持っていたのかが伝わるのではないかという訳で、当時賛否両論あったのですが公開されることになりました。監督・演出はケニー・オルテガです。

リスナーのみなさんの中にも「映画を観たよ」という方はもとより「何回も何十回も観た」という方もいらっしゃると思うのですが、僕も先日、久々にメモをしながらもう一度今の視点で観てみました。

今日の放送の目標は、映画『マイケル・ジャクソン THIS IS IT』を観ていない人が観たいなと思う、そして観たことのある人も、今現在２０２０年の視点でもう一度観たら分かることがあるかもしれないと思ってもらうことです。また、この映画からマイケルを好きになったという若い世代の方や、この映画でマイケルにもう一度のめり込んだという方もいらっしゃると思いますので、今回は映画『THIS IS IT』を中心に、映画の時間軸に沿って進めていけたらいいなと思います。

マイケルは、このコンサートでは「ファンが聴きたい曲をやる」と言っていて、ネットでアンケートを取り、上位になった曲が選ばれていたそうです。「ファイナルカーテンコール」。マイケルはこの言葉を割とよく使うのですが、マイケルも「これこそ最後なんだ！」ということで気合十分だったのでしょう。

それではこの映画の最初のシーンでシンボリックに登場する〈スタート・サムシング〉を、実現したらこうだったんじゃないかなという夢想も込めまして、『ライヴ・イン・ブカレスト』ヴァージョンでどうぞ。

〈スタート・サムシング（Ｌｉｖｅ）〉

〈スタート・サムシング〉はアルバム《スリラー》の1曲目であり、いろいろなライヴでも印象的に使われていた楽曲です。

この後、マイケルがアルバム《インヴィンシブル》に収録された〈スピーチレス〉をアカペラで歌うシーンが登場します。映画ではここでBGMとして〈BAD〉がかかり、振り付け協力のステイシー・ウォーカー（日本にも何度か来られて、僕もお話ししたことがあります）、振付師のトラヴィス・ペインが出てきます。

この『THIS IS IT』という映画は、マイケル・ジャクソンを追いかけるという視点ともうひとつ、若いダンサーたちの物語も追いかけています。昔『コーラスライン』という映画がありましたけれども、ああいうイメージなんですね。

マイケルの久々のライヴがありダンサーのオーディションを行うということで、世界中からナンバーワンのダンサーたちが集まりました。日本からもケント・モリくんや仲宗根梨乃さんも参加し合格しています。

ステイシーとトラヴィスは「今、こんな状況よ」「世界中からすごい人たちが来るのよ」といった感じで物語を回す役割といいますか、状況を説明してくれます。行列に並んでいる若者、合格して涙を流す若者、マイケルのダンサーになるのが一番の夢だったんだと話す若者など、10代、20代、30代前半の一流ダンサーたちが、マイケルというパフォーマーにこれだけの憧れを抱いているんだという姿が映し出されるました。

僕も改めて「へぇ〜」と思ったのですが、マイケルの身長は178㎝ぐらいと言われていますが、ステイシー・ウォーカーが「男性はマイケルと同じぐらいの身長がいいわ」「女性はヒールを履いたりするので170㎝ぐらいがいいわね」とおっしゃってます。

マイケルは映画『THIS IS IT』で、よく「焦るな」とスタッフに伝えています。「無音の部分をすごく大切にしろ」「僕がキューを出すから待て」「僕が合図するまで待ってくれ」と何度も言っているのがとても印象的です。

あとは〈JAM〉のシーンで、ステージの底から飛び出すトースターの練習をしているところも楽しいポイント。マイケルのライヴといえばトースターがひとつの代名詞みたいになっていましたからね。以前この番組でも話しましたけれども、《デンジャラス》ツアーのとき、僕はバイトでトースターの掃除を熱心にしていたことがあるので、このシーンはすごく懐かしかったですね。

それからパッとグリーンバックの特撮シーンになりまして、兵隊の衣装に身を包んだ若者たちが出てきて、〈Drill〉〈CADENCE〉〈ゼイ・ドント・ケア・アバウト・アス〉（原題：They Don't Care About Us）がかかります。「このシーンは11人のダンサーを撮って、その映像をコピー&ペーストしながら最終的に1100人くらいになるよ」とマイケルに説明しながら〈Mind Is The Magic〉がかかるのですが、一瞬「Who's Bad!」とかけ声が入ったり、今観ても本当に震えるようなかっこいいシーンです。

次にアルバム《ヒストリー パスト、プレズント・アンド・フューチャー ブック1》に入っている〈ゼイ・ドント・ケア・アバウト・アス〉が効果的に広がります。これは格差社会についての楽曲ですが、マイケルが1995年に歌ったメッセージが、まさに2020年の今観てもより一層心に響いてくることに驚きを隠せません。この曲が流れている最中に〈ヒストリー〉が挿入され、「歴史に残る集会へようこそ！ わが国の歴史に残る自由のための史上最高のデモです」という言葉が出てからまた〈ゼイ・ドント・ケア・アバウト・アス〉に戻ったり、《デンジャラス》の〈ホワイ・ユー・ワナ・トリップ・オン・ミー〉という曲につながったり。1曲の中にもいろいろな時代の曲がマッシュアップするという、とてもかっこいい手法がとられています。

続けて〈ヒューマン・ネイチャー〉を歌って説明するシーンがあったり、ハンフリー・ボガートのギャング映画的な白黒の〈スムース・クリミナル〉の映像が続きます。これは、みなさんもご存じの白いスーツを着たマイケルが踊るのですが、この時代をミックスした世界観を初めて観たときはかなりの衝撃を受けました。

それでは、マイケルがイントロのアレンジを音楽監督マイケル・ベアデンに説明しているシーンが印象的だったこの曲を聴いてください。〈ザ・ウェイ・ユー・メイク・ミー・フィール〉。

▶〈ザ・ウェイ・ユー・メイク・ミー・フィール〉

この曲は実姉ラトーヤが出演している、ウエストサイドストーリー風のショート・フィルムも印象的でしたけれども、『THIS IS IT』での演出もすごくかっこよかったですね。ニューヨークの摩天楼にバーッと広がる夕闇の中から、夢を追う若者たちを感じさせるダンサーたちのシルエットが現れたところで、マイケルが歌い出します。

僕が『THIS IS IT』を観て一番強く感じたことが、この映画でようやくアルバム《BAD》が再評価されたなということです。《BAD》は今考えると不思議なのですが、《スリラー》が大成功したあとの失敗しちゃったアルバム、《スリラー》の売り上げを超えられなかったアルバムみたいな扱いでした。でもこの映画の中では〈BAD〉や〈スムース・クリミナル〉がBGMで使われたり、この〈ザ・ウェイ・ユー・メイク・ミー・フィール〉や〈マン・イン・ザ・ミラー〉〈キャント・ストップ・ラヴィング・ユー〉など、《BAD》の曲が映像的なキーとして多く使われていて、曲の価値がドンと上がったんです。

《BAD》の再評価がなぜうれしかったのかというと、グラミー賞でマイケルがこの〈ザ・ウェイ・ユー・メイク・ミー・フィール〉と〈マン・イン・ザ・ミラー〉の素晴らしいパフォーマンスを行ったのですが、《スリラー》のときと違い、《BAD》は本当に黙殺と言いますか、評論家の受けが悪かったんです。理由としては、《BAD》というアルバムはマイケル・ジャクソンそのものが剝き出しで表れていたからだと僕は思っています。《ヒストリー》の2枚目同様、クインシーやテディ・ライリー、ロドニー・ジャーキンスなどの影響を受けていない、マイケル・ジャクソンのオリジナリティに溢れていたのが《BAD》というアルバムだったと思います。なのでヒットはしたけれども、音楽評論家からするとどういう切り口でこれを褒めていいのかが分からないということだったのかもしれません。

また、マイケルはBADやデンジャラスツアーでスタジアムなどの大きな会場を回っていましたけれども、当時の映像技術や音響技術がいろいろと追いついていなかったのかなという気がするんですね。なので『THIS IS IT』ツアーがもし開催されていたら、その頃には映像技術もすごく進歩していましたから、ようやくマイケルがやりたかった映像とダンスと歌の融合が観られたのかもしれません。

それでは、映画『THIS IS IT』の中でも、ほのぼのとしたシーンとして描かれていますジャクソン5のメドレーをかけたいと思うのですが、ここで唯一マイケルが少しイライラするシーンがあります。マイケルがイヤーモニターに慣れていないようで「これじゃ歌えない」と言うと、演出家のケニー・オルテガが丁寧に「どうしたいんだい？」と訊いて、マイケルが「ちょっと音量を下げてくれ」と返すやりとりがあるのですが、このシーンは普段のマイケルの姿が垣間見れて貴重だなと思ってしまいました。

では、ジャクソン5のメドレーを、今日は『THIS IS IT』からではなく、ジャクソンズの《ザ・ベスト・ライヴ》から〈メドレー：帰ってほしいの〜ABC〜小さな経験〉をかけたいと思います。

▶〈メドレー：帰ってほしいの〜ABC〜小さな経験〉

これは1981年11月にリリースされたアルバム《ザ・ベスト・ライヴ》に入っているのですが、このライヴ盤は本当におすすめなので、ぜひ聴いてもらいたいなと思います。

それでは引き続き、このライヴ盤からジャクソンズの〈シェイク・ユア・ボディ〉をお送りいたします。映画『THIS IS IT』の中ではインストのような形でダンサーたちが踊るシーンに選ばれました。ジャクソンズで〈シェイク・ユア・ボディ〉。

▶〈シェイク・ユア・ボディ〉

このジャクソンズのライヴはトライアンフツアーだったのですが、実際はオフ・ザ・ウォールツアーでもありました。当時マイケルはソロアーティストでもあったのですが、ソロライヴはやっていなかったんですね。なのでこのライヴで〈オフ・ザ・ウォール〉〈あの娘が消えた〉〈ロック・ウィズ・ユー〉〈ワーキン・デイ・アンド・ナイト〉〈今夜はドント・ストップ〉など《オフ・ザ・ウォール》の曲をお兄ちゃんたちや弟のランディと一緒にやっています。なので《オフ・ザ・ウォール》時代のライヴだと思って聴いていただければうれしいなんて思っております。

映画では次に、マイケルとジュディス・ヒルが〈キャント・ストップ・ラヴィング・ユー〉を歌います。ここはすごく素敵なシーンで、マイケルの大ファンの若いダンサーたちがこのリハを憧れの眼差しで観ているんです。僕は実はここが『THIS IS IT』のポイントだと思っているのですが、20人ぐらいの男の子と女の子が観ている前でマイケルが歌うんですけど、今までのマイケルにはそういうシチュエーションがあまりなかったのではないかなと思うんですよね。子どもの頃から本当に大人気でしたから、歌うとしたら何千人とか何万人のお客さんの前だったでしょうから。

本当にちょっとしたリハなんですけど、20代の若者たちが50歳のマイケルを「ワオ!」とか「フー!」なんて言いながら観ているんですよ。なのでマイケルもうれしくなっちゃって一生懸命歌っちゃうんですけど、歌い終わったあとに照れたというか、八つ当たりみたいな感じで「ちょっと、本気で歌わせないでよ」とケニー・オルテガに言うんですね。「ウォームアップなのに、フルヴォイスで歌わせないでよ」とすねてみせるんですけど、それをオルテガがお兄さんというかお父さんみたいな感じで「いやいや、最高だったよ。君も歌いたかったんじゃないか?」と返します。若者たちのやんやの歓声を浴びて歌うことが、大した人数ではないんですけど、それが逆にマイケルにとって音楽の楽しさを思い出させたのではないかなと思ったシーンでした。

続いてマイケルの代表作、映画の中では3Dにしようとしていた映像の撮影と共に流れる〈スリラー〉をお送りします。

〈スリラー〉

80年代の〈スリラー〉、90年代の映画『ゴースト』など、ゾンビや幽霊などのホラーテイストあらばこそ、マイケルは世界中の子どもたちにも愛されたのだと思います。

最後のオリジナルアルバム《インヴィンシブル》のラストナンバー〈スレトゥンド〉は、映画『THIS IS IT』では〈スリラー〉のアウトロにちょこっと、インストの状態でマイケルが踊って一瞬で終わる曲なんですが、情報を集めてみると、どうやらいずれは新しいダンスをつけて2010年代マイケルの〈スリラー〉的な、ホラー的ダンスと歌とエンターテインメントの最新形にしたかったという証言があります。なので、コンサート開始時は映画にあるような短いアウトロ扱いだったと思うのですが、ライヴがどんどん出来上がっていく中で〈スレトゥンド〉も育っていき、アルバム《インヴィンシブル》の評価も上がっただろうなと思うんです。というわけで、楽しみだった象徴〈スレトゥンド〉を聴いてください。

〈スレトゥンド〉

『THIS IS IT』でもうひとつ（もっといっぱいあるんですけど）特筆すべきところは、マイケル・ジャクソンのハードロック的な、ギター・ヒーローを擁した楽曲群ですね。〈今夜はビート・イット〉や、今からセレクトする〈ブラック・オア・ホワイト〉もギター・バトルが展開されますし、この映画でオリアンティという女性ギタリストも一躍スターになりました。他の黒人アーティストにはなかなか見られない形なので。では〈ブラック・オア・ホワイト〉、聴いてください。

〈ブラック・オア・ホワイト〉

『THIS IS IT』は結局どういう映画だったのか、マイケルはどういう思いで2009年に最後のライヴをやろうと決意したのか。その答えの半分以上は、気候変動、環境破壊に対する注目を集めて、このままでは未来はないということを訴えたかった、そこに尽きるのではないかなと思います。

今回、公開から10年経った今改めて観ると、特にこの10年間の気候変動の激しさ、地球環境の悪化は僕らが驚くほどに意識せざるを得ない問題です。今BGMでかかっている〈アース・ソング〉を歌ったのは25年前、1995年のことですから、マイケルはこの頃からずっと訴えていたんだなということを改めて思いました。そしてマイケルの言葉が入ります。

「僕は大自然の驚異に敬意を払う。だからアマゾンの現状に怒りを覚える。毎秒フットボール場の面積が伐採されてるという。環境破壊が気がかりだ。だからこういう曲を書く。人々が目覚めて希望を抱けるように。僕は地球を愛してる。木が大好きだし、紅葉する葉も魅力的だ。僕はそういうものに尊敬の念を抱いている」

イルカのTシャツを着た少女が出てきて、美しい森で蝶々を追いかけたり眠ったりする平和なシーンが描かれるのですが、そこに突然戦車やブルドーザーが機械音を轟かせて現れ、美しい森が破壊されていき、実際にステージ上にもブルドーザーが現れる演出になっています。マイケルは続けます。

「自然は必死になっている。人間の不始末を埋め合わせようと。地球は病んでいて熱があるんだ。今でなければもう治せない。今が最後のチャンスなんだ。僕らは暴走列車。今こそその時、愛してるよというメッセージで終わらせよう。みんなこう言う、〝誰かがやってくれる〟と。〝誰か〟って？　僕らから始めよう。でないとなし得ない」

今この映画を改めて観ても、マイケルは元気で覇気があるので、亡くなる直前の映像だとは思えない、亡くなるなんて想像もつかないんです。

マイケルは最後にメンバーを集めて「みんなよくやってるよ」とメッセージを出します。

「このまま続けよう、信じて突き進もう。全力でやってほしい。忍耐と理解を持って。これは素晴らしい冒険だ。何も心配はない。ファンの望みは日常を忘れる体験だ。未知の領域に連れていこう。未体験の才能を見せよう。全力を尽くそう。みんな愛してる。僕らはファミリーだ。世界に愛を取り戻そう。愛の大切さを思い出させるんだ。互いを愛すること。僕らはひとつだ」と。そして「地球を大切に。4年で環境破壊を止めて、地球を守ろう」

「僕らが伝えるのは大切なメッセージだ。いい日曜日を」とマイケルが言い、みなが「ワン、ツー、スリー、マイコー！」と返して別れたのが最後になってしまいました……。

この映画は当時大ヒットしましたし、「ディスカバー・マイケル」のリスナーには「100回観た」という方もいらっしゃると思うんですけど、それでももう一度、見返していただきたいと思います。

この1年間「ディスカバー・マイケル」を聴いていただいた方、そして今日初めて聴いたという方もいらっしゃると思うんですけれども、もう一度、今の格差社会の問題、温暖化の問題、マイケルが必死になって訴えていたことはどういうことだったのか、僕も考え直すいい経験になりました。

この映画『THIS IS IT』が公開されたあと、マイケル・ジャクソンの再フィーバーが起こりました。2018年公開の映画『ボヘミアン・ラプソディ』での、クイーンの再評価もすごかったですよね。

僕は昔から当事者として、テレビ番組や新聞など、いろいろな場所でマイケルを語ってきました。激動の時代もありましたし、一時ある種のブームも去ったなと思ったこともありましたが、僕は変わらず、マイケル好きの仲間たちとの普通の日々を営みました。

今年は映画『THIS IS IT』の公開から10年ということで、世の中でもいろいろな動きがあり、僕は1年間「ディスカバー・マイケル」という番組で、こうやってみなさんと一緒にマイケル・ジャクソンを振り返る機会を持てたことを、心から感謝しています。本当にありがとうございました。

マイケル＆ME

毎月最終週は「マイケル＆ＭＥ」。
マイケルとゆかりのあるゲストをお迎えして、トークを繰り広げます。

ティト・ジャクソン
ジャーメイン・ジャクソン
ポール・ジャクソン・ジュニア
横山 剣（クレイジーケンバンド）
黒沢 薫（ゴスペラーズ）
和田 唱（TRICERATOPS）
田中 章
久保田利伸
湯川れい子

第3章

［マイケル＆ＭＥ］

ゲスト

ティト・ジャクソン

２０１９年４月28日オンエア

「マイケル＆ＭＥ」、記念すべき初めてのゲストは、なんとジャクソンファミリーの次男、ティト・ジャクソンさんです。いきなりすごいですよね(笑)。

　みなさんご存じのとおり、ティト・ジャクソンさんはジャクソン兄弟の次男です。長男はジャッキー、三男がジャーメイン、四男がマーロン、そして五男がマイケルということなんですけれども、実はこのティト・ジャクソンさんがいなかったら、果たしてジャクソンファミリーは音楽をここまで一生懸命やっていたのかなというぐらいのキーパーソンなんです。マイケルの歴史を追いかけていたり、僕の本を読んでくださった方はご存じかと思いますが、多くの人々が語るマイケル伝説、ジャクソン5伝説の中で必ず一番最初に登場するのが、このティトさんなんです。

　僕はマイケルが亡くなってからしばらくして、ティトさんをはじめ、ジャッキーさん、ジャーメインさん、マーロンさんと仲良くさせていただくことになりました。家も行き来する仲になったんですけれども、今回、「マイケル＆ＭＥ」最初のゲストにジャクソンファミリーの偉大なティト・ジャクソンさんに来ていただくことができて、非常にうれしく思っております。

PROFILE

ティト・ジャクソン（Tito Jackson） １９５３年生まれ。ギタリスト、歌手。ジャクソン一家の次男で、弟にマイケル・ジャクソン、妹にジャネット・ジャクソンがいる。西寺郷太のソロ・アルバム《テンプル・ストリート》では、ギター、作詞などで参加している。

それでは、ファズ・ギターが特徴的な〈ABC〉からスタートしたいと思います。ティトとジャーメインがギターとベースを持って両サイドに立ち、真ん中に長身のジャッキー、そしてマイケルとマーロンのちびっこ2人が揃ってダンスをしてるというイメージを持っている方が多いのではないでしょうか。ジャクソン5のセカンドシングルで、全米ナンバーワンヒットになった1970年リリースの〈ABC〉をお聴きください。

▶〈ABC〉

この曲、実はマイケルやジャクソン5のメンバーはコーラスだけで、演奏はモータウンお抱えのミュージシャンたちがやっていたんです。プリンス・アンド・ザ・レヴォリューションという（映画『パープル・レイン』にも出てくる）バンドにウェンディ・メルボアンという女性ギタリストがいたんですが、そのお父さんのマイク・メルボアンというジャズ・ピアニストがこの曲のピアノを弾いています。この方は本当に有名なセッションミュージシャンで、フランク・シナトラやジョン・レノンの〈スタンド・バイ・ミー〉、ビーチ・ボーイズの〈ペット・サウンズ〉にも呼ばれました。

ジャクソン兄弟が成長していくにつれ、彼らが実際に演奏するようになり曲も作っていくようになるのですが、この話はのちほど詳しくお話しします。

ティト・ジャクソンさんは1953年10月15日生まれで、世界で最も有名な音楽一家、ジャクソンファミリーの次男です。見分け方としてはジャクソン兄弟を見たとき、一番まんまるくコロッとしてるお兄さんですね。

お菓子が大好きで、機械仕事も大好きなティトさんですが、なにより車が大好きで、家に遊びに行ったときもオープンカーやスポーツカーなどがいっぱい置いてありました。そこには車を運ぶレッカー車もあったので、「どこまでが君の車なの？　まさかレッカー車は君のじゃないだろう？」と訊いたら、「あれも俺のだ。実はあれが一番好きなんだ」と言っていて（笑）。つまり、ラスベガスやLAなどを行き来するときにレッカー車で2、3台をつないで連れて行くそうで、そのレッカー車すらも御自分で運転するぐらい車好きなティト・ジャクソンさんです。

他にも素敵だなと思ったのが、昔のジャクソン5がずっとツアーで使っていた可愛いミニカーみたいなフォルクスワーゲンのバスがあったんですけど、そのバスもまた新たに買っているんです。当時のものではないと思うんですけど、たぶん思い出のバスなんじゃないですかね。それも未だに側に置いていて、そういった意味でも歴史をすごく大事にされているんだなと思います。

以前ロサンゼルスへ行ったとき、「飛行機の便を教えてくれ」とティトに言われて何気なく伝えたら、空港で待っていてくれたことがありました。僕は空港を出てから電話しようかなと思っていたのに、「Hi! Gota!」なんて出迎えてくれて、そのままいろいろなところへ連れていってくれたりする、本当に優しいお兄さんです。

では、ここからはご本人の語りを聴きながら、歴史を振り返っていきたいと思います。まずはジャクソン5誕生のお話からお聴きください。

ティト　父はルーサーおじさんのバンドでギターを弾いていました。普段、仕事に出かけるときは自分のギターを子どもたちにいたずらされないようにクローゼットに隠していました。あるとき、私が父のギターを弾いていることがバレてしまい、父が私に「何か弾いてみろ」と言うので、弾いてみせたらとても驚いて、そのギターを私にくれて、父は自分のために新しいギターを買いました。私はテンプテーションズやモータウン、アイズレー・ブラザーズの曲を弾き、ジャッキーとジャーメインは一緒に歌っていました。マイケルとマーロンはまだ小さくて車のおもちゃで遊んでいたけれど、「仲間に入れてほしい」とせがんできました。私たちは「君らはまだ小さすぎる」と言いましたが、しばらくしたある日、マイケルが小学校で歌っているのを聴いたら、それはもう魅力的な声だったので、家に帰るやいなやマイケルとマーロンをグループに加えたのが、のちにジャクソン5として知られるようになったきっかけです。

これはマイケルとマーロンがグループに入った経緯、ジャクソン兄弟がどのようにして音楽を始めたのかというストーリーです。ティト自身も古典落語のようにこなれた感じで話すんですけど、僕もすごく好きなエピソードです。

この発言を聞いて僕もふむふむと思ったのですが、ちょっとでもマイケルやジャクソン5の歴史を知ってる人なら、ティトがギターの弦を切った事件をご存じでしょう。僕が「あぁ、そうなんだ」と思ったのが、「He gave the guitar to me actually and when he bought himself new one.（父はそのギターを私にくれて、自分のために新しいギターを買いました）」と言ってるんですよね。これ、今までのジャクソン5の歴史で伝えられてきたこととちょっと違うんです。

今までの定説は、ティトがギターを弾いてるのを上手いと思ったお父さんが、赤い小さなギター（よく「Little red guitar」と書いてあります）を買ってきてティトにくれた、ということになっています。ただティトは「He bought himself new one」と話しているので、お父さんは自分のために新しいギターを買って、前に使ってたお古は「お前にやるわ」と言ったと(笑)。これニュアンスだいぶ違うんちゃうかなって思ったんですよ。

定説だと子どもがギターを弾いてるのを見て、いけそうだからビジネスにしようと思ってギターを教え込んだ、という感じがしません？ でも自分に新しいギターを買ってきて古いやつを「お前にやるわ」って、そこまで子どもに期待してないですよね(笑)。これ、もしかしたらお母さんの手前「新しいギター買う口実できたな」みたいな感じなんじゃないかなと(笑)。「ティトが使うから、俺は自分のなくなるやないか」みたいな。これは新証言だなと思いましたね。


以前ティトの家に遊びにいったとき、スタジオにギターが5本くらい置いてあったんです。1個はストラトキャスター（今、普通に買ったらたぶん300万円ぐらいする）で、見た瞬間「これすごくいいギターだな！」と思ったんですけど、もう1個「あれ？ これどこかで見たことあるぞ？」という古くて不思議な感じのするギターがあったので「これ何？」と訊いたら、「それ親父が最初にくれたギターだよ」と言ったんですよ。僕は「え!? これなの!?」と驚いたんですけど、まさにティトが弦を切った当のギターでした。そしてそれが普通に大人用のものだったのでさらにびっくりしました。「Little red guitar」

ではなく、「エアライン」というブランドの上質なギターだったんです。「お父さん、いきなり息子にこんなええギター買ってきたの?」とそのときは思ったんですけど、もともと父ジョーの持ちものだったと。

そのときもらったギターをまだ側に置いているティトもすごいですし、子どもだから安物をあげようという発想もないジョー・ジャクソンの先見性も驚きますよね。兄弟も多いし、そんなにお金持ちの家じゃなかったことは分かってますから。というわけで、この話は僕にとってもよく耳にする話ではあるのですが、ティトから直接聞くとこれまた新しい発見があるなと思います。

続いては、こんなジャクソン家のエピソードもございます。

ティト　母がお皿を洗いながら歌っていたカントリーソングの〈コットンフィールズ〉を、私とジャッキーとジャーメインもよく一緒に歌っていました。父は寝ようとしてるときには「静かにしろ!」と怒鳴っていたけれど、ある日、母が父に「ジョー、あの声を聴いた? あの子たちは本当に何かを持ってると思うわ」と言うと、父が「ちゃんと歌えるのかい?」と訊くので、母は私たちを呼び父の前で歌わせると、父はとても驚きました。それから父はマイクやアンプを買ってきて、あらゆるお膳立てをし、それ以来私たちグループを育て新進のエンターティナーへと道をつけてくれました。結婚式や学校のダンスパーティーなど、呼んでくれるところへはどこにでも行って演奏しました。

ある日、ニューヨークのアポロシアターの「アマチュアナイト」で演奏したのですが、しばらくすると「マイク・ダグラスショー」に招かれ、同時にモータウンのオーディションにも招待されました。私は『マイク・ダグラスショー』に出れば、世界中のレコード会社が僕たちを知ってくれる」と言いましたが、モータウンのアーティストになることが私たち兄弟の夢だったので、ベリー・ゴーディのオーディションを受けました。ゴーディは当時リトル・スティーヴィー・ワンダーが非常に若くていろいろと問題を抱えていたので、この上「5人もの子どもたちを引き受けるつもりはない」と難色を示したのですが、私たちを気に入ってしまい、「君たちの最初のレコードをナンバーワンにしてあげる」と言ってくれました。
　モータウンは当時、ダイアナ・ロス、マーヴィン・ゲイ、スティーヴィー・ワンダーなどが所属していました。ティトも「リトル・スティーヴィー・ワンダーの問題」と表現していましたけど、子どもをマネージメントするのは、音楽活動と並行して学校に行かせたり、いろいろと大変なんですよね。なのでベリー・ゴーディ・ジュニア社長は、最初は「また子どもか」ということで乗り気ではなかったといわれているんですけど、5人のパフォーマンスを観て「これは契約するべきだ」と動いたというのが、ティト本人の言葉で出てきましたね。
「最初のレコードをナンバーワンにしてあげるよ」とベリー・ゴーディは言ったのですが、実際はデビュー曲〈帰ってほしいの〉を皮切りに、〈ABC〉〈小さな経験〉〈アイル・ビー・ゼア〉と4作連続で全米チャートナンバーワンヒット。一躍スターグループの仲間入りを果たしたのですが、1975年、ジャクソン5は自分たちで曲作りをしたいという想いから、モータウンを離れることになります。

ティト　モータウンを離れたひとつの理由は、父が私たちをそういう方向に成長させたかったのです。少なくともアルバムのうちの何曲かは自分たちで曲を作り、楽器も演奏させたいと思っていました。しかし私たちは若かったし、モータウンには作曲家もスタジオ・ミュージシャンもいて、いい仕事をしてくれていたので、それを変える必要もないと向こうは考えていました。それで、私たちはコロムビア、つまりエピック、今のソニーに移ることにしたんです。彼らはギャンブル&ハフのプロデュースのもとジャクソンズが書いた曲のアルバムを作るチャンスをくれました。私たちの曲は好評だったので、それ以来ほとんどの曲を自分たちで手掛けるようになりました。

「MJミュージックヒストリー」でも話しましたけれども、ジャクソン5はモータウンからの移籍後ジャクソンズに改名し、ジャクソン兄弟で作詞作曲に取り組むようになります。1枚目のアルバムでは1、2曲でしたが、3枚目のアルバム《デスティニー〜今夜はブギー・ナイト》

で、曲を作る権利やプロデュースの権利を完全に渡してもらえるようになりました。

1976年の移籍後最初の《ザ・ジャクソンズ・ファースト〜僕はゴキゲン》は、ケニー・ギャンブルとレオン・ハフというプロデューサーが中心になって、ジャクソンズを新たな魅力で輝かせようとしたアルバムです。それではそのギャンブル＆ハフがプロデュースした曲を聴いてください。1976年の〈シンク・ハッピー（ふたりはハッピー）〉。

〈シンク・ハッピー（ふたりはハッピー）〉

このジャクソンズ時代のコメントもティトからいただいてきましたので、どうぞ。

ティト　ギャンブル＆ハフはとても成功していました。テディ・ペンダーグラスなど多くのグループと仕事をしていたので、私たちは彼らの作曲する能力を信頼していたし、彼らが書いてくれたモータウンとは別の最初のアルバムは本当に素晴らしかったし、とても的確でした。彼らはモータウンと同じように独自のミュージシャンを抱えていて、私たちはスタジオに行ってはトラックの作り方を学びました。ケニー・ギャンブルはプロデュースしているチームのヴォーカリストで、ギャンブル＆ハフのメロディと歌詞をすべて書いていました。レオン・ハフはピアニストで、音楽のコンセプトやアイデアのほとんどを生み出していました。

ティトは「このアルバムはヴォーカルを10日足らずで録って、とても早く制作したんだ」と話していました。飛行機でフィラデルフィアに行き、ホテルに泊まり、スタジオで1日中録音して、夜に自分たちの曲を作る。マイケル自身が作った〈ブルース・アウェイ〉という曲も入っているアルバムですが、そのときも「夜中に曲を書いたんだよ」などと教えてくれました。ティトとマイケルが一緒に作った曲〈スタイル・オブ・ライフ〉もアルバムに収録されているのですが、その制作秘話も語ってくれています。それではお聴きください〈スタイル・オブ・ライフ〉。

〈スタイル・オブ・ライフ〉

先ほどティトも話していましたが、ケニー・ギャンブルはメロディと歌詞を作る人で、レオン・ハフはバックトラックのピアノでコードを作ったり、サウンドを作ったりする天才だったんです。マイケルとティトもこれと同じ関係性で、「マイケルはメロディを作る天才だったんだ」とティトは話していますが、そのサウンドにティトが一緒にギターを弾いたりコードを作ったり（弟のランディの場合もあったんですけど）、そうやってマイケルはジャクソンズでもギャンブル&ハフのチーム感を習って曲作りをし始めたのです。

ケニー・ギャンブルが「コードではなく、メロディと歌詞を考えてコンセプトを作るのが大事なんだよ」と話したのは、マイケル自身も『ムーンウォーク：マイケル・ジャクソン自伝』（河出書房新社）や様々な場所で思い出して語っていました。ということで、このギャンブル&ハフとの2枚のアルバムが、ジャクソンズにとってもマイケルにとっても非常に重要だったんだなということが改めて伝わるコメントでした。

そして、マイケルはどんな子どもだったのか。当時、すぐ側にいたお兄ちゃんのティトならではのこんなエピソードも教えていただきました。

ティト　マイケルはクレイジーなところは全然なかったよ。動物好きだったけどスタジオには連れてこなかったし。部屋にハエが飛んでいても殺したくないタイプで、もし殺そうとしたりすると「ダメダメ、どんなものにも生きる権利がある、どんな人にもね」と言ってたんだ。

僕が「マイケルはいつもはどんな人だったんですか？」と訊くと、このエピソードを話してくれまして、「それがマイケルの価値観、信条みたいなものだったんだよ」と語ってくれました。

最後に、マイケル作詞作曲の〈ハートブレイク・ホテル〉についても伺うことができました。この曲はアルバム《トライアンフ》に収録されているのですが、マイケル・ジャクソンの代表曲と言ってもいいでしょう。

ティト 〈ハートブレイク・ホテル〉はとても面白い曲なんだ。なぜなら、これは普通の曲じゃなくて、ビデオのコンセプトを考えていたからね。だからすごくドラマチックで、人が階下で呼んでるような効果音を入れたり、普通の音楽にはないようなことをやった。とてもチャレンジングだったけれども、何もかもが上手くいったすごい曲だ。

それではこの作品をライヴヴァージョンでお聴きいただきましょう。《ザ・ベスト・ライヴ》という1981年リリースのアルバムに収録されています。ジャクソンズで〈ハートブレイク・ホテル〉。

▶〈ハートブレイク・ホテル〉

もしタイムマシンを1回だけ使えるなら、このライヴを観に行きたいなと僕はいつも思っています。それぐらい素敵なテイクがたくさん入っているアルバムなので、もしよかったらみなさんも聴いてみてください。

［マイケル＆ME］

ジャーメイン・ジャクソン

2019年12月22日オンエア

今回はジャクソンファミリーの三男ジャーメイン・ジャクソンさんのインタビューをお届けします。ティト・ジャクソンさんには、春にゲストとしてインタビューさせてもらってお送りしましたけれども、なんとジャーメインさんにもインタビューさせていただけたということで非常にうれしく思っております。

ジャクソン5のオリジナルメンバーで、80年代末にはジャクソンズのリード・ヴォーカルにもなります、ジャクソンファミリーの三男ジャーメイン・ジャクソンさん。先日来日されたときにインタビューさせていただきましたので、今日はそのときの様子をお送りしていこうと思います。

ジャーメイン・ジャクソンさんは1954年12月11日生まれで、先日65歳のお誕生日を迎えられました。1969年にジャクソン5の一員としてデビューしてますから、50年のキャリアなんですね。15歳でデビューしているので、そうは言っても若いなという感じなんですけれども。

マイケルはずっとジャーメインのヴォーカルに憧れていたと聞きますし、ジャクソン5時代は一番仲が良かったという話も漏れ伝わっております。

PROFILE

ジャーメイン・ジャクソン（Jermaine Jackson）1953年生まれ。歌手。ジャクソンファミリーの三男。ジャクソン5では、マイケルと共にリード・ヴォーカルを担当。1973年、モータウンの創業者ベリー・ゴーディの娘と結婚。ソロ活動後も、数々のヒット曲がある。

ジャクソン5はモータウンからデビューしたのですが、モータウンというレーベルの特徴として、ヴォーカルがツートップ状態でいることが多々ありました。モータウンの代表的なグループにテンプテーションズがいますが、このグループも、デヴィッド・ラフィンというパワフルでしゃがれ声のパワー型ボーカリストと、メロウで繊細な歌声でファルセットを得意としたエディ・ケンドリックスという2人のツインリードです。テンプテーションズは5人組なんですけど、メロウでスムースな曲はエディ・ケンドリックスが中心になり、パワフルな曲はデヴィッド・ラフィン、あとの3人はコーラスという、そういうバランスのグループにマイケルたちも憧れていました。

なので、ジャクソン5はマイケル・ジャクソンが超メインであとはゼロ、みたいなそういう見方をする人もいるのですが、実はモータウン側の戦略としては、マイケルとジャーメインどちらも人気が出るように、両方ともリードを取らせていた時代が結構ありました。アルバム《クリスマス・アルバム》も、11曲中4曲はジャーメインがリードなんですよね。もちろんマイケルが小さい頃から断トツ人気だったことは間違いないのですが、レーベルとしてはジャーメインという男前で低音ボイスで女の子たちがキャーキャー言ってるこのスターを、なんとかマイケルと並ばせて2人が中心のグループにしていこうとプロモーションしていました。また、マイケルが声変わりを迎え声が出にくいときに、ジャーメインがメインを取れる曲を作っておくと、ジャクソン5がその間も生き延びられるという考えもあったと思います。実際、ジャーメインのソロデビューの話もありましたし、〈ダディーズ・ホーム〉という作品のヒットもあったのですが、モータウンに入ってからのことはこのあと、ご本人がインタビューで答えてくださっていますので、本人の言葉で振り返ってみたいと思います。

まずはジャーメインさんにモータウン時代、ジャクソン5時代について伺いました。

ジャーメイン　モータウンは僕たちにとってすべてだった。テンプテーションズやフォー・トップス、ダイアナ・ロス&スプリームス、マーヴィン・ゲイ、スティーヴィー・

ワンダーなど、いろんな音楽をモータウンに入る前から僕たちは聴いて育ったんだ。だからモータウンと契約することが夢だった。彼らはインタビューの受け答えやマナーまで、時間をかけて訓練され、しっかりと磨き上げられていることが僕たちには分かっていたんだ。だからステージに立って照明を浴びたとき、彼らにはすべてが備わっていた。まるでモータウン大学で学んだようにね。

モータウン大学、モータウン・ユニバーシティという表現が、僕もインタビューをしていて本当にゾクッとしたんですけれども、確かにただのレコード会社というわけではなかったんですよね。モータウンには先輩もいたし、親のような存在もいたし、兄貴やお姉ちゃんみたいな存在もいて、みんなでジャクソン5をいろいろな意味で育て上げてくれた。でもそれはモータウンに所属したからというよりは、それ以前のただのファンだったときに観ていたアーティストのステージの中からも学んだんだということをおっしゃっていました。

それでは、もうひとつコメントを聞いてみましょう。

ジャーメイン　モータウンはファミリーで運営されていたから、とってもアットホームな気分にさせてくれた。まだまだ子どもだった僕たちは蜂の群れのようにブンブン言いながら走り回っていたんだ。ベリー・ゴーディは「オーケー、君らがロード（ツアー）に出ている間に3曲のナンバーワンヒットを生もう」と言ったんだ。そして僕たちが初めてのショーを行うためにフィラデルフィアに到着すると、空港には多くのファンが待ち構えていた。到着便を止めてしまうほどのものすごい人が殺到していて、僕らもその人ごみに揉まれることになったんだけど、それらはすべて計画的なものだったんだ。僕たちは父親に訓練されていたから準備は整っていたけれど、ナンバーワンレコードを獲得するためにシステマティックな「モータウン・マシーン」を走らせてくれたんだ。

才能に溢れていても、「モータウン・マシーン」がない僕たちはどこにでもいる存在だった。しかしモータウンは僕らに〈帰ってほしいの〉〈ABC〉〈小さな経験〉〈アイル・ビー・ゼア〉といったヒット曲を与えてくれて、無名のバンドがデビューしていきなり4曲連続ナンバーワンを獲得するという、ビートルズでさえできなかった偉業を達成させ、さらにはビートルズから1位を奪い取るという快挙を若くして成し遂げさせてくれたんだ。

このコメントからも、彼が本当にモータウンに感謝していることが伝わると思います。

それでは先ほど少し話しましたけれども、ジャーメインがリード・ヴォーカルを取っている曲も結構ありますので、代表曲のひとつをセレクトしたいと思います。ジャクソン5で〈アイ・ウィル・ファインド・ア・ウェイ〉。

▶〈アイ・ウィル・ファインド・ア・ウェイ〉

今回のインタビューは短い時間だったのですが、以前からジャーメインさんが来日されたときに会う機会が何度か持てたので、いろいろな話をしたことがあるのですが、あるとき僕たちがジャクソン5やジャクソンズの歌を試しに歌ってみたら、ジャーメインさんはそれらの曲の歌詞をちゃんと覚えていたんですよ。デビューの頃の曲から90年代の曲まで詳細に覚えていて、すごく驚きました。僕もミュージシャンなので分かるんですけど、意外に自分の曲でも昔の作品だと「2番なんだったっけ?」みたいな、歌詞がパッと出てこないことがあるんですよね。しかも、ジャクソン5とジャクソンズは何百曲もありますからね。なので僕が「よく覚えてますね」と言ったら、「ジャクソン5時代の曲、〈帰ってほしいの〉とかは人の名前を言うような感覚で覚えてるし、90年代までの曲はめっちゃ覚えてるんだけど、最近は全然だ」とおっしゃったので、僕は「そんなこと言って30~40代になってからの曲も結構覚えてますやん」と返したんですけど(笑)。ともかくその頃は繰り返し繰り返し歌われていたんだろうなんて思いましたね。

ジャーメインさんは19歳ぐらいのとき、モータウンのベリー・ゴーディ社長の愛娘ヘイゼルと結婚します。ジャクソン5のメンバーは「うわ! ジャーメイン、社長の娘と結婚するのかよ!」とビックリしていたのですが、人間万事塞翁が馬。新しいレーベルに移りたいとなったときに「どうするんだ、ジャーメインは。社長の娘と結婚してるじゃないか」と問題になってしまうんですよね。

結局ジャクソン5はモータウンから移籍したのですが、ジャーメインは義理の父ベリー・ゴーディと奥さんのヘイゼルを選び、モータウンに残ってソロとして活動することになります。そのあたりのことを話していただきました。

ジャーメイン　1984年より前に僕たちは一度解散した。残りの兄弟は移籍し、僕はそのままモータウンに残ったけれど、彼らのことはとても恋しかった。僕がモータウンに残ったのは忠誠心からなんだ。事実、モータウンは僕らを有名にしてくれたのに、そこへ他の誰かがやってきて「君たちをビートルズにしてあげよう」と言ってきた。それがソニーだった。「僕たちはビートルズじゃない。ジャクソン5だ」と声を上げたのは僕ひとりだった。兄弟たちはソニーに行き、僕だけがモータウンに残ることになった。

もしかしたらジャーメインさんは「ジャクソン5はあのとき解散したんだ。そしてジャクソンズとして新たに動いたんだ」とおっしゃっているのかもしれませんが、男兄弟6人の中でジャーメインさんだけが元のレーベルに残り、移籍組には一番下の弟ランディが正式に加入しジャクソンズとして活動することになります。

ジャーメインさんがひとりモータウンに残ってからの活動はどうだったのかというと、実はヒット曲がいくつもあるんです。スティーヴィー・ワンダーがプロデュースした〈レッツ・ゲット・シリアス〉という作品が有名ですが、僕が好きな曲をみなさんに聴いていただきたいなと思いまして、むちゃくちゃ悩んでひとつ選びました。ちょっとグルーヴィーなファンクで、今の若い人たちもかっこいいと思うのではないかなと。ジャーメイン作詞・作曲・プロデュースで、全米ヒットチャート60位まで上昇したこの曲、1981年9月にリリースされたのでちょうど《トライアンフ》から《スリラー》の間ぐらいですね。素晴らしい楽曲なので聴いてください。ジャーメイン・ジャクソンで〈アイム・ジャスト・トゥー・シャイ〉。

▶〈アイム・ジャスト・トゥー・シャイ〉

ジャーメイン　長い時間が経って、僕たち兄弟はモータウン25（モータウン・レコード創立25周年記念コンサート）に出演するために集まり、マイケルと僕はマイクを共にした。そして彼は〈ビリー・ジーン〉を歌う前に「今日は兄弟と歌えて最高だ。特にジャーメインと」と言ったんだ。〈帰ってほしいの〉〈ABC〉〈小さな経験〉〈アイル・ビー・ゼア〉など、共にレコーディングしていた頃のことを感じていたと思うよ。ジャクソン5時代、そしてその後もたくさん一緒に歌ったけれど、もっとたくさん歌えたらよかったなと思う。今夜も〈もしかして恋〉（原題：Tell Me I'm Not Dreamin'）を歌いたいと思ったけれど、バンドが練習する時間がなかったんだ。

「今夜」というのは東京でやったショーのことですが、ともかくジャーメインさんはマイケルの「特にジャーメインと歌えて良かった」という言葉が本当にうれしかったんだろうなと思いましたし、ことさら「マイケルが僕のことを特別って言ってたんだよ」と強調していて、なんだか可愛らしいなと感じましたね。

１９８３年3月、モータウンの25周年のビックイベントでマイケルは初めてムーンウォークをするのですが、これが大好評でセンセーショナルなニュースとなって世界中に流れました。このときのマイケル・ジャクソンはアルバム《スリラー》を出し、〈ビリー・ジーン〉が全米ナンバーワンヒットになっていたので、スーパースターぶりに拍車がかかっていました。そして１９８４年にリリースされたジャクソンズのアルバム《ヴィクトリー》で、ジャーメインはジャクソンズに復帰します。

この番組で何度も話していますけれども、僕は10歳のときに初めて自分でこのアルバムを買ったので本当に思い入れの強いアルバムなのですが、ジャクソン兄弟6人が全員揃った最初で最後のアルバムとなっております。この思い出深い１９８４年のことをジャーメインさんに話していただきました。

ジャーメイン　１９８４年に至るまで、何年もの時間が過ぎていった。僕は兄弟たちを恋しく思いながら彼らのことを曲にしたり、再びステージを共にできることをずっと夢見ていたんだ。そして１９８４年、僕の両親とドン・キングの助けによってヴィクトリーツアーが行われることになった。マイケルはアルバム《スリラー》で大成功を収めていた。そして僕たちはスタジアム公演連続ソールドアウトという記録を打ち立てた。その記録は今も抜かれていない。

メジャークラスの場所での演奏、ステージセットは7階建てほどのサイズで、中には地面が崩れる恐れがあるという理由で使えなかったフットボールスタジアムもあった。ステージの下で人々は走り回り、ゴルフカートで移動するほど、まるでひとつの街のように大規模なものだった。途方もなく素晴らしいツアーだったよ。様々な記録を塗り替えてしまったため脅迫状まで届くほどだったけど、僕たち兄弟はこのツアーを共に楽しんでいた。シェフも同行していて美味しい料理を作ってくれた。ショーでは最後の曲が終わると花火が打ち上げられ、観客が目を奪われている間にこっそりとスタジアムを抜け出していたんだ。

1984年にジャクソンズに合流してからヴィクトリーツアーでの思い出までをジャーメインさんは語ってくれました。

この話を聞いて思ったのが、ジャッキー、ティト、マーロンはマイケルとずっと一緒にいたので、こういうことをあまり言わない気がするんですよね。ジャーメインはジャクソン5が終わってからひとりになって、ヴィクトリーツアーで突然戻ってきたので「なんかすげえでかいツアーだった」という話をしているんですけど、マイケルと行動を共にしたジャクソンズのメンバーはマイケルと共に徐々に大きくなっていったので、ヴィクトリーツアーの規模にも動じなかったというか。なのでジャーメインさんにとっては、ヴィクトリーツアーがとても印象深いんだなと思いました。

その後、ジャーメインはアリスタ・レーベルに移籍、ソロ活動を活発にしていきます。〈ダイナマイト〉というシングルがヒットしたり、クライヴ・デイヴィスという天才音楽プロデューサーに見込まれて、ホイットニー・ヒューストンと〈やさしくマイ・ハート〉(原題:Take Good Care of My Heart) という曲でデュエットしたり、ホイットニーのファーストアルバムでもジャーメインが何曲も携わったり、そういう形で彼自身も成功をどんどん手にしていきます。

モータウンのベリー・ゴーディというレコード業界の代表のような方と、アリスタのクライヴ・デイヴィスという、これまた音楽業界の代表のような方と一緒に仕事をしたということで、そのお2人の違いについても質問してみました。

ジャーメイン　これまでの音楽人生、トップの人としか仕事をしてこなかった。実際にスタジオに招き入れてくれたのはベリー・ゴーディであり、クライヴ・デイヴィスも同じだけど、本当にトップとだけ接してきたんだ。最近のA&Rの人たちはすでに他のアーティストがやってるようなこと、つまりオリジナリティのないものを追求してくるんだよ。しかしクライヴ・デイヴィスは、例えばスライ&ザ・ファミリー・ストーン、ジャニス・ジョプリンなどといった大物アーティストを扱うのに慣れていて上手い。優れた才能の持ち主なんだ。彼は僕と対面したとき、大きなチャレンジだと言ってくれた。それは僕がモータウン出身だからだ。クライヴ・デイヴィスは本当に偉大だけれど、ベリー・ゴーディも素晴らしいソングライターだ。彼ら2人は驚くほど素晴らしいことに変わりはないよ。

80年代のジャーメインは、このクライヴ・デイヴィスとタッグを組んでいろんなアルバムを出していくことになるんですけれども、ちょっと僕の言い方に「クライヴ・デイヴィスと組んでなかったらジャーメインはどうなってたのかな」みたいなニュアンスを感じたのかもしれなくて、クライヴをちょっと擁護するような口調になっているのですが、僕はそういうつもりで言ったわけではなく、80年代のジャーメインがレコード会社のトップからのアドバイスを、マイケルに比べてもより聞く人だったんだなというイメージがあったので、ジャーメイン自身が一番やりたかったことはなんだったのかという質問を本来はしたかったんですけどね。でもやっぱり今までの話を聞いても、マネージャーやレーベルなど、そうやってサポートしてくれる人たちを、このジャーメインという人は非常に大事にするんだなという印象が強かったですね。

それでは、ジャーメイン特集の最後にジャクソンズの話をしたいと思います。マイケルは1984年のヴィクトリーツアーを最後に、リードボーカリストだったジャクソンズから脱退します。同時にマイケルのひとつ上のお兄さん四男のマーロンもソロ活動をしたいということで、ジャクソンズを脱退してしまいます。その後、長男のジャッキー、次男のティト、そして末弟の六男ランディと、完全に復帰したジャーメインをリード・ヴォーカルとしてジャクソンズを続けようと、1989年に《2300ジャクソン・ストリート》というアルバムをリリースします。

このアルバムにはジャーメインがリーダーとなって作った曲がたくさん入っているのですが、ジャネットやリビー、それからマイケルも入っている〈2300ジャクソン・ストリート〉という曲があります。彼らはジャクソン通り2300番地というところで生まれて育っていますから、当時トラブルを抱えていたラトーヤ以外の家族全員の歌として、お父さんお母さんや自分たちのルーツに感謝をしようというバラードになっています。

そしてもう1曲、今日のゲスト、ジャーメインがメインとなって作った曲を紹介したいのですが、ロクサンヌ・シーマンとビリー・ヒューズとの共作で、プロデューサーはジャーメインのソロ作品も手掛けているマイケル・オマーティアンによる、ジャクソンズにとって（今のところ）最後の曲です。この曲を聴いてジャーメイン特集を一旦終えたいと思っております。

それでは、ジャーメイン・ジャクソンがリード・ヴォーカルに復帰しましたジャクソンズ最後のアルバムから、ジャクソンズで〈イフ・ユード・オンリー・ビリーヴ〉。

▶〈イフ・ユード・オンリー・ビリーヴ〉

ジャーメイン　日本のファンのみなさん、リスナーのみなさん、そしてたとえジャクソンズにそれほど興味を持っていないというみなさんにも、感謝の気持ちでいっぱいです。長年に渡る誠実なサポートに深く感謝しています。マイケル亡きあとも日本のファンのみなさんはエンシノのヘイブンハーストにあるジャクソン家へ足を運び、変わらぬ愛を示してくださっています。家族を代表して、日本のみなさまからの愛とサポートに感謝します。

ジャクソンズが《クリスタル・シティ》というアルバムを作っているという話を90年代から聞いていたので、「アルバムは、どうなってるんですか?」と訊いてみたら、「ジャッキーは常に曲を作ってるし、マーロンも僕も作ってる。ランディは何せ驚くべき才能を持ったソングライターだし、昨日もランディとしゃべっていたんだけれども、僕たちの新作の話をしたりしてワクワクしていた」とおっしゃるんですよね。もう20年以上も待っているので「本当かな」と思いながら、でもそんなことを言われると盛り上がっちゃうのがジャクソンズファンの性といいますか。というわけでジャーメインさんは「いつかそういう作品を発表する機会があるかもしれない」と口にされました。今回、ジャーメインさんに来ていただいて本当に感動しております。ありがとうございました。

［マイケル&ME］

ポール・ジャクソン・ジュニア

2020年2月16日オンエア

PROFILE
ポール・ジャクソン・ジュニア（Paul Jackson Jr.）
1959年生まれ。ギタリスト。ジャズ・フュージョンをメインにセッションで活動。「セッション王」と称される。マイケル・ジャクソンの他にも、エルトン・ジョン、ホイットニー・ヒューストンなどの作品にギタリストとして参加している。

西寺　今日は、マイケルの楽曲にも数多く参加している世界的ギタリスト、ポール・ジャクソン・ジュニアさんにインタビューできましたので、高橋芳明さんと共にご紹介していきたいと思います。それでは芳朗さん、まずはプロフィールを教えていただけますでしょうか。

高橋　ではポール・ジャクソン・ジュニアさんの簡単な人となりを紹介したいと思います。１９５９年12月30日生まれ、現在60歳です。

西寺　マイケルの1歳下ですね。

高橋　アメリカのカリフォルニア州ロサンゼルス出身のギタリストで、12歳でギターを始め、15歳のときにプロのギタリストになることを決意したそうです。そして18歳からプロのミュージシャンとして本格的に活動を開始しているのですが、すごいことですよね。

西寺　若いですね～。

高橋　以降も名うてのセッションマンとして、マイケルをはじめエルトン・ジョン、ホイットニー・ヒューストン、マーカス・ミラー、アル・ジャロウなど多くのレジェンドたちと共演し大活躍したギタリストです。なのでいつの間にこんなインタビューを録ってたんだという感じで、「ディスカバー・マイケル」恐るべしというか（笑）。

西寺　そうでしょ、知らなかったでしょ（笑）！

高橋　怖いですよ〜これは。

西寺　「ディスカバー・マイケル」ウィンターフェスが放送される前にインタビューを録っていたんですけど、〈P.Y.T. (Pretty Young Thing)〉や〈ハートブレイク・ホテル〉など、ポール・ジャクソン・ジュニアさんがギターを弾いた曲がことごとくリスナー投票の上位になっていたので、ちょっとゾクッとしまして。

高橋　我が意を得たりというか。

西寺　特に〈P.Y.T. (Pretty Young Thing)〉は彼の代名詞的なギターだと思うので。そんなポールがマイケルと初めて仕事をしたのは、ジャクソンズの《デスティニー〜今夜はブギー・ナイト》というアルバムです。

高橋　そう考えると、結構長いですね。

西寺　70年代末なので、ポールが18、19歳のときですね。グレッグ・フィリンゲインズというマイケルの右腕のキーボーディストがポールと友だちで、「彼、めちゃめちゃ上手いから」ということで紹介したそうなんですが、《デスティニー》の頃マイケルはまだ19歳くらいなので、10代から20代前半の若いミュージシャンたちとマイケルたちが一緒にアルバムを作っていったというすごい世界なんですけれども。

マイケルは〈P.Y.T. (Pretty Young Thing)〉のような柔らかいタッチの心地好いグルーヴ感のあるギターと、〈今夜はビート・イット〉や〈ホワイ・ユー・ワナ・トリップ・オン・ミー〉のイントロに入っているようなハードなギター両方をポールに頼んでいるんですよね。

高橋　なるほど、確かに。

西寺　ずっと不思議だなと思っていたので、そのことについてどう思っているのかをインタビューしてみました。

ポール　マイケルの素晴らしい点は、そのミュージシャンができるできないというような先入観を持たないところなんだ。彼はそのミュージシャンがどんな演奏ができるのかを推測して、いつもチャンスを与えてくれる。彼はただ「演奏してみて」と言うだけだし、彼にアイデアがあるときはそれを歌って僕たちに聴かせるんだ。ひとつの良い例を紹介しよう。〈ハートブレイク・ホテル〉で僕はギターソロを演奏したんだけど、興味深いのは「この歌の通りに弾いてほしい」とソロの部分を僕に歌ってくれて、僕はその通りに演奏した。彼の中に明快なイメージが思い浮かんでいなくても、「ポール、スタジオに入ってソロの演奏をしてほしい」と言われるときには、彼は僕ならできると思ってくれている。僕はそれに応えただけだ。

西寺　僕もびっくりしましたが、〈ハートブレイク・ホテル〉というと、デビッド・ウィリアムズとマイケル・センベロとティト・ジャクソンがカッティングのギターなどいろいろやっているんですけど、ポール・ジャクソン・ジュニアさんはソロだけを弾いていて、しかもマイケルが歌った通りに演奏したと言っています。

高橋　マイケルがかなり細かくディレクションしてたということですね。

西寺　そうですね。マイケル・ジャクソンの作曲の動画を観ると、ベースとかドラムも本当にびっくりするくらい本物とそっくりな声でやるんですよね。なのでギターもマイケルのアカペラ姿が容易に想像できるんです。

高橋　マイケルがミュージシャンに対して先入観を持たないところとか、一緒に仕事をする相手に対しての信頼感みたいなところも透けて見えてきますね。

西寺　そうですね。あとはアルバム《BAD》の〈アナザー・パート・オブ・ミー〉。アナパ面《づら》という言葉が生まれるほど、芳朗さんも僕も大好きな曲。

高橋　アハハハハ！　僕は完全に「アナパ面」ですからね。

西寺　アハハ！　僕も大好きなこの曲のギターもポールさんと、もう亡くなってしまったデヴィッド・ウィリアムズさんというマイケルの信頼するギタリストが2人で弾いているんですよね。なのでポールさんはどのパートを演奏したのかを訊いてみました。

ポール　実はあの曲は僕は丸ごと演奏したんだ。そして演奏したあと、クインシーとマイケル、そしてエンジニアのブルース・スウェディンにどの部分に僕の演奏を使うかを判断させたんだ。だから僕の演奏が使われているパートはすべてその3人が決めたんだ。

西寺　ポールさんもデヴィッド・ウィリアムズも自分なりにナチュラルに弾いて、それをブルース・スウェディンとマイケルとクインシーで「ここは彼のを使おう」とか、「ここは一緒に出そう」とか勝手に決めたということでした。

高橋　《BAD》のレコーディング状況が見えてくるようなお話ですね。

西寺　デヴィッド・ウィリアムズが愚痴とまではいかないんですが、《BAD》のときのマイケルは大変だった、ともかく何回もやり直しをさせられたと言ってるんですよ。カッティングとかも「もう終わりかな」と思ってても「もう1回やり直そう」みたいな感じで本当にしんどかったってインタビューでおっしゃったんですね。結果良いものができたからいいんですけど、マイケルがすごい完璧主義で《オフ・ザ・ウォール》や《スリラー》のときのノリとは違い何度も繰り返したと話していたので、ポールさんにも訊いたんですけど「僕は1回ぐらいしかやってないよ」と言っていて、その違いは何なんだ？　と思いましたね（笑）。

高橋　やっぱりこういう話はいろいろな人から話を聞いておくものですよね。それぞれの角度から見たほうが面白いので。では、曲にいってみましょうかね。

西寺　ギターに注目してもらいたいですね。

高橋　そうですね。今のお話を踏まえて聴いてください。マイケル・ジャクソンで〈アナザー・パート・オブ・ミー〉。

▶〈アナザー・パート・オブ・ミー〉

西寺　どうですか。

高橋　やっぱりちょっと聴こえ方が変わってきますよね。

西寺　デヴィッドかポールか分からないんですけど、ギターのミュートカッティングがずーっと入ってるんですよ。これ1回気になるとずっと聴こえてくる。

高橋　確かに今ずっとそこにフォーカスして聴いてました。

西寺　これが打ち込みのサウンドにはない謎のグルーヴを出していて。「♪ビビッビッビ」というシンセに耳がいくんですけど、それとギターの掛け合いを意識しながら聴くと異常なグルーヴ感があります。

高橋　ファンキーにこの曲が響いてくる感じがしますね。

西寺　そうですね。デヴィッド・ウィリアムズのほうがどちらかというとマイケルの作品に携わった数は多いんですけど、ポールのほうがより丸いというかグルーヴ感がある感じですね。デヴィッドは〈BAD〉や〈スムース・クリミナル〉を弾いているんですけど、硬質なファンク路線が多いかなという印象がありますね。《BAD》の中でいえばポールは〈リーヴ・ミー・アローン〉と〈ダーティ・ダイアナ〉の担当ですけど、〈リーヴ・ミー・アローン〉は割と土着的なファンキーな曲なので、サイバーな曲はデヴィッドに、〈アナザー・パート・オブ・ミー〉は2人の良さを混ぜてみようという感じかなと。

高橋　そのへんを想像しながら聴いてみると、また味わい深いかもしれませんね。

西寺　〈アナザー・パート・オブ・ミー〉に関してはクインシーのブラスも最高なんですけど、ともかく今の「♪チュクチュクチュクチュクチュク」を1回聴いてください。そうするともうそれしか聴こえなくなってくる(笑)。

高橋　アハハハハ！　結構耳が惹きつけられますよね、気にしちゃうとね。

西寺　では次に、近くで一緒に仕事をしてきたポールさんから見たマイケルの人物像を訊いてみました。

ポール　一緒に仕事をするのがとても楽しい人だった。彼はいつも素晴らしいアイデアを持っていたからね。スタジオでは人生や恋愛、音楽に至るまで様々なことを語り合った。彼の頭の中は音楽でいっぱいだったから、いつも歌ったり演奏したり。それと彼は優れたコミュニケーターなんだ。自分のアイデアを伝えるのが上手かった。そういうことをしない人も多いからね。自分の持つ音楽的なアイデアを上手に伝えることができる素晴らしいコミュニケーターとの時間はとても楽しかったよ。マイケルのことはとても誇りに思っているし、僕が関わっているのはほんの一部分にしか過ぎないけど、彼の音楽の歴史の中に自分がいることは、とても素晴らしいと思っている。

高橋　「優れたコミュニケーター」というフレーズがズシッと来ますね。

西寺　例えばピアニストが良い曲を作ったとして、いろいろな人を巻き込んで形にしていくわけじゃないですか。マイケルみたいなメガスターじゃなくても、レコード会社の人とのやり取りなどいろいろなことがあるから、プロは音楽を作れるわけですよね。音楽を作り上げる過程の中で、全楽器を弾けるプリンスみたいな人もいるけれど、マイケルはプロのミュージシャンに頼むときの説明や雰囲気作りが上手いということを言っているんだと思うんですよね。

高橋　この間のゲストの田中章さんといい（本書P.254）、やっぱりマイケルの近くにいた人の証言は心に迫るものがありますね。

西寺　僕も感激したんですよ。マイケルに実際に会った人や一緒に音楽を作ったり仕事をした人のエピソードというのは、本当にすごいですよね。

高橋　ポールさんはマイケルと同世代だし。

西寺　そうなんですよ、1歳しか違わない同世代なので。しかも同じジャクソンさんだしね。

高橋　確かにそうですね！

西寺　あと、マイケルとの曲で一番思い入れのある曲はなんですかと訊いてみたんですけど、「1曲選ぶとしたらやっぱり〈P.Y.T. (Pretty Young Thing)〉だな」とおっしゃっていたんですよ！　これ本当にウィンターフェスの前に録っているので〈P.Y.T. (Pretty Young Thing)〉って言われて「きたーっ！」と思ったんです（笑）。

高橋　完全に「ディスマイ民」と心を共にしていますね！

西寺　僕の小4の息子も「この曲が一番好きだ」って言ってます。放送をあとで聴いてたんですけど、結果が出る前に「〈P.Y.T. (Pretty Young Thing)〉でしょ？」って言ってたからね。「えっ！　なんで知ってるんや」みたいな（笑）。

高橋　理解度高いなっ（笑）！

西寺　若い人にも分かるんでしょうね。若いっていうかまだ10歳ですけどね（笑）。ということで、ポール・ジャクソン・ジュニアさんがギターを弾いた〈P.Y.T. (Pretty Young Thing)〉をお聴きください。

▶〈P.Y.T. (Pretty Young Thing)〉

西寺　マイケルやクインシーが呼ぶミュージシャンは本当に世界一の人ばかりなので、この「ディスカバー・マイケル」を聴いて、彼ら演奏陣の素晴らしさも楽しんでいただけたらいいなと思います。

高橋　この曲、「ディスカバー・マイケル」で3回ぐらいかかってるじゃないですか。でもいつも違う角度から光を当てて毎回新鮮な気持ちで聴けるというのは、本当にすごい番組です。

西寺　ベースやギター、キーボードの聴こえ方に注目するということを覚えると、1曲で1000回ぐらいは聴けますからね（笑）。「P.Y.T.（Pretty Young Thing）」はまさにそういう曲なので。

　というわけで、最後に神様のようなポールさんからギターを弾く少年少女たちに向けてのメッセージをいただきました。

ポール　まず大切なことは2つある。どのような音楽を演奏したいか学びたいかにかかわらず、自分のテクニックを磨くこと。そして自分のサウンドを見つけること。そのサウンドは楽器から生まれるのではなく、あなたの頭の中にあるもの、つまり想像力から生まれるんだ。アドバイスとしては練習あるのみ、そして神を信じることだ。

西寺　ということです。

高橋　やっぱり、練習ですね。

西寺　ポール・ジャクソン・ジュニアが「ギターが上手くなるために練習をしよう」と言うのは、そりゃそうかみたいな（笑）。

高橋　でも彼の言葉だと重みがありますよね。

［マイケル＆ＭＥ］
ゲスト
横山 剣（クレイジーケンバンド）
２０１９年６月30日オンエア

西寺 みなさん、お待たせいたしました。「マイケル＆ＭＥ」に素敵なゲストがいらっしゃっております。この方です！

横山 はい、どうも。クレイジーケンバンドのクレイジーケンこと、横山剣でございます。

西寺 剣さん、今日はうれしいです。去年の夏の「マイケル・ジャクソン生誕60周年記念パーティー！」のときにもコメントをいただいたり、僕がＭＣをしている番組『ＷＯＷＯＷぷらすと』でもジャクソンズやマイケルの話をさせてもらったこともありましたね。

横山 もう止まんなくなっちゃいまして。

西寺 そうでしたね。剣さんは僕の憧れの方なのですが、改めて横山剣さんのご紹介をさせていただきます。１９６０年、神奈川県横浜市生まれ。１９８１年にコンポーザー兼ヴォーカルとしてクールスＲＣに加入。以後、数々のバンド活動を経て、１９９７年春、クレイジーケンバンドを結成。翌１９９８年、アルバム《PUNCH! PUNCH! PUNCH!》でデビュー。ロックンロール、歌謡曲、ソウル、ジャズ、ファンク、ブルースなど、様々なジャンルの音楽要素を取り入れた東洋一のサウンドマシーン横山剣さんの楽曲は、老若男女、幅広い層の人気を博しております。そして８月には通算19枚目となりま

PROFILE
横山 剣（よこやま・けん） １９６０年生まれ。クレイジーケンバンドのリーダー、ヴォーカル。数多くのアーティストに楽曲提供も行う。「イイ〜ネ！」のキャッチフレーズでも知られる。

すニューアルバム《PACIFIC》をリリースするということで、おめでとうございます。

横山　どうもありがとうございます。

西寺　僕、剣さんと話すたびに、剣さんって人生5回ぐらいやってるんじゃないかなと思うんですよ。めちゃくちゃ経歴が入り組んでるというか、いろんな時代があって。

横山　細胞がどんどん生まれ変わって。

西寺　アルバムを聴かせてもらっていますけど、いつもいろんなアイデアが入っていてすごく楽しくて。剣さんは本当に僕の憧れの人ですし、バンドとしても尊敬しています。

横山　ありがとうございます。

西寺　ノーナも一度〈(HAPPINESS IS ON THE) TURN TABLES ONLY〉という曲で共演させてもらいましたね。

横山　そうですね、リミックスをさせていただきました。

西寺　大評判で、未だに人気があって本当にうれしいです。では、まずは剣さんがマイケルを知ったり好きになったきっかけ、最初の出会いを教えていただけますか？

横山　まずは日本のフィンガー5が好きで、そこからたどっていったら、どうやら彼らがジャクソン5に影響を受けているらしいと知りまして。

西寺　そういう流れなんですか！

横山　あとは、僕がよく行ってたクールスのメンバーがやってたお店、バーとかライヴハウスが青山にあったんですけど、そこでモータウンなどの映像を流してたんです。なので〈帰ってほしいの〉も映像で観てたんですよ。

西寺　えっ、それ割と早いほうですよね？　当時はなかなか観れないですよね。

横山　70年代後半頃だったんですけど、当時はＤＶＤもなかった時代なので。

西寺　70年代後半にすでにビデオを持ってたんですね。

横山　持ってたんです。

西寺　剣さんが17、18歳の頃ですよね。もう楽しくて楽しくて仕方なかったんじゃないですか？

横山　そうですね。で、そのお店のレコードライヴラリーの中にジャクソン5の《クリスマス・アルバム》があったんですけど、ジャケットを見ただけでなぜか涙が出そうになっちゃって。すごくキラキラしてるんだけど、笑顔なのに悲しいというか、きっとマイケルは営業があって楽しいクリスマスを過ごしてないんだろうなとか、いろんなことを思っちゃって。

西寺　アハハハ！　本来ジャクソン家はあまりクリスマスを祝わない宗教だったらしいんですけどね。

横山　マイケルさん、そうだったんですね……。そんなふうにいろんなことを思って胸がギューッとなった曲がこのアルバムにありまして。

西寺　今、日本は夏に向かおうとしているときなんですが(笑)。

横山　もう納涼ってことで。

西寺　アハハハハ！　では納涼ということで、マイケルとの出会いの曲を紹介していただけますか。

横山　はい。ジャクソン5で〈ギヴ・ラヴ・オン・クリスマス・デイ〉(邦題：クリスマスに愛を贈ろう)。

▶〈ギヴ・ラヴ・オン・クリスマス・デイ〉

西寺　6月30日という、一番クリスマスから遠いときに聴いてもいいですね(笑)。

横山　アハハ！　クリスマスまであと半年ぐらいありますけどね。

西寺　でもすごい新鮮でいいですね。この季節に聴くクリスマスソング。この曲は今聴いてもやっぱり胸に来ますね。

横山　サビの歌い回しとコード進行もそうなんですけど、メロディも結構刺さりますね。

西寺　この頃、先輩にいろいろな曲をレコードで聴かせてもらっていたわけですね。

横山　そうです、そうです。クールスRCにジェームスさんという、かなりのソウルフリークがいたので、ジャクソン5やモータウンなどいろいろ教えてもらいましたね。

西寺　そしてもう1曲選んでもらったのですが。

横山　はい。これもやっぱりそのクールス系のお店で映像を観て衝撃を受けたんですけど、「Live At The Forum」という映像で、〈帰ってほしいの〉が登場したときのお客さんの声援が「ギャーッ」って聞こえて、それだけでも結構来るんですけど、中でもこの……。

西寺　〈アイ・ワナ・ビー・ホェア・ユー・アー〉(邦題：ボクはキミのマスコット)。

横山　はい。初めて観たときに「これだ！」って思って、ソウルの本質みたいなものがすごく伝わってきたんですよ。映像が2分割になっていて、左がステージの映像で、右側がアメリカの音楽番組の『ソウル・トレイン』みたいにお客さんが踊っている映像で、ジャクソン5のアフロヘアが逆光で丸く映し出されるんですけど、「うわ、この感じ、いわゆるソウルっていうのはこれだ！」って思った瞬間がありました。楽曲性もすごいんですけど、オリジナル版というかスタジオ版がレコードのヴァージョンと歌い方が違って、フェイクの高いところ出したりとか、JBばりのシャウトが入ってたりね。

西寺　アレンジもかっこいいですよね。

横山　かっこいいんです。

西寺　剣さんは日本にこういうものが輸入されてきたのを、その時代に直接映像で観ていたわけで。

横山　そうですね、視覚から入ることが多かったですね。カーティス・メイフィールドも映像からだったし。で、このライヴのとき、まだ正式メンバーじゃなかった弟のランディさんが、まだ幼くてちっちゃいのにコンガを叩いてる後ろ姿がね、なんかもう可愛くてたまらない。

西寺　アハハハハ！　剣さんもまだ若かったのにね。

横山　可愛いと思ってましたね。で、彼らの衣装がオレンジをベースにした花柄だったんですけど、僕も真似して福生の店で作ったんですけど全然似合わなくて。

西寺　着てたんですか!?

横山　着てましたよ。ジャンプスーツみたいなの作って。

西寺　いろいろ形から入るんですね(笑)。

横山　形から入って失敗しました。見てるだけで良かった。

西寺　アハハハハ！　その服はもうなくなっちゃいました？

横山　もう全部ないです。売っちゃいました。

西寺　売っちゃった！　誰が着てるんでしょうね(笑)。

横山　いや、ソウルバンドやってるやつがいたんで、最も似合うやつにあげました。

西寺　アハハハ！　では、この〈アイ・ワナ・ビー・ホェア・ユー・アー〉をかけたいと思うのですが、実はこの番組でもかなり取り上げた曲なんですね。で、今日は「Live At The Forum」のライヴ・ヴァージョンをかけてほしいと言われて僕も飛び上がって喜んだんですけど、剣さんが見てた、ハマったライヴ・ヴァージョンでいいですか？

横山　はい。お願いします。

西寺　では、紹介をお願いします。

横山　〈アイ・ワナ・ビー・ホェア・ユー・アー〉、ジャクソン5。

▶〈アイ・ワナ・ビー・ホェア・ユー・アー〉

西寺　いや〜、ヤバイっすね、これは！

横山　ヤバイ！　このカットアウトしたみたいな終わり方、かっこいいですよね。

西寺　ゲストに選んでいただいた曲ですけど、僕がめちゃくちゃ乗ってるっていうね。僕は本当にこの曲が好きで、この曲を国歌とか校歌みたいに僕の歌〝僕歌〟にしたいです。

横山　僕の歌の〝僕歌〟（笑）！

西寺　聴いてる最中、2人でドラムの真似したりベースの真似したりめちゃくちゃ（笑）！　ありがとうございます、良い曲を選んでいただいて。では次の曲〈オール・アイ・ドゥ・イズ・シンク・オブ・ユー〉ですけれども、どうやって出会われましたか？

横山　これは店でもよく流れていたので聴いていたんですけど、当時はそれほどピンと来なかったんです。でも後日ヒップホップのトラックとして聴いたときにシタールのイントロが刺さって、「あっ、なんだっけな、これ」と思って掘っていったら、「あっ、そうだ！　これジャクソン5じゃないか！」と。

西寺　なるほど。

横山　そのヒップホップの曲のお陰で呼び起こせて、しかも良い形で再会できた感じですね。

西寺　80年代の終わりあたり、この頃の曲がサンプルとして再評価される流れがありましたよね。じゃあ剣さんもリアルタイムでも聴いてはいたけど、そのサンプリングソースとしてハマったと。

横山　そうですね。なんか自分の中でエフェクトがかかって、レアグルーヴの聴き方として、なんかそういった感じの再評価が……。

西寺　ああ、そう言われてみるとクレイジーケンバンド的ですね。シタール的な音とか、ああ、なるほど。

横山　そうそう。ギタータール。
西寺　うーん。すごく剣さんの血肉になってるなっていう感じがしますね。
横山　そうですね。野口五郎さんの曲にも入ってますけど。スタイリスティックスとか。
西寺　アハハ！　それでは紹介してもらいましょうかね。
横山　はい。〈オール・アイ・ドゥ・イズ・シンク・オブ・ユー〉（邦題：君のことばかり）、ジャクソン5。

〈オール・アイ・ドゥ・イズ・シンク・オブ・ユー〉

西寺　いや〜いいですね〜。
横山　うっとりです。
西寺　この曲聴いてて、なんか剣さんの低い声でカヴァーしても合うなと思いました。
横山　フランク・シナトラ的に。
西寺　そうそう、シナトラみたいな感じで喉を鳴らして。ケンバンドがバックで演奏してるみたいな感じ、ちょっとハマるんじゃないかなって。
横山　ディナーショーっぽい感じでね。12月にあるんで、そのときにちょっとやってみたいですね。
西寺　本当ですか！　ぜひ聴いてみたいです。
横山　良いアイデアもらいました。
西寺　では次の曲なんですけど、これまた僕も大好きな曲が選ばれているんですけども。
横山　良かった。
西寺　〈アイ・ワナ・ビー・ホェア・ユー・アー〉のときも言ったんですけど、もう好きすぎてかけてなかった曲です。
横山　郷太さんにとっても大事な曲なんですね。
西寺　まあそんな曲ばっかりですけど、この曲を選んでいただけたのがうれしくて。
横山　《オフ・ザ・ウォール》に入ってる〈アイ・キャント・ヘルプ・イット〉です。
西寺　今、ラジオの向こうで「ギャー！」って言ってる人がたくさんいると思いますよ。この曲に関してはどうですか？
横山　もちろんこの曲もグッと来てはいたんですけど、派手な曲にちょっと紛れていた感じだったと思うんですよ。でもこれ、いわゆるマイケル・ジャクソンファンじゃなくても、すべての音楽ファンも持っていかれる曲というか。

西寺　そうですね、音楽ファンの人たちにめちゃくちゃ人気ありますよね。例えばスティーヴィー・ワンダー好きな人とかね。「マイケルはちょっとね」という人、90年代には結構いたんですよ。でもこの曲と〈リメンバー・ザ・タイム〉〈ヒューマン・ネイチャー〉はずっと人気がありましたね。アルバム《オフ・ザ・ウォール》は当時すでに買ってたんですか？

横山　買って聴いてました。

西寺　レコードで？

横山　ええ。クールスっていうグループはロックンロールバンドのイメージなんですけど、というかロックンロールバンドなんですけど(笑)、割とそういった同時代的な音も聴くわけで。

西寺　ソウルとかファンクとかも好きで。

横山　そうなんですよ。で、特に《オフ・ザ・ウォール》はこの界隈で人気がありましたね。

西寺　そういう人たちもアイドルと馬鹿にしたりせずに、良いねって聴いてたんですね。

横山　はい。クオリティ高いなと思って聴いてましたね。それで当時はやっぱり白い靴下も履いてたんですけど。

西寺　アハハハハ！　大体、形から入る。

横山　そう、形から入る。似合う似合わないは考えてないんですよね。しかも髪形リーゼントで。

西寺　いろんなことしてますね(笑)！

横山　話がそれましたけど、次にかける〈アイ・キャント・ヘルプ・イット〉は、マイケルによってさらにケミストリーが起きてるなって感じがするんですよ。

西寺　ああ、ヴォーカルで。

横山　うん、ヴォーカルで。素晴らしいですね。

西寺　ちなみに《オフ・ザ・ウォール》の中で他にも好きな曲があったりします？〈今夜はドント・ストップ〉とか、ああいう……。

横山　ああもう、全部好きです。

西寺　ディスコには通われていたんですか？　むしろ自分でＤＪしてたほうですか？

横山　10代の頃は、昼間店を借し切ってパーティーをやってるところにパーティーバンドで出てたりしてましたね。20代の頃は横浜の本牧とか、あとは六本木などに出没してました。

西寺　剣さんが歩いていくと女の子たちが「キャー！」みたいな感じですか？

横山　……は、ないですね。全然モテないです。

西寺　本当ですか！　でもディスコで白い靴下でリーゼントしてるんですよね。

横山　そうですね（笑）。

西寺　アハハハハ！

横山　そうじゃないときもありますけどね。ただ、女の子ひっかけるとか踊りにいくというよりは、僕にとってはジャズ好きな人がジャズ喫茶にいくような感じで、最新の音を聴きにいくのがディスコだっていう感覚がありましたね。

西寺　そしてそこでもマイケルがかかっていたと。

横山　ええ、そうです。自宅だと大きい音を出すと隣からクレームが来るんでできませんけど、ディスコだと大音量で聴けるじゃないですか。大音量で聴いて初めて真価を発揮するということありますよね。

西寺　ありますね〜。

横山　特にマイケルは、やっぱりディスコで大音量で聴きたいじゃないですか。

西寺　そうですよね。それではこの曲の紹介をお願いします。

横山　マイケル・ジャクソンで〈アイ・キャント・ヘルプ・イット〉。

〈アイ・キャント・ヘルプ・イット〉

横山　いや〜、全然色あせないですね。

西寺　本当にアレンジから何からすべての楽器がもう……。もし自分が何かの罰で一生1曲しか聴いちゃダメだっていうルールになったら、僕はこれにします（笑）。後半でピコピコってパーカッションが鳴るじゃないですか、ああいうのとかすべてを楽しんで、1曲で100通りぐらいの聴き方ができる。キーボード、エレピの感じ、ベースだけ聴こうとか、ハイハットだけ聴いてみようとか。

横山　アハハハハ！　でも本当にそれぐらい奥行きのある、水の中に石を投げると波紋がワーッとなるような、そういうなんか揺らぎみたいのがあって。で、やっぱりマイケルの声がその上に乗っかるってのもすごい。

西寺　そうですね。

横山　スティーヴィーこぶしも、ちゃんと継承してますしね。

西寺　さて、この番組も来月からジャクソンズに突入しようとしてるんですけど。

横山　「ズ」もいいですね。

西寺　ズ！「ズ」って略し方いいですね(笑)！

横山　「5」もいいけど、「ズ」もいいって(笑)。

西寺　アハハハハ！　僕も「ズ」も大好きなんですけど、このスティーヴィーとの関係性がいいですよね。スティーヴィー・ワンダーはモータウンの本当の先輩で、モータウンを離れてからも、スティーヴィーがこうやって曲を作りマイケルが歌ってというのがね。本当にひとつの金字塔というか、クインシーとやった曲の中でもすべてのバランスが一番良い気がしますよね。

横山　すごいバランスですよね。本当パーフェクトです、これ。

西寺　それで「ズ」の話なんですけど(笑)。

横山　いよいよ、「ズ」の話。

西寺　僕、前に別の番組で剣さんに人生の9枚を選んでもらったことがあったんですけど、それに《トライアンフ》が入ってて。

横山　「ズ」の《トライアンフ》選びました。

西寺　うれしくて、びっくりしたんですけど。

横山　それに反応してくれたのがうれしくて。

西寺　いやいや、もう反応するでしょう。1980年にリリースされたアルバム《トライアンフ》を剣さんはとある場所でゲットしたと聞いたんですけど。

横山　そうです。とある場所、それはグアム島です。クールスのリーダーが慰安旅行として「スタッフでグアム島行ってこい」ってお金を出してくれて。

西寺　おお〜！　仕事もそのバンドのチームでしてたんですね。

横山　そうなんです。

西寺　上手くいってるから「お前ら行ってこい」と。

横山　そう、「行ってこい」と言ってもらえて。で、タクシーで5、6分のところに巨大ショッピングセンターがあったんですけど、そこでまず最初に行ったのがレコードショップだったんです。そのときにいろいろ見た中で後光が差していたのが、カセット売り場の《トライアンフ》で。

西寺　レコードじゃなくて？

横山　車で聴きたかったのでレコードじゃなくてカセットで買いました。いわゆるジャケ買いですね。

西寺　そのときは新譜だったんですね。

横山　そうなんです。でも一瞬「ジャクソン5じゃないじゃん！　何これ？」って思ったんだけど、よく見たら「ズ」って書いてあるって。

西寺　「5」に似てるけど「S」だったと(笑)。

横山　そう、よく見たら「S」だぞ、みたいな。

西寺　アハハハハ！　でもまあ当時は今みたいにネットがあるわけでもないし、ジャクソン5が大きくなったぐらいに思ってたら「ズ」だったと。

横山　そうそう。しかも5人いるし、「あれ？　マイケルのソロじゃないぞ？」と。

西寺　まだやってたんだ、ぐらいの。

横山　そう。でも、やっぱりそのジャケットからすごいパワーを感じて「これは買え！」という啓示が降りてきたので予感任せに買って。でもグアム島ではメディアがなかったので、成田帰りの車でそのカセットを入れたら〈キャン・ユー・フィール・イット〉が始まって。

西寺　「♪ドゥンドゥン」と。

横山　そうそう、興奮してね。車の中でずっとヘビーローテーションしてたのが《トライアンフ》なんですね。

西寺　どんな曲が入ってるか全く分からない状態でカセットをカシャンと入れて、エンジンかけて車がグーッと走り出して……。

横山　そしたら「♪ジャンジャンダズダンダン」と。たまんないですね。

西寺　ということで、やっぱりその曲を聴きたくなっちゃうんですけど、いいですか？

横山　はい。それを聴きとうございますんで。

西寺　では紹介してください。

横山　ジャクソンズで〈キャン・ユー・フィール・イット〉。

▶〈キャン・ユー・フィール・イット〉

横山　ああ〜思い出しますね、80年のあのときを。

西寺　すごいですね。これは感動ですね。

横山　感動です。なんか音の粒がすごく綺麗というか、粒子が本当にきめ細かくて。

西寺　そうですね。先ほどお話に出た弟のランディが、ジャクソン5のときはサポートだったけど、ジャクソンズになって正式に加入して。でもその代わりにジャーメインが抜けてるんですけどね。やっぱりアレンジも含めて最高ですね。

横山　すごく芸が細かいんですよね。途中でクラップが入ってきたら分かるし。

西寺　パチンとね。

横山　そう、パチンと。セクションとか細かい音が、ちっちゃい音なんだけどちゃんと聴き取れる。

西寺　ホーンセクションのアレンジとか、ティンパニ的なドーンという音もすごくて。

横山　そうそう、すごいですね。

西寺　楽曲の作り方が本当に素晴らしいなと。

横山　郷太さんが言ってたんですけど、これはセルフプロデュースなんですよね?

西寺　そうですね。グリッグ・フィリンゲインズだったり、いろんな人の手は借りてると思うんですけど。《オフ・ザ・ウォール》ではクインシー・ジョーンズのサポートを受けていましたが、ジャクソンズではマイケル自身も兄弟も自分らでできることをちゃんとやろうという感じで作ったので、ジャクソンズにとって《トライアンフ》はやっぱり最高傑作なんじゃないですかね。

横山　そうですよね。やっぱり今聴いても一番出来がいいっていうか。

西寺　そんな気がしますよね。ではもう1曲お願いします。

横山　ではもう1曲、同じアルバムなんですけど。

西寺　はい。もちろん。

横山　最初、タイトルだけ見たらプレスリーのカヴァーかなと思ったんですけど、聴いたらめちゃくちゃかっこいい曲でね。ジャクソンズで〈ハートブレイク・ホテル〉。

▶〈ハートブレイク・ホテル〉

横山　いや〜。

西寺　いや〜、さっきからずっとため息ばっかりですね。

横山　この曲、ニュー・ジャック・スウィングほどハネてないんですけど、元となるような感じで。
西寺　そうですね。マイケルはこの頃、本当にフレディ・マーキュリーと仲が良くて、クイーン大好きだったんですね。だから最後のほうとか〈ボヘミアン・ラプソディ〉の影響もあるなと思っていて、そのあたりが混ざっていてすごい楽曲になってるなと個人的に思いますね。
横山　すごい楽曲です。
西寺　マイケルの歴史の中でも特別ドラマティックな曲という気がします。すみませんね、僕もなんか興奮しちゃって。
横山　いやいや。
西寺　そろそろお別れの時間になってしまうのですが、最後に。２００９年６月25日にマイケルが亡くなってから、ちょうど10年が経ちました。剣さんにとって、そのときのことでもいいですし、どんな感じで受けとめられているのかを教えていただけますか。
横山　本当にいろんな思いがありますね。マイケルの曲は、掘っても掘り尽くせないぐらいの新しい魅力というか、発見できていない魅力がまだまだたくさんあるので、あと何十年も聴ける音楽だと思いますね。
西寺　そうですね。ディスカバーできる、ディスカバー・マイケルができると。
横山　はい。そしてマイケルさん自身のピュアな感性というか、放った言葉のひとつひとつが生きてるし、すごくピュアじゃなければ刺さらない言葉の数々もありますしね。だから、まだまだ研究というかなんというか、感じていたいアーティストですよね。
西寺　ありがとうございます。なんか僕までうれしくなっちゃいます。剣さんはノーナ・リーヴスのことも最初の頃から好きだと言ってくださって……。
横山　大好き。もう《SIDECAR》から。
西寺　それはインディーズの頃のアルバムなので、もう20年以上前から仲良くしていただいて。僕も剣さんのことがもちろん大好きだったんですけど、その理由もやっぱり音楽の好きな部分というか、今日選曲していただいた曲も僕も素敵だなと思っている曲なので、共鳴というか、芯の部分が一致しているというか。
横山　うれしい。シンパシーがね。
西寺　シンパシーがありますよね。今日は音楽の先輩としてもいろいろと教えていただきまして、本当にありがとうございました。

横山　こちらこそありがとうございました。

西寺　というわけで、今回の「マイケル＆ＭＥ」は、クレイジーケンバンドの横山剣さんにお越しいただきました。剣さん、本日はありがとうございました。

横山　ありがとうございました。イイ〜ネ！

［マイケル＆ＭＥ］

ゲスト

黒沢 薫（ゴスペラーズ）

２０１９年９月29日オンエア

PROFILE

黒沢 薫（くろさわ・かおる）１９７１年生まれ。ミュージシャン。男性ヴォーカルグループ・ゴスペラーズのメンバー。１９９４年、「Promise」でメジャーデビュー。ソロとしては２００５年、「遠い約束」でソロデビュー。カレー通としても知られている。

▶〈ＣＬＡＳＨ〉ゴスペラーズ

西寺　さあ、お待たせしました「マイケル＆ＭＥ」。今月も素敵なゲストがいらっしゃっております。この方です！

黒沢　こんばんは。ゴスペラーズの黒沢 薫です。

西寺　お会いするのは久し振りですよね。

黒沢　１年振りぐらいですね。

西寺　ジョニー・ギルのライヴが終わったあとにちょこっと挨拶しましたね。

黒沢　そのときちょっと会ったぐらいだもんね。

西寺　でも僕は黒沢さんのＳＮＳをほぼ毎日見てるので、会っていない感じが全然しないんですけどね。今日は黒沢さんのやってるカレー・パーティーに参加してるような気持ちですからね（笑）。

黒沢　ええ、ええ。今度、雄飛くんに何かご馳走してもらってください（笑）。

西寺　ちょっと説明しますと、僕にはホフ・ディランの小《こ》宮山雄飛《みやまゆうひ》くんというデビュー当時からの仲間がいて、この男が最近カレー関連でいろいろとメディアに出てるということと、そして黒沢さんもカレーがお好きでご自分で作ったりするのをもう十数年続けていらっしゃるということで。

黒沢　そうですね、長いですね。

西寺　西寺のマイケルか、黒沢のカレーかっていう(笑)。

黒沢　まさに、そんな感じですよね。

西寺　さっき小宮山くんがカレー関係の仕事を最近たくさんやってるんで、「あんなエセなやつは潰してください！」という話をして笑ってたんですけど(笑)。

黒沢　アハハハハ！

西寺　ではさっそく黒沢さんのプロフィールをご紹介いたします。１９７１年、東京都八王子市出身。ゴスペラーズは１９９１年、黒沢さんが20歳のときに早稲田大学のアカペラサークル「Street Corner Symphony」で結成。黒沢さんは國學院大學で、リーダーの村上さんとは高校の同級生だったそうです。

黒沢　高校3年生のときに、たまたまアカペラをやろうっていう仲間がクラスに4人いて、学園祭で披露したのがそもそものスタートですね。

西寺　そのときは村上さんも一緒だったんですか？

黒沢　そう。そもそも村上に誘われて。

西寺　村上さんと僕は同じ早稲田大学で、僕はバンドサークルだったのでアカペラサークルとは少し違ったんですけど、当時から村上さんは先輩としてめちゃくちゃ優しくしてくれたんですよ。あと僕がマイケルの本を書いたときも村上さんは一番最初に読んでくれて「面白い」と連絡をいただきまして、その後、文庫化もしたんですけど、そのときもまた「今読むとまたいいな」みたいな感じで連絡をくれまして(笑)。2回も読んでくれる先輩ってすごくないですか？　その上でゴスペラーズってすごいなぁっていう話なんですけど、でも人に「一番優しい先輩は誰ですか？」って訊かれたら、僕はいつでも「黒沢さんだ」って答えるんですよ。

黒沢　そんなことない(笑)！

西寺　僕にはいっぱい素敵な先輩がいますけど、黒沢さんが本当に一番優しい先輩です。喉が痛くなって声が出ないなと思ったとき黒沢さんに「どうしたらいいですかね」って訊いたら「ココナッツオイルがいいよ」とか「このお医者さんがいいよ」とか、めちゃくちゃ真摯に対応してくれて。というわけで僕にとってのゴスペラーズは本当に良い先輩たちのグループなんですが、１９９４年にメジャーデビューされて今年はデビュー25周年なんですよね。
黒沢　そうなんです。
西寺　去年の夏、この「ディスカバー・マイケル」の前身番組といいますか、マイケル特集を5日間やらせてもらったときも黒沢さんにいろいろとコメントを頂戴して、その時は〈ストレンジャー・イン・モスクワ〉を選曲していただいたんですけど。
黒沢　はい。あの時はすごい選曲に悩んで「絶対誰も選ばない曲にしてやろう。たぶんジャクソンズとかも推す人いるだろうから、う～ん、どれにしよう……」となったときに、この歌がすごく好きだったことを思い出して、MVも含めて。
西寺　黒沢さんのヴォーカル・スタイルにも結構近いですよね。
黒沢　そうですね。ちょっと憂いがあるというか、メロウな感じで。
西寺　そうですよね、うん。ではさっそくですが、黒沢さんがマイケルと出会ったり好きになったきっかけを教えていただけますか。
黒沢　〈スリラー〉のショート・フィルムが当時すごく流れてたでしょ？　いろんなところで、それこそワイドショーとかでも。それが最初ですね。あとは地上波で観たグラミー賞の授賞式ですね。本当に僕らは幸せな時代で、まだケーブルテレビとかがなかった代わりに、地上波でマイケル・ジャクソンやグラミー賞の授賞式を観られたんですよね。
西寺　やってましたね。
黒沢　煌びやかな格好でサングラスをかけて現れたマイケル・ジャクソンが衝撃的でしたね。〈スリラー〉のプロモーションの前にたしかバイクのCMにも出てるんだけど。
西寺　はいはい。出てましたね、スクータースズキ「LOVE」のCM。
黒沢　俺はそっちはそんなに意識してなくて、やっぱりマイケルといえば、そのグラミー賞の授賞式とプロモーションビデオ。あれがもう鮮烈に記憶に残ってて。そのあとに今度は〈ウィ・アー・ザ・ワールド〉でしょう。
西寺　1985年ですね。
黒沢　あのときも同じキラキラした格好で。で、そのあとの〈BAD〉がテレビでネタにもなったでしょ？　とんねるずさんが真似したりして。これでもう完全に、マイケル・ジャクソンという人がいて、ものすごいシンガーなんだということを認識しましたね。

西寺 黒沢さんはマイケル以外、普通に音楽を好きになったきっかけは何だったんですか？

黒沢 親父が歌が好きで、よくうちでも聴いてたし、カラオケ大会とかに出て優勝するような人だったんですよ。

西寺 へえ〜。

黒沢 うちはフォークとかクラシックが流れてる家でしたね。それから洋楽となると、中学ぐらいに音楽好きな友だちにおすすめされて。

西寺 バンドブームとかですか？

黒沢 イカ天が流行ってたのは高校時代だから、バンドブームよりちょっと前だと思う。そのときはJポップの中でも洋楽寄りのものや、ビリー・ジョエルとかを聴いてたかな。マイケルは洋楽というのともまたちょっと違う認識で、もうすでにメジャーだったからね。もちろん友だちの家に行けばどの家にもあったしよく耳にしたんだけど、そのときはマイケル・ジャクソンが大好きだから全曲歌真似してましたとか、そういう感じではなかったですね。

西寺 当たり前すぎるというか、常にそこにあったみたいな。

黒沢 そうですね。でも〈ウィ・アー・ザ・ワールド〉は逆に真似してましたけど。中学生くらいのとき1人でね(笑)。

西寺 できそうですね、うまそう(笑)！

黒沢 いろんなシンガーがいて、それぞれの歌い方をするでしょ。

西寺 確かに。ブルース・スプリングスティーンがいたりとかね。

黒沢 そうそう。だからそう考えると僕がちゃんと洋楽に向き合ったのって、高校生のときに中学時代の塾の恩師に「これ良いから聴きなさい」ってスティーヴィー・ワンダーの《キー・オブ・ライフ》をもらったんですけど、そこからですね。だからソウルミュージックというものを認識したのは、実はスティーヴィー・ワンダーから。ジャクソン5もジャクソンズも、最初はスティーヴィー・ワンダーの……。

西寺 〈悪夢〉ですね。

黒沢　そうそう！　あれに録音されてた「♪シュールワッ」っていうコーラス、始まったのはあれからだったの。しかもマイケル・ジャクソンとジャクソン5のマイケルが同一人物というのも、中学生とか高校生のときはあんまりよく知らなかった。

西寺　ジャクソン5の幼いマイケルと、マイケル・ジャクソンは別のマイケルって感じで？

黒沢　そうそう。マイケル・ジャクソンって〈アイル・ビー・ゼア〉を歌ってる人なのか！　と理解したのは大学生ぐらいです。

西寺　結構遅いですね、そうなると。

黒沢　ですね。高校時代、やっぱり自分が歌うようになると曲を聴くようになるんですよね。

西寺　その高校のときのアカペラ、村上さんと組んだときはどんな歌を歌ってたんですか？

黒沢　ドゥーワップのカヴァーとか、ビリー・ジョエルの〈ロンゲスト・タイム〉とか、山下達郎さんが1人多重アカペラで作った曲のカヴァーとか。

西寺　その頃14カラット・ソウルも人気ありましたよね？

黒沢　そうそう、14カラット・ソウルもやりました。

西寺　〈ガール・イン・ホワイト〉とか。

黒沢　やりましたね〜。大学時代よく歌ってました。

西寺　あれかっこいいですよね。

黒沢　で、大学に入って今度は歌い手として自分のことをいろいろ考えるようになると、アカペラだけじゃなくてソウル好きのサークルとか、他のいわゆるバンドサークルとかにも顔を出すようになったんだけど、その当時って〈アイル・ビー・ゼア〉のように子ども時代のマイケルはすごく評価されてたんだけど、大人になってからはあんまり相手にされてなくて。

西寺　全然でしたよね。ジャクソン5はいいけど、みたいな感じの空気でした。

黒沢　そう。で、やっぱりマイケルよりもディープで学生も知らないようなソウル、例えば60年代のソウルとかそっちのほうがウケてた。

西寺　まあそうですね。特に音楽サークルでは、みんなちょっと上から目線でね。

黒沢　そうそう、自分たちは歌えないのにね。僕はその当時、声も今より細かったし、要するにハイテナーなんですよね。その上でビブラートが細かかったんですよ。

トレモロみたいな。自分ではシャウトすると実は結構マイケルに似てると思うんだけど、周りにあんなの黒くないとか太くないとか言って否定されるから、ああいう歌い方をしちゃったら逆に良くないのかなみたいな。ただマイケルのリズム感は半端ないし、スタンスもやっぱりすごいから、自分の中にそういうアンビバレンスな気持ちがある大学時代でしたね。だからマイケルだけを追ってるというわけじゃなくて、いわゆるソウル歌手として、レジェンドの1人として追っていた。まあ学生なんで、やっぱりスティーヴィー・ワンダー、ダニー・ハサウェイ、マーヴィン・ゲイとか、いわゆるニューソウルの人たちをその当時は好んでましたね。

西寺　みんなそうですよね。90年代は特に70年代のリバイバルもありましたからね。

黒沢　だから《オフ・ザ・ウォール》はいいけど、みたいな感じでした。

西寺　そう、まさに。最初は「まあジャクソン5は良かったけど」って言う人が多くて、そのあと「《オフ・ザ・ウォール》はいいけど」って言う人もいっぱいいて、でも映画『マイケル・ジャクソン THIS IS IT』が公開されたあたりから《BAD》や《デンジャラス》が割と評価されるようになってきてるなという気はしましたけどね。

黒沢　そうだね。だから僕なんかもまさにそうで、『THIS IS IT』が公開されたとき、もっと言うとマイケルのお葬式のときの参列者の弔辞だったり、歌う姿を観て、「うわ、なんてことをしてしまったんだろう!」って後悔した口ですよ。

西寺　もっと早く気がついておけば良かったと。

黒沢　もちろん好きだったんですよ、《インヴィンシブル》も聴いてたし、《デンジャラス》はやっぱり名作だと思うし。だから、そこまで好きじゃなかったけど掘り下げてみたら本当にすごかった、みたいな感じかな。なので僕が今マイケルマイケル言ってるのは、自分の中の罪滅ぼしじゃないけど「当時は俺もあんまり評価してなかったけど、本当にすごいので今からでいいので聴いてください」っていう気持ちがとても大きいですね。

西寺　確かに映画『THIS IS IT』以降の1、2年で黒沢さんとはさらに仲良くなったというか、いろんなことを話すようになって先ほど聴いていただいた共同プロデュース曲〈CLASH〉につながりましたけど。では、黒沢さんにマイケルの好きな曲を選んできてもらったので、まず1曲、《オフ・ザ・ウォール》から紹介してください。

黒沢　マイケルのメロウサイドが一番全開な曲です。スタンダードっぽい曲をマイケルが歌ったときの、マイケル・ジャクソンにしかならない感じというのが今聴くと素晴らしいというか。こういう曲を上手く歌っちゃうことっていくらでもできるじゃないですか。ちょっとキーを下げて雰囲気作って。でもスタンダードソングっぽくいこうよ、みたいなことをマイケルはあえてやらず、あくまで自分であろうとするところが震えるところですね。マイケル・ジャクソンで〈あの娘が消えた〉。

〈あの娘が消えた〉

西寺　以前この曲のデモヴァージョンをかけたことはありましたが、オリジナルヴァージョンは今、初めてかけました。

黒沢　デモヴァージョンのギターがザンザンカッティングするのもいいですよね。

西寺　あれもかっこいいですよね。ではもう1曲選んでいただきましたので紹介してもらえますか？

黒沢　はい。僕はこの〈あの娘が消えた〉と、次にかける曲も両方ライヴでカヴァーしたことがあって。

西寺　そうなんですか！

黒沢　うん。やっぱりマイケルのメロウサイド、スウィートサイドって本当に絶品なので。

西寺　そうですね。

黒沢　やっぱり自分で歌ってみて分かることってすごくいっぱいあって、いまさらながら「なんて良い曲なんだろう」と思って。

西寺　〈あの娘が消えた〉は提供された曲ですけど、今からかけるのはマイケルのオリジナル曲ですもんね。

黒沢　そうそう。

西寺　僕も、この曲大好きです。

黒沢　またこのサイーダ・ギャレットとの相性がとても良いなという感じです。では聴いてください。マイケル・ジャクソン featuring サイーダ・ギャレットで〈キャント・ストップ・ラヴィング・ユー〉。

〈キャント・ストップ・ラヴィング・ユー〉

西寺　良い曲ですね〜。この曲は僕にとっては、楽しみに待っていたアルバム《BAD》が出る直前のファーストシングルだったのですごく思い入れがあるのと、職業作曲家が作ったバラードじゃない感じがして、そこもすごくいいですよね。

黒沢　そう。大サビとかかなり綺麗なんだけど、あまり展開が派手じゃないというか、もうちょっと大袈裟にもできるのに、あえてバックトラックはわざわざ淡々とやってる。なんかすごいミニマムで今っぽいんですよね。

西寺　そんな気がしますね。カレーで例えていいですか？　なんか市販のルゥじゃない感じがするっていうか。

黒沢　そうそう、スパイスで作ってる感じ。

西寺　自分のスパイスで作ってる感じが。

黒沢　旨み成分あんまり入れないよ、みたいなね。

西寺　そう。こういう曲でヒットを狙うとき、ルゥで作ったみたいなバラードって結構あると思うんですよ。

黒沢　あるある。

西寺　それを全否定するわけじゃないんですけど、マイケルのバラードって、バラードを作ろうとしていたわけじゃないけど、良いメロディーを突き詰めた結果こうなったっていう感じがして。

黒沢　それはすごく思いますね。

西寺　なんか、この味はマイケルにしか出せないっていう感じがしますよね。

黒沢　たぶんあのバックトラックだと、マイケルじゃないと歌がもたない。

西寺　あー、なるほど。

黒沢　ただ歌の上手いだけのシンガーだと曲がもたないから、もうちょっといろいろ要素を入れようよってなると思う。でもマイケルって歌が上手いというところからわざと外れた人なので。

西寺　そうですよね！　僕も全くそう思います。

黒沢　マイケルはたぶん歌を上手くしようと思えばもっともっとできたはずなんですよ。でもたぶんジャクソンズの後期か《オフ・ザ・ウォール》のあとあたりであえて外したんですよ。

西寺　僕ね、その話めっちゃしたいです。

黒沢　アハハ！　本当ですか？

西寺　いや、さすがですよ。マイケルが亡くなってから今でこそ、「マイケルの歌最高、素敵！」って声が増えましたけど、僕がマイケルファンだってことをいろんな人に言っていたときは、「歌下手やん」って結構ケチつけられたんですよ。「カッ」とか「タッ」とか「チュクチュク」とか「ポゥ」しか言わないっていうイメージがあって。でもマイケルはラップが出てきた流れの中で、ヴォーカルを解体して楽曲の中で活かすひとつの武器みたいな形にしたんです。でもそれは歌が上手くてみんなが真似したくなるようなものからどんどん離れていくということなんだけど。カラオケでマイケルを歌う人って、普通のアーティストに比べて少ないと思うんですけど仕方ないですよね。歌ってもまず上手くは聴こえないし、簡単じゃないから。

黒沢　そうそう。たぶん彼は歌の上手いソウルシンガー、あるいはファンクグループの人間じゃなくて、唯一無二になりたかったと思うんだよね。

西寺　いや僕も全く同意です。

黒沢　〈キャント・ストップ・ラヴィング・ユー〉だってもっと普通に歌うことができるはずなんです。でもわざと「ダッ」とか「ヒッヒー」とか入れているっていうのは、あれはもうアイコンというか目印を押してるんですよね。

西寺　まさにまさに。

黒沢　「これが僕です」「これが僕の歌です」と。「僕はブラックミュージックの素晴らしいソウルシンガーでもなければ、クロスオーバーした普通の人でもない。僕はマイケル・ジャクソンです」っていうのを、たぶん《スリラー》から《デンジャラス》あたりで確立したんだと僕は思うんですよ。

西寺　僕も全面的に賛同します。ルーサー・ヴァンドロスみたいなみんなが思う歌の上手いソウルシンガーってたくさんいますけど、そうじゃない道をマイケルはわざと選んだのに、当時は「下手になった」「ジャクソン5のときはあんな上手かったのにね」って、もう100回じゃ利かないぐらい言われましたもん。そうじゃないんだよって僕はいつも言っていたんですけど、今の黒沢さんのシンガーとしての話で僕もすごく納得するところがありました。

黒沢　ありがとうございます。たぶんね、歌が上手いだけの人には絶対になりたくなかったんだと思う。たぶんすべてのラインが自分の歌なんだよね。だからバックトラックの一部になるっていうことも、やっぱり彼の歌にとっては、特にセルフプロデュースしてからはすごく重要だった。

西寺 そうだと思います。いや〜良い話が聞けました。

黒沢 良かったです。

西寺 それではもう1曲。《デンジャラス》に入ってる楽曲ですね。

黒沢 そうですね。唯一無二というのと同時に、彼は音楽的な時代を読むことが本当に上手で、90年代にテディ・ライリーと組むこと自体も素晴らしかったんだけど。90年代のソウル、ヒップホップを通ったソウルシンガーが何をしたかというと、いわゆるすごいビートの利いたものに対して、ゴスペル的な歌唱をすることが多かったんですよね。それに対してやっぱり彼なりに答えを出した。だからすごいゴスペル的なものとビートの利いた最新のものが同時にあった時代に、ここまでストレートなゴスペルミュージックをやってみせるっていうのは、的確に時代を先取りしていたんだろうなって思いますね。

西寺 そうですね。僕、この曲は安室奈美恵さんの〈CAN YOU CELEBRATE?〉のリズムのヒントになってる曲だと思ってて。

黒沢 思います！

西寺 そうなるとやっぱり小室哲哉さんも当時マイケルを聴いて、インスパイアされていたのかなと思うんです。そして日本で大ヒット曲になりましたよね。そういう意味でもこの曲の中にあるエッセンスが、世界中のいろんな場所で換骨奪胎《かんこつだったい》されてヒット曲になっていったんだということを感じます。

黒沢 それではお聴きください。マイケル・ジャクソンで〈ウィル・ユー・ビー・ゼア〉。

▶〈ウィル・ユー・ビー・ゼア〉

黒沢 僕、2013年にマイケル・ジャクソンリスペクトということで〈LOVE LIFE〉という曲をソロで出したんですけど、この曲は郷太くんが作詞してくれたんですよね。

西寺 はい。歌詞を書かせていただきました。

黒沢 この〈LOVE LIFE〉は〈ウィル・ユー・ビー・ゼア〉と〈マン・イン・ザ・ミラー〉をイメージしてい

るんですけど、Be Choir（ビー・クワイア）というクワイアに参加してもらったヴァージョンもあって、それは〈ウィル・ユー・ビー・ゼア〉のイメージで作ってますね。

西寺　かっこいいですよね。打ち上げのときにみんなで歌ったりしてる映像を観て、僕も感動しましたね。

黒沢　アハハ、そうでした。歌ってましたね。

西寺　あと〈LOVE LIFE〉は僕が書いた歌詞なんですけど、黒沢さんのテーマ曲みたいになってますよね。やっぱりその奥にはマイケルの影響があったということですよね。

黒沢　そうなんですよ。グループのときは立ち位置があるけど、ソロをやるときはやっぱりマイケルの影響が結果的に出てくるんですよね。例えば三浦大知くんをフィーチャリングに迎えたソロ曲があるんだけど、それもスティーヴィー・ワンダーとマイケルの〈ジャスト・グッド・フレンズ〉のイメージで作ってるしね。やっぱりすごく発想のもとになってくれている存在でもありますね。

西寺　ではもう1曲。これは割と最近出てきた楽曲ですよね。

黒沢　はい。亡くなったあとになって楽曲がこんなに出てくるアーティストもいないと思うので、マイケル・ジャクソンって本当にそれだけでもすごいなと思ってます。もちろん玉石混交というか、これは別に作品にしなくてもよかったんじゃない？　というものもあったりもするのですが。

西寺　ファンの間でもいろいろな意見がありますけどね。

黒沢　でもこの曲は文句なしに素晴らしい。

西寺　この曲、実は先月のリクエストで途中まで1位でしたから。

黒沢　あっ、やっぱりそうですか！

西寺　若いファンも多いからかなと思いましたけど、僕は良いことだなと思います。

黒沢　うん。ジャスティン・ティンバーレイクと歌っているヴァージョンもあってそれも素晴らしいんですが、断トツマイケル本人だけで歌ってる方が素晴らしいのと、まあデモヴァージョンもすごく良いんですが、そちらはいくらなんでもデモすぎるなっていうのがちょっとあって(笑)。

西寺　はいはい。いくらなん「デモ」ってね(笑)。

黒沢　そうそう、ダジャレかっていうね。

西寺　アハハ！

黒沢　で、こちらのアレンジメントが素晴らしくて、本当にマイケルが好きでアレンジしてくれたんだな、美しい曲にしてくれてありがとうという感じで。

西寺　最高ですよね。〈ロック・ウィズ・ユー〉の続きみたいな感じがしますよね。時代的にもそうだったんでしょうけど。

黒沢　そうですね、たぶんそういうイメージだと思います。じゃあ聴いていただきましょうかね。マイケル・ジャクソンで〈ラヴ・ネヴァー・フェルト・ソー・グッド〉。

▶〈ラヴ・ネヴァー・フェルト・ソー・グッド〉

黒沢　本当に美しい曲ですよね。夏から秋にかけてすごく聴きたくなる曲です。

西寺　今日、シンガー黒沢さんに来ていただいて、「歌が上手い人」というところから脱却していったのがマイケルの歴史なんだとお話しいただきましたけど、ではどこを目指したのかというと、唯一無二の何かということなんですかね？

黒沢　そうですね。例えば音楽スタイルに関しても、歌い方ひとつとっても、ジャクソンズのときと《スリラー》以降って、リズムの乗り方まで変わってしまうんですが、意識的なんです。

西寺　スクエアになって、ちょっと前ノリになってるということですか？

黒沢　そう。あえて前ノリにしてるでしょ。あれは多分わざとなんですよ。

西寺　一般的な黒人ソウルミュージックっていうのは、ゆったり歌ってリズムをちょっと後ろに溜めたほうが心地好いとされるんだけど、それをあえて真っ直ぐに、ちょっと突っ込むような……。

黒沢　わざと突っ込んでみせるのって、相当意識してないとできないことなんですよ。たぶん周りからいろいろ意見があったと思うんだけど、「いや、こっちのほうがかっこいいんです」と言って始めたことなんだろうね。それに対して黒人音楽のプロデューサー陣が反応し始めたっていうのが、90年代以降の打ち込みサウンドにあると思ってて。だからテディ・ライリーや、R・ケリーが大喜びでやってみせるのって、やっぱりそういうことですよ。これが新しくてかっこいいと支持する人がいるからやってるんだと思うし。あと、ダンスもそうだもんね。だっていわゆるエレガントなミュージカル的ダンスとヒップホップダンスを結合して見せたことも、すごい異様なことをやってるわけじゃないですか。でもそれも全部「唯一無二になる」「俺はマイケル・ジャクソンになる」ということの表れだと僕は思ってます。

西寺 だからこそ生きている間はちょっと理解されなかったりしましたよね。スポーツでいうと、サッカーとラグビーと野球が全部混ざっていくみたいな。

黒沢 そうそう。本当にそれぐらいのことをやったと思います。

西寺 サッカーなのに手使ってるじゃん、みたいなね。それを音楽でやったわけで。さっきの〈ウィル・ユー・ビー・ゼア〉もそうですけど。

黒沢 そう、クラシックとゴスペルを融合するというのも、ちょっと変な話なんですよね。

西寺 いろんなものを融合する。ルールをごちゃ混ぜにしてるから、黒沢さんがさっきおっしゃってましたけど、あとから気づいた人が「あれ?」って思って。

黒沢 そう。僕はマイケルの生前、マイケルのことがすごく好きで何があってもマイケルを愛してるというタイプの人間ではなくて、死後、なんかすごいことをしていたんじゃないかと気づいたんですけど。なので当時理解できなかった人たちの気持ちも分かるし、でも僕はマイケルの偉大さを分かった人として伝えていかなきゃいけないと思っているんです。

西寺 僕はマイケルがずっと好きで、なおかついろいろ闘ってきた側なので、黒沢さんみたいな方に、プロになってから10年以上経ってる段階でそうやって見えてくるものがあるんだということを話してもらえると、すごい説得力だと思うんです。最初から分かっていたわけじゃないんだよっていうね。

黒沢 そうなんです。最初から分かってたよっていうのは嘘だから、そうはとても言えない。でも俺の中でマイケルはどんどん偉大になっていくし、すげえなということが積み重なっていく。僕のアイドル、スティーヴィー・ワンダーとはまた別の次元で積み重なっていく。果たしてそれが可能かといったら自分にはできないんだけど、本当に人としてすごいなと思います。

西寺　本日、ゴスペラーズの黒沢 薫さんをゲストにお迎えしてお送りしてきましたが最後に、マイケルが亡くなって今年で10年なのですが、改めて今、黒沢さんにとってマイケルはどんな存在なのかということを教えていただけますか。

黒沢　もちろん音楽家としても影響を受けていますけど、彼は革命家で予言者だったと僕は思っているんですよ。革命というのは先ほど言ったことですね。規定のルールをすべて変えて、それを強い意志で突き進むのはやっぱり彼にしかできなかったし、道半ばで倒れてしまったのは本当に残念なんだけど、まあでもそれ故に逆にみんなが気づき始めたというのは良きことだと思います。

西寺　本当にそうですよね。

黒沢　そして今の気候変動だったり、それこそストレスフルなSNSとかも含めて、そういうものを予言してたというのもね。

西寺　まさに。

黒沢　当時は彼が殊更に気候変動のことを歌ったりプレッシャーをかけてくることに対して、「もういいじゃん、ラブソング歌ってよ」って思ってたでしょ？

西寺　僕も正直、90年代の《オフ・ザ・ウォール》を聴かせて欲しいって思ってました。

黒沢　でも今、こんな時代になってしまうと、それこそマイケルがまた予言して「今ならまだ戻せるよ」と言ってくれるといいなって思ってる自分がいるんです。

西寺　そうですね。あと、世界中の人たちが自分に注目するみたいな経験って、マイケルが一番最初に体感した子どもでしたよね。今はSNSなどで一般の人たちも誰かに私生活を覗かれたり、陰で悪口言われたり叩かれたり、そういう世界ができちゃったじゃないですか。

黒沢　そうなんです。

西寺　それはもちろんマイケルの置かれたプレッシャーに比べたら、全くもって比べ物にはならないけど、でも傷つくということはみんな同じなので、それをマイケルは20年ぐらい前に、やっぱりあれだけ怒って苦しんで闘わなきゃいけないって思ってたことが、ちょっとだけ今の僕らには分かりますよね。

黒沢　そうなんです。だから今、本当にいろんな辛い目に遭った人は、みんなマイケルを聴いたほうがいい。

西寺　もっと辛い思いをした人がいると。

黒沢　そう思うし、ちゃんと正しき世の中になってほしいという想いをこんなにも言っていた人はいなかったんですよね。だからそこは感じてほしいなと思います。

西寺　それでは、最後に曲紹介をお願いします。

黒沢　これは兄妹共演になりますね。当時、ジャム&ルイスがプロデュースしたという一点において、ブラックミュージックファンからもすごく納得された曲です。俺は本当にかっこいいと思うし、マイケルの叫びが今聴くとすごく悲痛でね。でも本当にかっこいいし良い曲です。

西寺　そうですね。ジャネットが助けにきたみたいなイメージのPVでしたね。

黒沢　そう、あれも良かったですね。では聴いてください。マイケル・ジャクソンとジャネット・ジャクソンで〈スクリーム〉。

西寺　黒沢さん、本日はありがとうございました。

黒沢　ありがとうございました。

▶〈スクリーム〉

［マイケル＆ＭＥ］

ゲスト

和田 唱（TRICERATOPS）

２０１９年11月24日オンエア

PROFILE

和田 唱（わだ・しょう）1975年生まれ。ミュージシャン。ロックバンド・TRICERATOPS（トライセラトップス）のヴォーカル・ギター。1997年、シングル〈Raspberry〉でメジャーデビュー。２０１８年にはデビュー以来初のソロ活動も開始し、さらに注目を集めている。

▶〈ザ・マン〉
ポール・マッカートニー、マイケル・ジャクソン

西寺 お待たせいたしました。本日の「マイケル＆ＭＥ」、素敵なゲストがいらっしゃっております。この方です！

和田 こんばんは。TRICERATOPSの和田唱です。

西寺 よろしくお願いします。うれしいです、めちゃくちゃ。

和田 やっと来れた。

西寺 本当ですよ。だいぶ前から「和田さん来ないんですか？」って言われてましたから。

和田 本当？ うれしいな。

西寺 和田唱が来ないとマイケル番組も完成しませんから。

和田 この番組のことは当然知ってたけど、すごいよね。1年間もマイケルのことをさ、よくそんなに話せるよ、さすがですよ。

西寺 アハハハハ！ いやいや。でもさっき〈ザ・マン〉を聴いてもらったじゃないですか。

和田 うん。〈ザ・マン〉が流れてる最中に、「ところでこの曲、どっちがメインでメロディ作ったんだろうね」っ

て話しててね。「ポールのアルバムに入ってるけど、意外とメロディラインマイケルなんじゃない？」みたいな話をね。

西寺　そうそう。でもこの「♪There's a man」っていう感じ、やっぱりマイケルじゃない？　とか。

和田　マイケルっぽいよね。

西寺　うん。ポールとマイケルは3曲リリースしてるんだけど、そのうちの1曲が〈ザ・マン〉で、もう1曲は……。

和田　〈セイ・セイ・セイ〉と〈ガール・イズ・マイン〉。

西寺　ですよね。〈ガール・イズ・マイン〉はマイケル単独のクレジットになってるけど。

和田　あれはポールにしては珍しい参加の仕方だよね。ボーカリストとして呼ばれてるってことでしょ。

西寺　そうそう、そうなんです。《スリラー》のファーストシングルで、1982年の秋に出てますから。

和田　あれが《スリラー》の先行シングルなんだよね。

西寺　〈今夜はビート・イット〉でも〈ビリー・ジーン〉でもなくね。で、その前にもう〈セイ・セイ・セイ〉と〈ザ・マン〉は録っていて。

和田　録音はそっちのほうが先なんだよね。

西寺　さっきもやっぱり「〈ザ・マン〉はマイケル色がかなり強い曲だよね」と話していたんですけど、ちょっと調べてたら、〈セイ・セイ・セイ〉が1983年の秋にめちゃくちゃ売れたので、ポールのレコード会社が〈ザ・マン〉を次のシングルにしたがって1984年2月に出そうとしたら、マイケルのレコード会社から止められた……ということで、ちょっといきなり話し始めちゃいましたけど（笑）、ここで和田唱さんのご紹介をさせていただきます。

1975年、東京生まれ東京育ち。1996年、ヴォーカル＆ギター和田唱さん、ベース林幸治さん、ドラムス吉田佳史さんでスリーピースバンドTRICERATOPSを結成し、インディーズ時代を経て1997年にメジャー・デビュー。

和田　うんうん。ノーナと同期よ。

西寺　そうね。メジャー・デビュー、全く一緒です。

和田　だよね。

西寺　ノーナの3人もそうですけど、TRICERATOPSの3人も本当に仲が良いですよね。この6人で集まっても分け隔てなくというか。

和田　そうだね。なんか自然というか、ふっと馴染む感じはあるよね。やっぱり昔から知ってるってそれがいいよね。

西寺　うん。ベースの林幸治くんは、今度ノーナでもベース弾いてくれるって。

和田　ああ、らしいね。

西寺　アルバムでも弾いてくれたことがあるんですけど、ライヴでもいつもやってるベーシストの村田シゲがスケジュールが駄目でどうしようかってときに、「林くんに頼まない?」という話になって。

和田　良いと思う、すごい。

西寺　あとは一緒にライヴもやりましたよね。

和田　やったよ。ノーナとは対バンして、最後に一緒にみんなでステージに上がって。

西寺　〈スムース・クリミナル〉のカヴァーとかね。あれは楽しかったですね。僕ら90年代の終わりに出会ったけど、そのとき周りにマイケル・ジャクソンのファンっていました?

和田　いないよ。当時はマイケルめちゃくちゃ叩かれてた時代じゃん。

西寺　90年代ね。

和田　いや、今思うと80年代の俺が小学生の頃の話だけど、《BAD》で世の中のマイケル人気はすごかったけど、クラスの女子たちに「和田、マイケル・ジャクソン聴いてんでしょ?　気持ち悪い!」って言われて、ふざけんなよと。

西寺　アハハハハ!

和田　そういう時代だったから慣れっこだったね。最初からそんなだったから。1991年に《デンジャラス》が出てもそんな感じだったし。

西寺　バンドをやるようになると、ベースだったりギターだったり、いろんな人と仲良くなるけど、そういう仲間に「マイケル好き」って言ったら「えっ!?」っていう反応だった?

和田　なんかそういう感じはあった。でも俺は一切隠そうとせず、ひたすら「マイケル・ジャクソンがきっかけで音楽が好きになった」って言ってたし、もうとにかくマイケルマイケル、ずっとマイケル言ってましたね。

西寺　アハハハ!　僕も常に言ってましたね。

和田　いつでもマイケルの味方って感じだったね。

西寺　それ分かりますよ、伝わってます。
和田　そう。そんな中、あれ1998年かな？　俺らのセカンドアルバムが出るぐらいのとき……。
西寺　《THE GREAT SKELETON'S MUSIC GUIDE BOOK》。
和田　そう。あの頃に、ノーナ・リーヴスというバンドの郷太くんという人が俺をラジオに呼びたがってるという話を聞いて、そしてどうやらその郷太くんという人はマイケルにめちゃ詳しいと。でも俺はもうそんな噂信じらんなくてさ、大体マイケルに詳しいって人と会っても「なんだよ全然大したことねえじゃんか」ってことがほとんどだったから。
西寺　アハハハハ！　まあ確かに分かりますよ。
和田　だから郷太くんという人も、言うてもまあまあ……なね。でもせっかく呼んでくれてるしなあって。
西寺　あのとき3人で来たんですよね。
和田　そうそう、TRICERATOPSで行ったの。で、話し始めてすぐに「あ、これはヤバイ！　きたきた！」と思って。
西寺　アハハハハ！
和田　「こういう人がいたぞ！」と思って。で、話がすげえ弾んじゃったから、もう1回2人きりで話してくださいとなって、林と佳史が外に出てコントロールルームから俺たちの会話をひたすら聞いてるっていう図になったの。
西寺　そうだったっけ？　もう昔すぎて忘れましたけど(笑)。
和田　いや、俺はすげえあのときのこと覚えてる。郷太くんは俺より2歳お兄さんじゃない。
西寺　まあ年齢はそうですね。
和田　でもマイケルのことを好きになった年齢は実は一緒。だからお互い小4とか小5ぐらいで好きになってるじゃん。
西寺　そうだね。
和田　そのまま2学年違うから、俺は『キャプテンEO』ぐらいの頃で。
西寺　86年から87年くらいだね。
和田　86年ぐらい。で、郷太くんは84年でしょ？
西寺　俺は83年とか84年だね。
和田　だからその頃のテレビ番組でマイケルがどんなふうに扱われてたかとか、ヴィクトリーツアーが当時特集されてたとかいう話を聞いて「まじで！」って、すごくそれを興味深く聞いたのを覚えてる。

西寺　アハハハ！　確かにね。90年代後半だとネットもそんなになかったからね。

和田　まだ全然なかった。俺もやってなかったし。

西寺　ではまず、和田唱くんが80年代にマイケルを好きになったきっかけを訊きたいんですけど、カセットでしたっけ？　2個いっぺんに買ってもらったとかいう話を前にインタビューか対談で聞いたことがあったんですけど。

和田　そうそう、《スリラー》と《BAD》をいっぺんに買ってもらった。

西寺　それ、すごいね。

和田　その前からマイケルのことは知ってたし、すごい好きだったのよ。《スリラー》のビデオも観てて大好きだったんだけど、小学生のときってアルバムといえば写真のアルバムであって、レコードのアルバムって言われてもよく分かってなかったから。

西寺　うん。確かに小2とかだとそうですね。僕も小4、小5くらいだったからちょっと早いくらいだと思うんですけど。でもすごいですよ、《スリラー》と《BAD》をいっぺんに買ってもらうって。

和田　とにかく「マイケルのレコードがほしい」って常に言ってた。そしたらあるときうちの親父が買ってきてくれたんだけど、それがカセットテープで。俺はずっと大きいレコードをイメージしてたから「買ってきたぞ」って言われて見たら「えっ、本当に？」ってなって。

西寺　「ちっちゃ！」って(笑)。お父さんはイラストレーターの和田誠さんね、僕もお世話になりましたけど。レコードで買ってきそうですけどね。

和田　アハハハハ！　でも、カセットテープで《スリラー》と《BAD》を、まあ来る日も来る日も飽きずに、こんなちっこいラジカセでよく聴いてましたね。

西寺　そんな中からこの曲を選んでくれたわけですね。

和田　うん。もうこれを聴くと、一気に小学生のときにタイムスリップできる。〈ビリー・ジーン〉とか〈スリラー〉あたりはビデオクリップのイメージとか、他のイメージがつきすぎちゃってるんだけど、この曲だけは余計なものがないから。

西寺　確かにビデオがないからね。

和田　それでは聴いてください、マイケル・ジャクソンの《スリラー》から〈ベイビー・ビー・マイン〉。

〈ベイビー・ビー・マイン〉

西寺　さっき話してましたけど《オフ・ザ・ウォール》と《スリラー》ってかなり形が似てるじゃないですか。

和田　似てる似てる。《スリラー》は《オフ・ザ・ウォール》の進化版だよね。だからこれは〈ロック・ウィズ・ユー〉の進化版というか。

西寺　うん、そうね。ちょっとライトにプラスティックに。どっちかっていうと生音的なことよりも、もうちょっとシンセサイザー的なというかね。

和田　そうかもしれない。《オフ・ザ・ウォール》の〈オフ・ザ・ウォール〉っていう曲と《スリラー》の〈スリラー〉ってまさに兄弟。

西寺　そうね。ベースラインの繰り返しでね。

和田　ちょっとミステリアスな感じがさ。「へへへ……」とかさ。

西寺　アハハハ！　そうね「アオーッ！」って。

和田　そうそう、似てるんだよ。

西寺　1曲目の〈今夜はドント・ストップ〉が《オフ・ザ・ウォール》では〈スタート・サムシング〉。

和田　あの2つもさ、系列一緒じゃん。基本同じ作り方だよね。

西寺　そうだね。で、2曲目にちょっとコード感が豊かでAORというか、アダルトなサウンドでっていうところがこの〈ベイビー・ビー・マイン〉ですね。

和田　本当にもう西原小学校って感じ。

西寺　シンガーの土岐麻子さんと同じ小学校ね。

和田　そうそう、土岐さんと同じ小学校で、しかも土岐さんとは同級生だからね。やっぱり〈ベイビー・ビー・マイン〉を聴くと瞬間的に80年代のあの頃に戻るね。

西寺　分かります。僕はカリフォルニアの映像とか、夢に見てた海外、みたいなイメージ。

和田　そうなんだ。俺はマイケルの特にこのへんの感じが大人っぽいなと、自分はまだ到底到達できない大人の世界だなって思ってた。

西寺　小4、小5のときに。

和田　ときにね。

西寺　〈レディ・イン・マイ・ライフ〉とか。
和田　そう、なんか大人っぽいなと思った。《BAD》が出たばかりのときに2つ同時に買ってもらったから、そう思うと《スリラー》は後追いで聴いてたんだよね。でもどっちが好きだったかというと、圧倒的に《スリラー》だった。
西寺　そうですか！　意外かも。
和田　《BAD》は当時発売したばっかだったから、街のレコード屋さんの前にはいつも《BAD》の旗が立ってて、「《スリラー》を超えるのは僕しかいない」って書いてあるの。
西寺　アハハハハ！　よく覚えてるな！
和田　それがかっこよくてさ。当時は意味が分かんなくて「《スリラー》を超えるっていうのはどういうことなんだろう？」って思ってた。今思えばあの売り上げを超えるのは僕しかいないってことだけど。
西寺　旗に書いてあったんだ。
和田　写真は〈キャント・ストップ・ラヴィング・ユー〉のモノクロのマイケル。
西寺　はいはい！　俺、あの写真大好きなの。ポスターあったらほしいなって。
和田　あれ、めっちゃかっこいいじゃん！
西寺　いいですよね。
和田　俺は《スリラー》といえばビデオのイメージだったから、《スリラー》を超えるっていうのは、つまりあの恐怖を乗り越えられるのは僕だけだよ、みたいなことかと思っていたんだけど、それもかっこいいなと思ったんだよね。やっぱり《スリラー》のアルバムのほうが子どもにはキャッチーだったのかな。《BAD》はなんか音が攻撃的というか。
西寺　そうそう。まさにそうね。
和田　カチッとしてて、なんかあの頃の耳にはポップじゃなかったの。
西寺　分かる分かる。
和田　だから俺は《スリラー》ばっかり聴いてたね。
西寺　当時、何かのテレビ番組で緒方拳さんと後藤久美子さんが密着取材を受けてたんだけど、その撮影の休み時間に2人がマイケルについて話してるの。「《BAD》より《スリラー》のほうがいいよね」って2人で意気投合してた(笑)。

和田　良い話じゃん！

西寺　アハハ！　でも確かにそんな時代だった。《スリラー》のほうがやっぱりポップっていうか分かりやすかったんだよね。《BAD》も今となっては結構キャッチーですけど。あの頃のマイケルは攻めてましたもんね。

和田　めっちゃ攻めてるよね。《スリラー》と全然違うもん。だから《オフ・ザ・ウォール》から《スリラー》の流れと《BAD》は全然違うんだよね。

西寺　和田唱はBADツアーの話もよくしますけど、1回目と2回目どっちに行ったんですか？

和田　両方行ったの。1987年と1988年。

西寺　両方行った！　お父さんと？

和田　1987年の来日は、ツアーが日本から始まったじゃん。マイケルが日本に来るってめっちゃ話題になって「うわ、行きたい！」って思って。

西寺　でもそれカセットを買ってもらってすぐでしょ？

和田　そう。マイケル・ジャクソンが来るって新聞に出てて、なんかもうザワザワしてきて「どうすれば観れるの？」という感じで。そしたら、当時のスポンサーが電話会社で、これ言っていいのかな？　トークの日っていうキャンペーンのロゴ、1と9の人が向かい合ってしゃべってるロゴなんだけど、それをうちの親父が描いたわけ。なのでその電話会社さんから、なんとうちの親父にマイケルのチケットが送られてきたんです。

西寺　すごい！

和田　うちの親父は「こんなの送られてきたぞ」と言って。

西寺　タイムリーじゃないですか！　マイケルを好きになって、カセットを買ってもらってその直後でしょ！

和田　本当にそう。で、「これはお母さんと行っておいで」って親父に言われて、母親と一緒に横浜スタジアムに行ったの。

西寺　お母さんの平野レミさんも好きですもんね、マイケル。

和田　まあ俺に影響されたパターンだよ。もともとうちの母親は……。

西寺　シャンソンのシンガーでもありますよね。

和田　そうだね、童謡とかシャンソン歌ったりね。だからまあ歌はすごい大好きなんだけど。マイケルってさ、おばさんの気持ちを一気につかむじゃん。当時80代のうちのおばあちゃんも、俺がいつも夢中でマイケルのビデオ観てたら、「カッコイイ!」って言ってハマったんだよ。

西寺 それで3世代みんなが仲良くなったってことですよね。

和田 いや本当に、それがマイケル。3世代が夢中になれる人ってマイケルが最後の人じゃない?

西寺 確かに。で、実際のマイケルを観てどうだったんですか?

和田 何がびっくりしたって、やっぱスタジアムでしょ。で、始まったとたん「うわー!」ってみんな立っちゃうじゃん、あの感じがすげえ衝撃的で。当時はバブルの時代だからみんな踊り慣れてるわけよ。だからみんな立って踊るわけなんだけど、あの感じがなんかすげえ大人だなと思った。でも俺はまだ小6でちっちゃいから……。

西寺 和田唱は割とちっちゃかったんでしたっけ? 今は普通ですけど。

和田 そうそう。高校に入って背が伸びたんだけど、それまでは小さい子だった。

西寺 アハハハ!

和田 だからマイケルが全然見えなくて、うちの母親が「もう、いいから椅子に立っちゃいなさい!」って。でも椅子に立っちゃうと後ろの大人が迷惑そうでさ、しょうがないから椅子の上に中腰で、後ろの人に気を遣ってさ。

西寺 アハハハハ! 大人の目線ぐらいに合わせて。

和田 合わせてずっと観てたの、俺。2時間。

西寺 アハハハハ! 相撲の蹲踞《そんきょ》みたいな姿勢で。

和田 だからもうすげえしんどくてさ。あとは何がびっくりしたって、あの大音量。今でこそライヴの音量ってあんな感じだけど、初めてのとき、要はヴァージンをぶち破られた感じよ。

西寺 爆音で、ドーンと!

和田 低音がすごかった。「♪ドゥドゥベーン!」って。小学校6年生の小さな胸に「♪ドゥドゥ」って。俺、これ身体に悪いんじゃないかって思ってさ。いや本当にびっくりしたんだって!

西寺 アハハハハ! もう20年ぐらいの付き合いなんで分かってますし慣れてるんですけど、こんなに熱く語ってね。今、本当に楽しいです(笑)。

和田 ちなみに余談ですけど、俺の後ろの後ろの後ろぐらいに高木ブーさんがいたの。「お母さん! 後ろに高木ブーがいる！」みたいな。

西寺　ドリフがすごかった頃だ。

和田　そう。あのときのマイケルのコンサートには有名人がいっぱいいたんだから。

西寺　いいとこで観てたんだ。

和田　いやいや、今思うとCブロック。

西寺　おおー！　真ん中、まあちょっと前だけど。

和田　Cブロックだからそんなに前じゃないけど、しかもちょっと右寄り。

西寺　よく覚えてますね！

和田　母親が俺の左隣にいたんだけど、母の隣にマイケルをめっちゃ好きそうな、〈今夜はビート・イット〉と同じ感じの赤い革ジャンを着たソバージュヘアのおばちゃんがいて。俺もう気になって気になって、マイケルが相当好きなんだなと思ってて。そしたら開演前に雨が降ってきちゃったんだけど、そのおばちゃんがすげえ知ったかぶりな感じで、「マイケルってね、雨降るとノらないのよ」って言ったのよ（笑）。俺すげえショックで、せっかく楽しみにしてるのに「えっ？　雨ポツリポツリ来たらマイケルノらないの？」って思っちゃってさ。

西寺　まあ激しく踊ると滑っちゃうからね。でもその人、今日聴いてるかもしれないですよ（笑）。この番組、昔からのファンもいっぱい聴いてくれてるので。あの少年が和田唱だったのかって思う人がいるかもしれません。

和田　あのおばちゃん、今いくつだろうな。あの頃もうすでにおばちゃんだったからね。でも小6の俺が見ておばちゃんだったから、もしかしたらお姉さんだったのかもしれない（笑）。

西寺　お姉さんだったのかもよ。赤い革ジャン着てソバージュで「マイケル、雨降ったらノらないのよ」って言った人、メールください（笑）。本当に、いるかもしれない。

和田　で、うちの母親が「どうする？　マイケル、雨降ってるとノらないんだってさ」とか俺に言ってきて（笑）。

西寺　アハハハハ！

和田　でも、そうこうしてたらピタッと雨がやんだの。

西寺　ピタッとやんだ！

和田　いやでも俺とにかくマイケルが「シーシー」ってやったのをすげえ覚えてる。首をカクカク前にやるダンスも。

西寺　かっこよかったんだ。

和田　俺はステージを観るよりも、ビジョンのほうが観やすかったからね。

西寺　はい、ではそろそろもう1曲いってもらっていいですか(笑)。

和田　ごめん、話しすぎた。

西寺　いや、全然いいんです。みんなめちゃくちゃ喜んでますから。次の曲は、たぶん今現在の気分で選んでもらったと思うのですが。

和田　あのBADツアーから時が経ち、時代は2000年代に入ってた。俺もデビューして郷太くんとも知り合ってた頃、《デンジャラス》以来、いわゆる純粋な新譜のアルバムを出すってことで楽しみにしてた。

西寺　《インヴィンシブル》ね。

和田　《ヒストリー パスト、プレズント・アンド・フューチャーブック1》はちょっと特殊な形だったので、いわゆる純粋なオリジナルアルバムっていうと《デンジャラス》以来になるでしょ。

西寺　そうだね。《ブラッド・オン・ザ・ダンス・フロア～ヒストリー・イン・ザ・ミックス》もいきなりちょろっと出たけど。

和田　あれちょっと嫌じゃん。

西寺　うーん。まあリミックスが多かったですからね。

和田　そうそう。だから俺はめっちゃ楽しみにしてて、郷太くん《インヴィンシブル》の視聴会に誘ってくれてたんだよね。俺はツアーで地方に行ってて出られなかったんだけど。

西寺　そうだ。《インヴィンシブル》のアルバムを出すときに、アメリカのレコード会社の人がコピーされると困るってことで、手錠でつないだアタッシュケースにCD-Rを入れて持ってきて。それで《インヴィンシブル》の曲を6、7曲かけてくれたんです。

和田　フルじゃなかった？　違う？

西寺　いや、全部じゃなかったですね。たぶん6、7曲だったと思う。

和田　そうだっけ？　で、俺はツアーで行けなかったから感想が聞きたくてしょうがなくて、ライヴ終わってすぐに郷太くんに電話して「《インヴィンシブル》どんな感じのアルバムだった？」って言ったら郷太くんが……。

西寺　なんて答えた？　俺。

和田　俺めっちゃ覚えてんだけど、郷太くんの第一声は

「《デンジャラス》だね」だったの。だからさっき話した《オフ・ザ・ウォール》の進化形が《スリラー》だったように、基本《デンジャラス》だって言ったの。でも本当その通りだよね。前半の流れとか、もうひたすらダンスナンバーでギャーッと攻めてく感じとか、やっぱ《デンジャラス》なの。

西寺 そうね。なんか本当に俺はヤバイと思ったんだよ。すげえ攻めてるなと。〈ハートブレイカー〉とか〈インヴィンシブル〉とかね。〈アンブレイカブル〉はその日に聴いたんだけど、たしか曲名も大して教えてもらえなかった気がするんだよね。

和田 本当？ 俺、なぜか曲目知ってたな。

西寺 曲目はリークされてたのかな？

和田 リークされてたんだと思う。で、俺、上から順番に感想を訊いていって「〈ハートブレイカー〉どんな曲だった？〈ブレイク・オヴ・ドーン〉どんな曲だった？」って言ったら「〈ブレイク・オヴ・ドーン〉めっちゃ良い」って言って口ずさんでくれたの。

西寺 ああ、覚えてた！ あの頃まだスマートフォンもないし、もちろん録音機材は持っていけないから一生懸命覚えたの。

和田 そうそう、覚えてたの！

西寺 1回だけしか聴いてないのに。

和田 で、郷太くんが電話口で口ずさんでくれたから、俺はそれで人より先に覚えたの。

西寺 俺の鼻歌で(笑)。

和田 めちゃめちゃ印象深いので、その曲をかけていいですか？

西寺 はい、分かりました。うれしいです。

和田 では、マイケル・ジャクソンでアルバム《インヴィンシブル》から〈ブレイク・オヴ・ドーン〉。

▶〈ブレイク・オヴ・ドーン〉

和田 いいね〜、最高だね！

西寺 素晴らしいですよね。さっきも言ってましたけど、小学校とか中学校のときに受けた衝撃を、大人になるとなかなか超えられないじゃないですか。

和田 超えられないね。

西寺 この曲を聴いたとき僕たちもうプロだったし、特に自分もCD作ったりツアーしたりする立場になっていて。でも僕は《インヴィンシブル》を聴いたとき、俺ってまだこんなに感動できるんやって思って。

和田　ああー、分かる。

西寺　マイケルはやっぱりヤバイって心の底から思ったのよ。そしてうれしかった。

和田　うれしかったよね。俺なんて全色買っちゃったもん。

西寺　パッケージの色違いがいっぱい出ましたからね。

和田　白以外は、まだ未開封でとってあるよ。

西寺　……あれ？　なんか今、そこに楽器がありません？

和田　いやー、番組の時間的にそろそろここに行ったほうがいいんじゃないかななんて思ってね。実は郷太くんと携帯のメールで「なんかやろうよ」ってことになってね。

西寺　いいですね。いきなり。

和田　うん。ちょっと向こうのマイクに移動してさ。

西寺　そうですね。実は今日、広い場所を用意してもらったので、和田唱くんがギター、僕はお手製のパーカッションで生ライヴをやろうと思うんですけど、いいですか？

和田　やろうよ！　かなりぶっつけ感がすごいけど。

西寺　本当にちょっと打ち合わせしただけなんですけどね。では「ディスカヴァー・マイケル」の特別企画。和田唱くんと僕、西寺郷太での弾き語りスタジオライヴをお届けします。どの曲をやるかは聴いてのお楽しみで。

和田　そうだね。

西寺　それでは、ちょっと準備に入ります。

和田　オッケー、移動しよう。

▶スタジオライヴ〈BAD〉

西寺　イェーイ！

和田　イェイェ！

西寺　いやー、なんかしびれますね！　まあ和田唱くんといえばご存じの方も多いですが、ギターの弾き語りの名手なんで、どの曲でもやろうと思えばできたんですけど、今回〈BAD〉を選曲したのも意外だよね。

和田　アハハ！　アコースティックギターでね。

西寺　俺「ちょっと難しくない？」ってメールに返信したんですけど。〈ザ・ガール・イズ・マイン〉とかだったら分かるじゃないですか。でも〈BAD〉って返って来たから、勝算あるんだろうなと思って。ソロのツアーか何かでやってたんでしたっけ?

和田　そうそう、前にね。あとは普通はアコギでやらないよなと思ったし、なんか面白いかなと。

西寺　そうそう。でもそれがまたすごいですよ。僕も中学とか高校にチャリで通ってたときにずっと練習してたのが、ついに役に立つ日が来たなっていう感じでね。京都の高校がちょっと遠かったのでチャリ通学だったんだけど、いつも歌の練習してて、坂道をグワーンと下りながら「アッ!」「ヒッヒー!」って(笑)。

和田　アハハハハ!

西寺　だから今日、それをみんなの前で披露できたのがうれしくて。ものすごく長い期間練習をしてたので。

和田　大丈夫だったかね。

西寺　本当に楽しかったですよ。

和田　なんかいいね、ピタッとできちゃう感じは。

西寺　大して打ち合わせもしてないのにね。

和田　全然してない。メモっただけだよね。

西寺　でも本当にTRICERATOPSもそうですし、和田唱ソロも素晴らしいので、みんな聴いてくださいね。

和田　ありがとうございます。

西寺　和田くんがフランク・シナトラとかミュージカル音楽とか、そういうのが好きなのは、マイケルやお父さんの影響もあるかもしれませんが、マイケルの好きだったフレッド・アステアも和田くんはすごい好きじゃないですか。

和田　好き好き。

西寺　あと今日〈ザ・マン〉をかけましたけど、ポール・マッカートニーとかね。僕は和田くんほどシナトラは詳しくないですけど、でもやっぱりそうやって伝統的ないろんな音楽が好きなところはすごく似てるから。

和田　そうだね、似てるよね。

西寺　なので本当にいつも会うたびに楽しいし。

和田　こちらこそ。

西寺　2人で飲んでると、いつもこのテンションでしゃべってるじゃん。

和田　そうだね。

西寺　だからいつもあとになってから、もったいないな〜って思ってて。さっきのエピソードも最高ですよ。

和田　今思えば、飲みながら話したいくつものエピソードで披露したい話がまだまだいっぱいあるんだよね。例えばTHIS IS IT公演がもうすぐ始まるってとき、俺は「マイケル、ついに復活するね。どうするよ」ってめっちゃ楽しみにしてて。今はみんな携帯で動画を撮るじゃん。だからロンドン公演初日の動画がYouTubeにアップされるのをすげえ楽しみにしてたわけ。なのに郷太くんが「俺、なんかやんない気がすんねん」って言ったの。

西寺　「やんない気がすんねん」って言った？

和田　俺すごくない？　俺なんでも覚えてるよね。

西寺　めっちゃ覚えてるやん（笑）、俺の言うこと。

和田　渋谷のカフェで。

西寺　俺そんなこと言ってた？

和田　言ってた。ほら「THIS IS IT」1回延期したじゃん。

西寺　したした。

和田　あのときから「なんかちょっと怪しい気がする。なんかやんない気がすんねん」って言うわけ。で、俺は「またまたー、そんなことないっしょ」って思ってたし、マイケルの髪形がずっとストレートだったじゃん。あれが嫌でさ、パーマにしてよと思ってたわけ。そしたらパーマに戻してファンと一緒に撮った写真が出回ったのよ。あれをネットで見て「うわ、マイケル本気だ！」「THIS IS ITやるぞー！」と思ってて。

西寺　アハハ！「きたきた！」と。

和田　パーマに戻したってことは、つまりライヴモードになったんだと思って、「郷太くん、俺めっちゃ楽しみだ！　初日の動画、超楽しみだ！」って言ったら「やんない気がすんねん」なんてテンション下がること返すから、「郷太くん、なんでそんなこと言うんだ」って言ったんだけど、本当だった。こんな形だとは想定外だったけど……。

西寺　いや、俺もこんなことになるとは思ってなかったけど……。いや、まあ確かになぁ……。

和田　いや、あれは郷太くん何かを感じてたんじゃないかなと。

西寺　うーん。もちろん亡くなるなんて思ってはいないですけどね。それも、もう10年前ですけど……。

和田　早いな。

西寺　その日の朝、マイケルの死を知ってからすぐに和田唱に電話して「ニュース観てくれ」って言って。

和田　俺も起きたらいろんな人からメールがブワッて来てて「マイケルどうなってるの⁉　マイケルなんなの⁉」って慌てて。

西寺　6月26日の朝ですね、日本時間は。

和田　そう。で、「なになに？」と思って急いでニュースつけたら、ずっとヘリからの映像よ。

西寺　うん。ありましたね。

和田　あれ、どこを映してたんだっけ？

西寺　病院ですね。

和田　病院か。で、その頃郷太くんから電話がかかってきて。

西寺　あー、そうかそうか。

和田　そう。で「ちょっと、何これ」って言って。

西寺　「嘘ちゃうか」って。

和田　「嘘でしょ⁉」って言いながら、リアルタイムでずっと電話しながらテレビ観てた。そしたらジャーメインが出てきたんだよ。

西寺　ジャーメインが出てきたってことは本当なんだってなって。

和田　「弟が天国に行った」って。あれは衝撃だったね。

西寺　ねえ……。でも僕は90年代の終わりに和田唱くんに会って、それからこうやっていろんなマイケルのエピソードを重ねて、自分が一番詳しいというような世界じゃなくて本当に良かったって思ってて。だって和田唱と見てる場所がちょっと違うじゃん。

和田　そうだね。

西寺　さっきの髪形の話とかさ、ステージ衣装とかも大好きじゃん。

和田　あー、はいはい。俺は本当にめちゃくちゃ詳しいよ。

西寺　ステージ衣装の話で、最初は黒着てて、次に銀着てとかさ。

和田　そうそう。BADツアーのズボンだけでも何種類あると思う？　ベルトだって本当にいっぱいあるんだって！

西寺　アハハハ！　俺、そういうの疎いのよ。なんとなく可愛いなとは思ってたけど、和田唱すごい細かく見てんじゃん(笑)。

和田　俺ヤバイよ、そこは。

西寺　だからそういうところで俺はうれしかったわけよ。自分よりも詳しい人間がいてくれるっていうのが。

和田　ああー。

西寺　もちろんファンやマニアの方たちで僕より詳しい人はいっぱいいるんですよ。でも当時はまだインターネットもなかったから会えなかったし。だからそういった意味で和田くんに会えて、こうやってずっと話し合えることがすごくうれしいんですよ。

和田　いやそれはもう同じく。それにマイケルの死後に郷太くんがしてきたこと、天国のマイケルはめっちゃ喜んでると思うよ。

西寺　ありがとうございます。

和田　俺はもう毎回「郷太くんの話の上手さとその知識、絶対に本を書いたほうがいいよ」って言ってたんだもん。

西寺　本、書きました。お父さんの和田誠さんが表紙を描いてくれてね。というわけで名残惜しいんですけど、最後に和田唱さんが選ぶマイケルの1曲をお願いします。

和田　はい。最後に1曲って何だろうと考えたときにパッと浮かんだのが、ベイビーフェイスが作ったこの曲。これもともと〈ゴースト〉のビデオに特典でついてたCDに収録されていて、恐らく《ヒストリー》の頃の未発表曲なんだろうね。

西寺　アウトテイクね。まあ本当はアルバムに入っててもおかしくないぐらいの名曲です。

和田　めっちゃ良い曲なんだけど、たぶんマイケルにしてみたら正統派すぎたんじゃないかな。割と真っ当なバラードじゃん。

西寺　うん。ベイビーフェイスのそういうところがなんかピンと来なかったのかもね。

和田　でもマイケルがこういう真っ当な良い曲を歌うと、めっちゃ歌上手いから最高なんだよ。なんでアルバムに入れないの？っていう。

西寺　これ「ディスカヴァー・マイケル」でもめちゃくちゃ人気あるんだよ。

和田　らしいね。やっぱファンの人は分かっているんだよね。

西寺　そうそう。

和田　じゃあこれを最後に聴いていただきます。マイケル・ジャクソンで〈オン・ザ・ライン〉。

西寺　本日のゲストは和田唱さんでした。ありがとうございました！

和田　ありがとうございました！

▶〈オン・ザ・ライン〉

僕らは90年代に出会ったのですが、当時こういう話を番組として全国の人たちと共有できる日が来るとは思っていなかったので、今日は本当に感無量です。和田唱くんは僕の人生を救ってくれた大切な仲間なので、今回は最高の回になったと思っております。

【マイケル&ME】

ゲスト

田中 章

2020年1月26日オンエア

西寺　お待たせしました「マイケル&ME」。いつも素晴らしいゲストをお迎えしているこの番組ですけれども、今回も素敵な方がいらしてくださいました。

田中　こんばんは、田中章です。今日はお招きいただきまして、ありがとうございます。

西寺　ものすごく光栄です。ではまず田中章さんのご紹介をさせていただきたいのですが、田中章さんは高校時代にアメリカのコロラド州に留学されていた経験があり、その英語力を活かして、国際部で海外レーベルやアーティスト、マネジメントとの交渉や契約を担当されていらっしゃいました。マイケル・ジャクソンの他にもフリオ・イグレシアスやワム!、シンディ・ローパーなど、様々な大物アーティストとも一緒にお仕事をされていて、アーティスト本人からも信頼されていた方です。僕はマイケルのイベントで田中さんには何度もご挨拶をさせてもらっているんですけれども、このたびは実際にマイケルを担当していた方の貴重な証言、お話を聞かせていただけるということで、本当にありがとうございます。

田中　いえいえ、こちらこそ。

西寺　もともとはレコード会社で、日本とアメリカやイギリスのアーティストとの橋渡しのような役をされていたということですよね。

PROFILE

田中 章（たなか・あきら）1950年生まれ。SME（ソニー・ミュージックエンタテインメント）に勤務。国際部で海外レーベル、アーティスト・マネジメントとの交渉や契約を担当。マイケル・ジャクソンやワム!、フリオ・イグレシアスなどとはビジネスだけでなく、個人的な親交がある。

田中　はい、そうですね。本当に多くのアーティストと仕事をしたんですけれども、今思うと世界のトップスターとなるようなアーティストは、フリオにしろジョージ・マイケルにしろシンディにしろ、音楽性だけではなく人間性も素晴らしいのですが、その中でもマイケルは類いまれなほど純粋無垢なアーティストだったと思っています。

西寺　打ち合わせのときに聞いて驚いたのですが、ワム！が1983年にキャンペーンで来日していたとき、当時のレコード会社にマイケル・ジャクソンの〈スリラー〉のショート・フィルムが届いて、それをジョージ・マイケルとアンドリューと一緒に初めて観られたということでしたよね。

田中　そうですね。ちょうどMTVがスタートした頃、MTVとマイケルっていろいろ因縁があって。最初MTVでは黒人アーティストのビデオはテレビでほぼ流れなかったんですが、それが結果的にはMTVの力もあって大ヒットしたわけなんですけれども、そのきっかけとなった〈スリラー〉のビデオが日本に到着して、ちょうどそのときジョージ・マイケルとアンドリューを日本でのプロモーションのために呼んでいたので、取材の合間に2人に「ビデオが来たから観る？」と言ったらすごく熱心に観ていたのが印象に残ってますね。

西寺　すごいエピソードです！　1983年の秋だったと思うんですけど、彼らもまだ〈ウキウキ・ウェイク・ミー・アップ〉や〈ケアレス・ウィスパー〉が発売される前なので、どちらかといえば新人というかフレッシュな時期でしたよね。その頃のアンドリューとジョージ・マイケルと田中さんが、マイケルの〈スリラー〉のビデオを一緒に観てるというシーンを想像すると、ドキドキしちゃうんですけれども。田中さんがマイケルと初めてお仕事をされたのはいつ頃だったのでしょうか？

田中　1987年のBADワールドツアーのときですね。初対面の印象は、本当に物静かでシャイな青年だなと。そういう感じを受けました。

西寺　それまでもマイケルの担当はされていたんですか？

田中　国際部というセクションの中で、マイケルを日本で売り出すためのいろいろな交渉事はしていました。

西寺　実際に会うのが初めてということですね。

田中　そうですね。

西寺　《ＢＡＤ》にまつわる思い出もたくさんあると思うのですが、日本に届く前からアートワークを観ていたり、音源も最初に聴いたりしていたそうですね。

田中　「これがジャケットだよ」と送られて来たときに見たりはしてましたね。当時は今のようにインターネットがないですから。

西寺　封書で送られてきて。

田中　そうです。それを開けて「あ、こんなジャケットなんだ」と興奮したことを覚えてます。

西寺　《ＢＡＤ》の最初のジャケットは今のものとは違ったという話がありますけど本当ですか？

田中　アメリカのレーベルでマイケルのプロダクトマネージャーだったラリー・ステッセルという人間がいまして、彼から聞いたんですけれども、《ＢＡＤ》のもとものジャケット写真は写真家エドワード・スタイケンが撮った女優の写真にインスパイアされて撮影した、レースをレンズにかぶせたマイケルの顔の耽美的な写真でした。でもラリー・ステッセルが「マイケル、これはロックじゃないよ」と言って変えさせたそうなんですね。

西寺　のちのち《ＢＡＤ25周年記念盤》に使われていますよね。

田中　使われてますね。

西寺　大ファンの方ならご存じだと思うんですけど、マイケルがちょっと透けてて頬にレースの模様が入ってるみたいな写真ですね。このジャケットもかっこいいんですけどね。

田中　僕も両方ともいいと思うんです。いずれにしてもラリー・ステッセルという人は、マイケルが１９８９年のアメリカン・ミュージック・アワードの授賞式で名前を挙げていたほどですから、非常に信頼してた人間の１人なので、素直に意見を聞いたんだと思います。

西寺　ところで、田中さんはマイケルから「アキ」って呼ばれてたんですよね。

田中　はい。アキラってちょっと発音しにくいので。

西寺　レコード会社のスタッフで、マイケル・ジャクソンからちゃんと認識されて、名前を覚えてもらって呼ばれることってなかなかないと思うんですけど。

田中　それは単に私がレコード会社としての交渉の窓口だったからでしょうけど、信頼していただけていたとしたら、うれしいですよね。そういえばマイケルとスタッフが撮った写真に、あとでマイケルが「Love Always」と書き込んでプレゼントしてくれたことがありました。

西寺　田中さんに!?

田中　はい。マイケルのマネージャーだった、もう亡くなっていますけれども、フランク・ディレオの話によると、マイケルが家族以外の人間に対して「Love」に「Always」を付けるのはとても珍しいとのことだったので、非常にうれしい思いをしたのを覚えています。

西寺　すごいですね！　先ほど、ジョージ・マイケルも《リッスン・ウィズアウト・プレジュディス》というアルバムのときに「アキなら気に入ってくれるかもしれない。ビートルズ好きだから伝わるかも」と言って、直接カセットをもらったという話も聞いて。アーティストに「彼は音楽好きだな」とか「ちゃんと見てくれてるな」というのが伝わっていたんですね。

田中　うれしいですね、そういったことを覚えてくれていて。

西寺　今回、田中さんに何曲か思い入れのある作品を選んできていただいたのですが、まず最初にご紹介いただく曲は何でしょうか。

田中　〈アイル・ビー・ゼア〉です。マイケルのコンサートは、海外でのコンサートも含めて仕事で何十回と観ているんですけれども、マイケルはいつもこの曲を歌っていましたて、彼自身大好きだった曲ですよね。この曲の中に「I'll be there to protect you　With unselfish love」という歌詞があるんですけども、「無私・無償の愛で君を守るよ」という意味ですよね。これは2001年に40代のマイケルがオックスフォード大学で講演をしているんですけれども……。

西寺　あれはマイケルを理解できる最高の講演ですね。

田中　そうですね。そこでマイケルは無償の愛、無条件で人を受け入れるということについて語っているわけです。この無償の愛というのはマイケルが本当に幼い頃から変わらずに大切に持ち続けた信条でね。実際、マイケルはunselfish、つまり無私の人だったと思いますので、この曲を最初に選んだ次第です。

西寺　はい。それでは曲紹介をお願いします。

田中　ジャクソン5で〈アイル・ビー・ゼア〉。

▶〈アイル・ビー・ゼア〉

西寺　この曲は年末に行ったウィンターフェスでも、初期のジャクソン5部門で第3位になった人気曲ですし、12月のゲスト、ジャーメイン・ジャクソンさんと一緒に歌っているという点でも、この「ディスカヴァー・マイケル」的に素晴らしい選曲だったと思います。ありがとうございます。僕の母親も好きだと言っていたので喜んでると思います(笑)。

マイケルと最も近くでお仕事をされていた日本人として、田中章さんだからこそ知るマイケル、思い出に残っている出来事などがあればお聞かせいただきたいんですけれども、来日のときのエピソードなどありますか？

田中　はい。通常、我々レコード会社は海外からアーティストが来日したとき、ホテルなどのレストランで歓迎の会食をするんですけれども、マイケルはそういう場所は好まないだろうということで、社員の子どもたちを招集してバラの花束をプレゼントしたんですね。

西寺　子どもは何人くらい来たんですか？

田中　10人くらいだったと思うんですけど、そのときのことを当時の週刊誌などでは「子どもたちに囲まれてマイケルは大はしゃぎ」と報道されました。でも実際は、知らない人が多い場面でのマイケルは非常にシャイなので、はしゃいだということはなくて。そのときゴールドディスクと……。

西寺　《BAD》のゴールドディスクですか？

田中　そうですね。それと猫の形をした目覚まし時計をプレゼントしたんですね。僕が「これは『にゃにゃにゃにゃん』っていう猫の鳴き声で起こしてくれる目覚まし時計だよ」と説明してプレゼントしたんですけども、そのときもマイケルは小さい声で「Thank you.」と言って微笑んで、あとは他の人とほとんど話すこともなく、写真だけ撮って部屋に戻っていきました。

西寺　「子どもたちに囲まれてマイケル大はしゃぎ」というのはちょっと言いすぎというか、そこまでじゃないってことですよね、喜んではいたけれども。

田中　そうですね。大袈裟に表現することはなかったですね。

西寺　報道だけ見ていると、マイケルが子どもたちを集めさせたみたいに思われるかもしれないけど、こっちが好意でやっただけだということなんですよね。

田中　そうですね。もちろん心の中では喜んでくれていたとは思うんですけれども、大はしゃぎという表現はちょっと違うかなと。

西寺 そこだけ見るとちょっと悪意があるというか、揶揄している感じが出ちゃいますけどね。あとは、当時マイケルが連れてきたチンパンジーのバブルスくんを田中さんが抱っこしてる写真を見たことがあったのですが。

田中 その歓迎パーティーとは別の日ですね。マイケルが友だちを紹介したいというので彼が泊まっていたホテルに行ったら、バブルスを紹介してくれたんです。

西寺 「My friend.」って(笑)!?

田中 アハハ、そうですね。そのときマイケルの部屋にいたのは、マイケルが非常に信頼を寄せていたエンジニアのブルース・スウェディンと2、3人のスタッフだけだったので、マイケルはすごくリラックスしてましたね。僕にバブルスを抱かせて楽しそうに浮かべる、可愛い笑顔が非常に印象に残ってますね。

西寺 田中さんは怖くなかったんですか? 結構大きいですよね? チンパンジーは抱いたことないでしょう?

田中 生まれて初めてですね(笑)。

西寺 抱っこしてあたふたしてる姿を見てマイケルは笑っていたんですね。

田中 そういうことですね。

西寺 簡単に抱っこできないですよね。もしチンパンジーを抱っこすることになったら僕もびっくりしますよ。

田中 調教師ももちろんそこにいたんですけどね。

西寺 ブルース・スウェディンさんは、クインシーと離れた《デンジャラス》や《ヒストリー パスト、プレズント・アンド・フューチャー ブック1》でもマイケルと一緒に仕事をしていて、本当にマイケルと一心同体というか。

田中 ある意味お父さんのような存在だったんですね。

西寺 そうですよね。さっき田中さんが「ブルース・スウェディン」っていうカタカナ表記もある名刺を見せてくれたんですけど、それを未だに保管されててパッと持ってこれるのがすごいなと思ったんですけども。

田中 ブルースはご夫妻でおいでになってたので、スタジオ作業のあとに3人で信濃町にある中華料理店に行ったんですけれども、そのときブルースが「マイケルは話し方がいつも丁寧で、礼儀正しいよね」って言っていたんです。だから、そんなに親しいブルースに対しても節度を保って話すんだなと思いました。
西寺　初対面とかじゃなくて、一番仲の良い人の1人ですよね。とても信頼してる。
田中　ええ。
西寺　普通だったら、ミュージシャンでスーパースターなわけだから、エンジニアに強く言ったりする人もいると思うんですけどね。
田中　そうですね。日本でいうと、いわゆるタメ口みたいになっちゃうことも多いとは思うんですけど、マイケルは彼に対しても非常に敬意をもって接していたということで、それは印象に残っています。
西寺　マイケルが、テレビカメラが回っているわけでもスタッフがいっぱいいるわけでもないところで、弱者に寄り添っている姿を見たことがあるというエピソードを聞いたんですけども。
田中　そうですね。これはマイケルについて講演をお願いされるときにいつも話してるエピソードなので、ご存じの方もいらっしゃると思います。当時、六本木にあった録音スタジオでの出来事なのですが、彼が来日中そこで録音をしたいと言うので、我々が予約をしてレコーディングを行ったんですけれども、その合間にマイケルがお手洗いを使いたいということで、僕が案内をしたんですね。お手洗いはビルの端のところにあったんですけど、そこにちょうど掃除をしてる男性の方がいらして。パッと見てすぐ分かったんですけれども、彼のお顔が大きくケロイド状になっていたんですね。
西寺　火傷みたいな感じですか？
田中　そうですね。するとマイケルが彼を見て「あの人と握手していい？」と僕に訊くわけです。僕は掃除の方に「この人があなたと握手したいと言っていますが、いいですか？」と尋ねまして、そしたら彼は黙ってうなずかれたので、マイケルはその人の手をしばらくの間握って、それから洗面所に向かったんです。このとき、この場には本当にマイケルと僕とその掃除の人の3人だけで、報道陣も他に誰もいなかったので、これはポーズとか偽善ではなくマイケルの心から発する自然な行動だったんだと思います。
西寺　相手はマイケル・ジャクソンだって分かっていたんですかね？
田中　分かっていない可能性が。

西寺　そんな感じでしたか。

田中　マイケルにも「なぜ握手したいのか」とは訊きませんでした。マイケルはいつも社会的に弱い立場にある人に寄り添って行動する人なのだなと思いましたね。

西寺　田中さんも訊かなかったし、マイケルも言わなかった。

田中　そうですね。そういうマイケルを見ていたので、その後の少年虐待疑惑のような報道が出てきたとき、絶対にそういうことをする人間ではないと確信した次第なんです。むしろ、そういったこととは対極の世界にいて、世界中の人々の幸せを心から願っている人でしたから。あの報道でマイケルが本当にどんなに苦しんだかと思うと胸が痛みますね。アメリカ社会の黒人差別の根深さを感じる出来事だったと思います。

西寺　僕もこの番組で、90年代のマイケルを語る上でそのあたりの話は避けられない問題です。カメラが回っていないところで見られたマイケルのそういう何気ない行動は、そのときだけじゃないと思うんですよね。普段からマイケルはやっていたんだと思います。病気の子どもたちや障害のある方、実際に足を運んで寄り添う人だったということはいろいろな証言やデータにも残っていますし。しかも語られていないエピソードがもっとたくさんあるんだろうなと、今のお話を聞くだけでも伝わってきますよね。

田中　そうですね。普通であれば、そういった方を「可哀相だな」と一瞥するだけなんでしょうけれども、マイケルはわざわざ握手をして。

西寺　日本でも阪神淡路大震災で困っている子どもたちを支援してくれましたし。世界中でそういうことをたくさん彼はやっていたけれど、まだ表に出ていなかったり匿名でしてたりすることもいっぱいあると田中さんからお聞きしましたが。

田中　ご存じのようにマイケルは、個人で最も寄付を行った人物としてギネスブックに掲載されているわけですが、今、郷太さんがおっしゃったように記録されていないものも多いんですね。あるときマイケルが私に「日本の団体に寄付をしたいんだけれども、どこか適切なところを選んでほしい」と言いまして、宮城まり子さんが代表を務める児童養護施設「ねむの木学園」を紹介しました。後日、宮城さんが当時青山にあったレコード会社においでくださって、マイケルからの寄付金を渡したのですが、それ以来「ねむの木学園」では、運動会や来客があったときなどにマイケルの曲を歌ったりダンスをしたりしたそうです。

西寺　マイケルは「自分の名前を出さないでおいてくれ」と言ったけど、学校側がマイケルの歌を歌ったり踊ったりすることで感謝の気持ちを表したと。

田中　そう、まさにそうです。宮城さんがマイケルへの感謝を込めて、子どもたちに彼の音楽を指導なさったんだろうなと想像しています。マイケル自身も謙虚で、寄付のことは公表を控えてほしいというふうに口止めされましたので、僕も最近まで人に話したことはありませんでした。なので報道されることはありませんでしたね。

西寺　実際に動かれた田中さんだからこそ何年も黙っていて、彼が亡くなって10年というこのタイミングだからこそ教えてくださったということですね。マイケルという方の人物像がよりクリアになってきた気がします。

田中　これは僕もあとになって知ったんのすが、ユネスコ協会の世界寺子屋運動も、マイケルが最初に寄付したお金がシードマネーとなって全世界に広がっていったそうです。

西寺　そうですか……。

田中　本当はユネスコがマイケル基金と名付けようとしたんですが、きっぱり断られたそうなので。

西寺　やめてくれと。

田中　はい。

西寺　今日は本当にたくさんのエピソードを聞かせていただいておりますけれども、もう1曲、ビートルズのカヴァー〈カム・トゥゲザー〉を選んでいただきましたが、これはどういう理由だったのでしょう?

田中　言うまでもなく、マイケルはビートルズが大好きですよね。ポールの楽曲はもちろんなんですけれども、恐らくジョンの楽曲も大好きだったと思うんですね。特にこれはお気に入りだったのではないかなと。

西寺　はい、それでは田中章さんに選曲していただきました、マイケル・ジャクソンでビートルズのカヴァー〈カム・トゥゲザー〉。

▶〈カム・トゥゲザー〉

西寺　この曲は1995年のアルバム《ヒストリー》に入っています。海外では〈リメンバー・ザ・タイム〉のカップリングとしてこの曲が入っていたものがあって、僕はほしくて買っていたんですけど、初めて聴いた映画『ムーン・ウォーカー』から6年の日々を経て《ヒストリー》の2枚目にポツンとこの〈カム・トゥゲザー〉がそのままの録音で入ったので驚きました。今思うと、マイケルが《ヒストリー》の2枚目にビートルズのカヴァーを、しかもわざわざ6年前の音源をそのまま入れたことは、チャーリー・チャップリンの〈スマイル〉もそうですけど、深い意味があるんじゃないかなという気もするんです。

田中　そうですね。思い入れはすごくあったのではないでしょうか。ある人が「ビートルズのジョンの〈カム・トゥゲザー〉は誰にも超えられないんだけど、マイケルの〈カム・トゥゲザー〉だけは例外だ」と言っていたのですが、まさに同感ですね。

西寺　以前はポール・マッカートニーと一緒に曲を作っていたりもしたんですけど、〈マン・イン・ザ・ミラー〉以降、〈ヒール・ザ・ワールド〉や〈ウィ・アー・ザ・ワールド〉、J-FRIENDSの〈People Of The World〉もそうですけど、ジョン・レノンさんとオノ・ヨーコさんが作った平和のイメージを伝えることを大事にしてきましたよね。〈アース・ソング〉の環境問題もそうですけど、そういう部分でジョン・レノンの遺伝子を受け継いだと言いますか、1980年12月にジョンが亡くなってから、マイケルは世間に夢想家と思われても世の中を良い方向に変えていくリーダーになろうとした。それが《ヒストリー》の中にあえてこのカヴァー曲を入れた意味なのかなと思ったんです。

田中　そうですね。

西寺　改めてジョン・レノンの影響を感じました。ではもう1曲、田中さんが選んでくださった曲をお送りしたいんですけれども。

田中　はい。〈THIS IS IT〉です。マイケルがどう思っているのかは分かりませんけれども、『マイケル・ジャクソン THIS IS IT』は結果的にあまり知られていないマイケルの素顔が分かる映画ですよね。

西寺　あの映画でマイケルのファンになったという方がたくさんいましたからね。

田中　そうですね。そこからマイケルを好きになったという方が多いという話は、僕も聞いています。普段のマイケルってあの映画の通りでですね、自分の仕事には厳しくとも尊大なところは全くなくて。周囲の人間にはいつも謙虚に優しく接する人でしたね。

西寺　ミュージシャンに「そこ違うよ」と言うときも、すごく丁寧でしたもんね。自分の基準というか、「ここまではやれ」という基準はもちろんあるんですけど、言い方が全体的に優しいというか。

田中　伝え方がですね。

西寺　あの姿を見て、田中さんも「マイケルはこんな感じだったなー」と思われたわけですね。

田中　はい、そうです。

西寺　それでは曲紹介をお願いします。

田中　マイケル・ジャクソン〈THIS IS IT〉。

▶〈THIS IS IT〉

西寺　映画『THIS IS IT』が公開されてから10年とちょっと経ちましたけれども、この曲を聴くと、2009年6月にマイケルが亡くなったあの時期のことを思い出します。田中さんにとって、今改めてマイケル・ジャクソンの存在をどうお考えでしょうか。

田中　オスカー・ワイルドの作品に『幸福の王子』という短編がありますよね。苦しんでいる人や不幸な人々のために自分の体を覆ってる宝石を分け与えて、最後はみすぼらしい姿になって溶鉱炉で溶かされて捨てられてしまう。けれども、鉛の心臓だけは溶けなかった。神に「この街で最も尊いものを2つ持ってきなさい」と命じられた天使により、王子と友だちのツバメが天国で永遠に幸福になっていくという短編なんですけども、マイケルはまさに幸福の王子だったという気がしてるんです。

西寺　特に90年代から2000年代、マイケルは世界中から痛めつけられていましたからね。今になって何故だったんだろうと思うことも多いんです。今日、実際にマイケルとずっと仕事をされてきた田中さんの証言がこうやって記録として残って、本当に良かったと思っています。では最後に、田中章さんが選ぶ〝マイケルの1曲〟をお送りしたいのですが、どの曲を選んでくださいましたでしょうか。

田中　はい、〈ウィル・ユー・ビー・ゼア〉です。マイケルが自分の音楽のルーツのひとつはクラシックだと言っていましたが、冒頭のベートーヴェンの交響曲、第九番の第四楽章歓喜の歌を一部引用して作ってますね。この曲はマイケルの祈りであると同時に、世界中の人々に対する祈りでもあり、普遍的な愛に満ちた世界を願うマイケルの崇高なまでの優しさが表れた曲だと思うので選びました。マイケル・ジャクソンで〈ウィル・ユー・ビー・ゼア〉。

▶〈ウィル・ユー・ビー・ゼア〉

今日はレコード会社でマイケル・ジャクソンと一緒にお仕事をされていた田中章さんから、本当に貴重な証言やご意見を伺えて、僕も非常に感動しております。

最初にこのＮＨＫ‐ＦＭで「マイケル・ジャクソン生誕60周年記念パーティー！」をやらせてもらったときに、清水彰彦さんにも来ていただいたのですが、田中章さんは清水さんの上司ということになります。このレコード会社の方々には良くしていただいておりまして、いろいろな先輩からマイケルの話を聞いたりもするのですが、その中でも田中章さんは一番長く関わられていた方なので、今の若い人、10代20代の方たちにもこういう証言をこのＮＨＫ‐ＦＭで伝えられたということを非常にうれしく思っています。

【マイケル＆ＭＥ】

ゲスト

久保田利伸

2020年2月23日オンエア

PROFILE

久保田利伸（くぼた・としのぶ）1962年生まれ。ミュージシャン。85年、作曲家としてデビュー。86年、シングル〈失意のダウンタウン〉でメジャーデビュー。95年、全米デビューを果たすなど海外でも活躍。日本のR＆Bの第一人者として知られる。

▶〈ユー・ロック・マイ・ワールド（アカペラ）〉

西寺　みなさんお待たせいたしました。「マイケル＆ＭＥ」に素敵なゲストがいらしてくださいました。この方です！

久保田　こんばんは。お邪魔します、久保田利伸です。

西寺　めちゃくちゃうれしいです！

久保田　ありがとうございます。僕もめちゃくちゃうれしいです。１時間ずっと僕の知ってるマイケルの話をいっぱいしちゃっていいんですよね？

西寺　もちろんです。この「ディスカヴァー・マイケル」では、マイケル・ジャクソンを中心に、マイケルと関わったクインシー・ジョーンズやモータウン、ニュー・ジャック・スウィングもそうですけど、マイケルを背骨に様々な音楽の歴史も語る番組となっております。今日は久保田さんに来ていただけて本当にうれしくて。こんなふうにきちんとお話できるのは初めてなので、今「ＮＨＫありがとう」って思ってるんですけど。

久保田　アハハハハ！

西寺　それではまず、久保田さんのマイケルとの出会いを教えていただけますか？

久保田　僕がマイケルに初めて触れたのは《オフ・ザ・ウォール》かな。僕が世の中で一番聴いたアルバムが、スティーヴィーの《キー・オブ・ライフ》とマイケルの《オフ・ザ・ウォール》、あとはマーヴィン・ゲイの《アイ・ウォント・ユー》、この3つなんですね。

西寺　ああ、もう僕とほとんど変わらないですね(笑)。

久保田　だろうなと思うけどね。

西寺　本当にどれも大好きです。

久保田　その中でも《オフ・ザ・ウォール》は、自分のアルバムを作るときのバイブルですよ。アルバム全体の雰囲気とか流れとか。

西寺　B面の1曲目にタイトルトラックが来てたり、コクのあるものが入っていたり。

久保田　そうです、その通り!

西寺　で、ちょっと真ん中らへんにミディアムスローを入れて、最後に〈アイ・キャント・ヘルプ・イット〉を入れて元気に終わるみたいな。

久保田　そう!

西寺　いや〜うれしいですね〜。僕が中1のときに久保田さんはデビューされているんですが、その前に田原俊彦さんの〈It's BAD〉という曲を作られてますよね。1985年だったと思うのですが。

久保田　そうですね、僕が〈失意のダウンタウン〉でデビューしたのが1986年なので。デビューの前の年に人に曲をいっぱい作ってたんですが、そのときに〈It's BAD〉も手掛けましたね。あの曲のラップは、田原さんのレコード会社のディレクターに「ラップというのかな、早口言葉というのかな、よく分かんないけど作ってほしい」と頼まれて、「それラップですよ」って。

西寺　アハハハハ!　久保田さんは以前から聴かれてましたからね。

久保田　そうそう。ちょうど日本にヒップホップという言葉が同時に入ってきたかな?　という時代なんでね。で、そういうのを作ってくれと言われてできたのが〈It's BAD〉ですね。

西寺　1986年にRun-D.M.C.の〈ウォーク・ディス・ウェイ〉が特大ヒットしたんですけど、それよりも前ですよね?

久保田　なるほど、じゃあそのタイミング……そうだねたぶん。

西寺　うんうん。それを日本の歌謡界の中で一番最初にやったのが、この〈It's BAD〉だったと思うんですけど。
久保田　そうですね。
西寺　マイケルの《ＢＡＤ》が１９８７年秋リリースなので、それより2年も早いんですよね。
久保田　素晴らしい！
西寺　アハハハハ！　すごいなと思って。
久保田　かっこいいよね。
西寺　調べてびっくりしました。
久保田　まあ〈It's BAD〉の歌詞は、厳密に言えば作詞家の先生が書いてるんだけど。
西寺　松本さんですね。
久保田　そう。松本一起さんが書いてるから。松本さんがヒップな意味での「やべえ」ってことで「ＢＡＤ」を使ってるかどうかは分からないけどね。
西寺　どっちかというと普通に「良くねえな」って意味で用いてるかもしれないのか。「雨の日はＢＡＤ」ですもんね。
久保田　そうそう。
西寺　確かに「雨の日最高」ってことじゃないですね。「風の日もＢＡＤ」ですもんね、そっかそっか。
久保田　だけど僕としては「あー、なんかいい言葉入ってるな。もらっちゃったな」みたいなね。「こんなんだけどちょっと良い曲つけてくれ」って感じで、先にそのサビの詩があったの。
西寺　おおー、詩先だったんですね！
久保田　そうなんです。
西寺　それもびっくりだな！
久保田　だから「お、これはいいな」と思って。
西寺　「雨の日はＢＡＤ」って書いてあって、実際雨の日にメロディを思いついたんですか？
久保田　本当によく知ってますね。
西寺　知ってますよ。
久保田　ピッタシ合ってます。
西寺　ありがとうございます(笑)。というわけで、久保田さんはまず最初に作曲家として活動されていたわけですけれども、デビューされて、そのあとの大ヒットというかスーパースターぶりは、このラジオを聴いている方たちはもちろんご存じだと思うんですけども。僕も《the BADDEST》とか《Such A Funky Thang!》とか大好きでしたから。

久保田　そこにも「BAD」が入ってますね。

西寺　そうですね！　ベスト盤の《the BADDEST》、めっちゃヤバすぎるみたいなね。ヤバイの最上級。

久保田　そうです。

西寺　僕、この番組をやらせていただいてるくらいマイケルが大好きなんですけど、実はプリンスも大好きで。

久保田　いいですね。

西寺　だから久保田さんの80年代後半のペイズリー・パーク・スタジオ（プリンスの自宅兼スタジオ）でのお仕事ぶりや、そこでのインタビューなどにはすごく刺激を受けましたね。1993年、久保田さんはニューヨークに拠点を移され、2004年にはソウルミュージシャンにとって殿堂入りとされるアメリカの老舗番組『ソウル・トレイン』にも、初の日本人ボーカリストとして出演され、〝キング・オブ・ジャパニーズR&B〟と称賛を得たという資料が今、届いてます。

久保田　すごく素直に受け取れば、ありがたいご説明ですけど。

西寺　アハハハ！　これは本当のことしか言ってないですよ。

久保田　ブラック、グルーヴミュージック、ファンキーもの大好きな僕としては、今の話は最上級のお言葉が3つ並んだ感じです。『ソウル・トレイン』とかね。

西寺　当時、僕は高校生だったんですけど、テレビで〈Oh, What A Night!〉とか久保田さんの曲をいろいろ聴いてましたし、カラオケでは〈Missing〉とか〈CRY ON YOUR SMILE〉をめちゃくちゃ歌ってたんです。女の子に「郷太くん、歌上手いね」とか言われて、ちょっと良い気分に（笑）。

久保田　最高じゃない。だってR&Bは女の子に褒められるための音楽ですから。

西寺　そういう意味でも何十年振りかにご本人に感謝の気持ちを伝えられてうれしいです（笑）。一昨年「マイケル・ジャクソン生誕60年記念パーティー!」という特番を、ここNHK-FMで放送したんですけど、コメントゲストとして久保田さんに登場していただきまして、そのときに久保田さんの好きな曲ということで〈アイ・キャント・ヘルプ・イット〉を選んでいただいたんですが、この曲はこの番組で大人気で。

久保田　でも〈アイ・キャント・ヘルプ・イット〉って通常の大人気タイプではなくて、特に味ものの曲じゃない？

西寺　そうですね。

久保田　ということは、やっぱりいいリスナーを持ってらっしゃるということですね。

西寺　久保田さんが80年代に日本でブラックミュージックを広められたときは、新しい音楽のスタイルというか、割と革命のような形で生み出されたわけですけど、今の若い世代にとってはむしろそれが基本になってますから。〈アイ・キャント・ヘルプ・イット〉とか、さっきも収録前に〈P.Y.T. (Pretty Young Thing)〉も、この番組では《スリラー》で一番人気のある曲だとちょっと話していて。

久保田　さっき聞いてびっくりしたんですよ。

西寺　そうなんです。

久保田　〈P.Y.T. (Pretty Young Thing)〉は普遍的なかっこよさがあるけど、俺の感覚からいくとオールドスクールすぎるんだよ。でも今の時代の人がそれを好んで聴くというのがね。

西寺　はい。特番の投票で〈P.Y.T. (Pretty Young Thing)〉が《スリラー》の中で一番になったのには僕らもびっくりしたんですけど。それこそ久保田さんや松尾潔さんだったりが好きな曲だと思うんですよね。マイケルはタイムレスなんですけど、それでもちょっとずつみんなが好む曲が時代によって変わってきたりしてて。

久保田　また巡ってきたりするんだね。

西寺　そうですね。そしてそれはやっぱり日本では、特に久保田さんが敷かれた音楽の聴き方、楽しみ方のひとつのスタイルの中に花開いた感覚だなと思ってますね。

久保田　うれしいですね。でもそれを言っちゃったら、僕が時代を切り拓いたり壁を壊すことができたのも、すべてマイケルのおかげですよ。僕は世界中のソウル、R&Bが好きなんだけど、「あれ？　いつのまにか何年も続けられてるぞ」とか「今、自分がやってるソウル、R&Bがポップスマーケットで受け入れられてるぞ」みたいになっていく、それを夢見ることができたのは、マイケルがいるかいないかで大違いですよ。

西寺　いや〜ちょっとジーンと来ました、ありがとうございます。２０１１年12月に僕がＰＲ担当というかオーガナイザーとして全体を取りまとめた「マイケル・ジャクソン トリビュート・ライヴ」というイベントがあったのですが、そこにご出演いただいた久保田さんは、〈あの娘が消えた〉をカヴァーされましたね。

久保田　しました。

西寺　まあ、本当にすごいインパクトで。「Can I sit down?」と言って座って歌われましたよね。

久保田　最後はやっぱり泣き歌で終わる。

西寺　お客さんたちもあの瞬間、ぐっとひとつになって。

久保田　出演した人たちがたくさんいて、それぞれの曲を歌っていたけど、でも「俺が一番マイケルのこと分かってるぞ。一番長く愛してるぞ」っていう、なんか自負みたいなものがあったのね。で、ステージに出てみたら、お客さんたちもものすごく大歓迎してくれていて。だから本当はすぐ歌い始めるつもりだったんだけど、バンドがちょっと知ってるバンドメンバーだったので「まだ歌わないからお客さんと遊ばせろ」みたいなサインを出したくなった感じなわけ。とにかくお客さんも良かったし、自分もその気になっちゃって入り込みやすい歌を歌うことができて。あのとき歌ってる自分、なんかすごく覚えてる。

西寺　僕も当時はイギリスに行ってジャクソン兄弟やお母さんに会ったり、いろいろしながら全体を見ていたので、ライヴ自体はあんまりタッチしていなかったんですね。だからあそこで久保田さんにああいうふうに歌っていただけたことで、すごく締まったなという思いがあって、未だに覚えてます。

久保田　なんだか気持ち良かったっていうか、うれしかった感じがある。あの場で、あのお客さんで、あのイベントで、あの曲を歌って、なんかうれしい感じがしたの。

西寺　いやー、ありがとうございます。ではここからは久保田さんがマイケルを知った、好きになったきっかけを改めて教えていただきたいのですが。

久保田　ジェネレーション的に、音楽に目覚めた頃に《オフ・ザ・ウォール》がリリースされるんですよ。で、そのアルバムを手にする前に、タイトルチューンのシングル〈オフ・ザ・ウォール〉と〈今夜はドント・ストップ〉の2つをラジオで聴いて、ものすごく気持ちよくてね。特に〈今夜はドント・ストップ〉は未だに自分にとって一番身体に気持ちのいいグルーヴミュージックなの。70年代、80年代、90年代、2020年代に入っても、いつ聴いても一番気持ちいいの。
西寺　なんででしょうね？　本当に古びないですよね。
久保田　古びない。70年代の終わりの時代の音なんだよ。なんだろう、普遍的なグルーヴというか。
西寺　久保田さん、当時17歳ですよ！
久保田　そうか。もう、ずっとだね。だからニューヨークにいても日本にいても、たまにヒップホップクラブでDJが遊びで〈今夜はドント・ストップ〉をかけたりするんだけど、お客さんも大盛り上がりだし。
西寺　17歳だと静岡時代じゃないですか？
久保田　そう、《オフ・ザ・ウォール》は静岡時代です。16、17歳のときにマイケルに出会って18歳で東京に出てきて、俺のやりたい音楽、好きな音楽はこれだと。で、ずっとぶれずにそのまんま。
西寺　ではどういう感じの曲なのかを、今ラジオを聴いてる方たちに紹介してもらえますか？
久保田　はい。僕にとって永遠のAランクグルーヴのナンバーワン、〈今夜はドント・ストップ〉です。

▶〈今夜はドント・ストップ〉

西寺　久保田利伸さんの選曲でお聴きいただいておりますけれども、やっぱり素晴らしいですね。
久保田　大好きですね。マイケルのダンサブルな曲、アップテンポな曲は、他の誰の曲よりも幸せになるの。うれしくなっちゃうのね。俗に言うアゲてくれるってやつなんだけど、他の人とは違って自然にアゲてくれるというか。このへんがいつの時代に聴いてもいいのかもしれない、特にこの曲はね。
西寺　無理矢理感がないというか。
久保田　うん、それがいいのかもしれない。
西寺　今日は数曲選んできていただいたんですけれども、次の曲は〈アイ・ウォナ・ビー・ホエア・ユー・アー〉。マイケル・ジャクソンの割と初期の頃の曲ですね。
久保田　これ好きなんだ。なんだろう、ジーンときちゃうんだな。
西寺　俺も大好きです。
久保田　提供したリオン・ウェア効果もあると思うんだ

けど、Aメロがとてつもなく切ないんですよ。これをちょっと口ずさんだり聴いたりしただけでもう泣けてきちゃう。

西寺　どうしてなんですかね。

久保田　ミュージシャンやシンガーたちが同じようなことをよく言うんだけど、本当になんなんですかね。

西寺　アハハ！　魔法のスパイスっていうかね。

久保田　そうそう！

西寺　なんていうか、切ないんですよね。

久保田　切ないんです。

西寺　ご自分で歌われたことはあるんですか？

久保田　鼻歌でだけですね。プリンスと1、2年しか違わずに、リオン・ウェアが亡くなったじゃないですか。で、自分のコンサートで、衣装チェンジでステージ袖に引っ込んでるときに、亡くなった方のトリビュートをしたいと急に思い立って、リオン・ウェア トリビュートということでバックグラウンド・シンガーに〈アイ・ウォナ・ビー・ホエア・ユー・アー〉を歌ってほしいとお願いして。

西寺　女性ですか？

久保田　そうです。だからマイケルのキーのままでいいと。

西寺　女性も合いそうですよね。

久保田　俺はステージ袖で聴いてたんだけどうれしくてしょうがなくて、リハーサルのときなんて座って休んでればいいのに、出て行って一緒に歌っちゃうんだよね。

西寺　アハハハ！「歌って」って頼んだのに。

久保田　歌っちゃうんだよ！　これは本番でもステージ袖で歌ってる。

西寺　まさに〈アイ・ウォナ・ビー・ホエア・ユー・アー〉ですね、〝いたくなっちゃう〟。

久保田　上手い！

西寺　アハハハ！　この曲、マーヴィン・ゲイのヴァージョンもあるじゃないですか、《アイ・ウォント・ユー》にある短いヴァージョンというか。

久保田　そうなの、あれも大好きだよ。

西寺　フーッてやつ。

久保田　あれが入ってるアルバムも大好きなんだよね。

西寺　いや〜楽しいですね。僕、楽しすぎて顔が火照ってますもん（笑）。

久保田　ここまで掘り下げる話は滅多にできないからさ。これはうれしいよ。

西寺　うれしいですね。それでは曲紹介を久保田さんからお願いします。

久保田　はい。〈アイ・ウォナ・ビー・ホエア・ユー・アー〉。

▶〈アイ・ウォナ・ビー・ホエア・ユー・アー〉

西寺　本当に素晴らしい楽曲です。選んでいただいてありがとうございます。

久保田　俺、選びたい曲がいっぱいあるんだけどね。

西寺　今日は4曲と、他に予備としてプラス数曲選んでいただいたじゃないですか。放送前に「ただ好きっていうんだったら他にも選び方があるよ」っておっしゃっていたんですけど、まあ日によってももちろん変わると思うんですけど、ただ好きっていう選曲だとどういうものがありますか？

久保田　いっぱいあるよ。〈アイ・キャント・ヘルプ・イット〉もかなり好きだし、〈ヒューマン・ネイチャー〉も好きだし〈ホテル〉も好きだし。

西寺　〈ハートブレイク・ホテル〉ですね。〈ホテル〉って略いいですね、俺もそうしよう、かっこいいから（笑）。

久保田　あとは今日ちょっと話してくれたけど、〈あの娘が消えた〉も、もちろん好きだし。

西寺　久保田さんは1985年に作曲家としていろんなヒット曲を出され、1986年にデビューされて、1987年には《GROOVIN'》、1988年には《Such A Funky Thang!》を発表されてますよね。《BAD》は1987年なので、そうなってくるとやっぱり純粋に一リスナーとか一オーディエンスとしてではなく、自分も作り手としての立ち位置があるので、デビュー前までのいわゆる《スリラー》期ぐらいまでが一番熱中していた、というようなことはありませんか？

久保田　僕ですか？

西寺　はい。

久保田　《スリラー》が出て大ヒットした数年後にデビューしたのかな、俺。

西寺　ヴィクトリーツアーの頃ですよね。

久保田　そうですよね。そのあと《BAD》か。

西寺　《ＢＡＤ》は１９８７年なので、久保田さん自身、すでにヒットを出されてましたね。

久保田　でもね、音楽と自分の関係という意味ではデビュー前とデビュー後とでは違うけど、マイケルに関しては変わらないかもしれない。

西寺　そうですか！

久保田　《オフ・ザ・ウォール》の頃は、何も知らない学生で、音楽の作り方もどうしたらいいのか分からないけど歌は大好き、ぐらいで。でもそのあとプロシンガー、プロミュージシャンになるにはどうすればいいだろうって考えていたのがアマチュア時代後半の数年間。そのときに、そのタイミングでマイケルの《スリラー》が世界を席巻したから、すごいな、どうやって音を作ってるんだろうっていう研究に入っていくじゃない。そしたらクインシー・ジョーンズっていうジャズのおじさんがすごいなとか、マイケルは今度は何をやってくれるんだろうって毎回毎回思ってね。で、彼の卓越した点、彼がずっとスターであったことの理由は、いつでも挑戦的というか実験的なところだよね。音に関しても自分の打ち出し方にしても。そこが僕のアマチュア時代からずっと見て、思って、研究していたことだから、マイケルに関しては変わらないね。

西寺　なるほど。久保田さんのいたレコード会社ソニーは、大きくいうとマイケルと同じだったわけじゃないですか。ということは、例えば《ＢＡＤ》とか《デンジャラス》も普通の人よりも早く聴けるような立場にあったと思うんですよ。まあ数日間かもしれないけど。

久保田　聴かせていい一番初めの段階で聴かせてはもらえましたよね。

西寺　ですよね。《ＢＡＤ》はどう思いました？　《スリラー》や《オフ・ザ・ウォール》に比べて、明らかにサウンドが変わったじゃないですか。シンクラヴィアなどの打ち込みのデジタル機材を使用していたりして。

久保田　やっぱりそれが彼の続けていた実験だよね。《ＢＡＤ》のプロデュースは半分クインシーで……。

西寺　プロデューサーはクインシーですけど、マイケル色は相当強いですよね。

久保田　そうだよね。だから今回は何をやってくれるんだろうってすごく興味があったし、どうやってデジタルの硬いもので太い音を出すんだろう、どうやって作ってるんだろうって思って。グルーヴの種類にしても、例えば《スリラー》だったら〈今夜はビート・イット〉でロックとの融合をやって、今度の《BAD》ではどういう融合をやってくれるんだろうって思ったし。あと僕《BAD》はソウル感というか、ファンクをすごく感じたのね、デジタル音はものすごかったけど。

西寺　確かに、そうですね。

久保田　だから、やっぱり行きすぎないでこのへんにいてくれるなっていう感じはあったけどね。

西寺　特にシングルの〈BAD〉はジェームス・ブラウン的というか、ループ感がすごくて。

久保田　そう、そうです。MJチョイスでかけた〈ユー・ロック・マイ・ワールド〉も、もちろんトラックと一緒に聴いてもそうなんだけど、歌だけで聴くと本当にソウル歌いだよ。

西寺　すごいですよね。僕はこの曲をかけてるとき、聴いてる久保田さんの顔もめっちゃ見てましたから(笑)。あのアカペラヴァージョンを、身体でつかまれてましたよね。

久保田　アカペラのほうがノリがいいんじゃないかっていうくらい。

西寺　そうそう。本当にすごいダンサブルですよね。

久保田　俺、試しに15秒ぐらい空くところで、彼の歌ったアカペラのグルーヴに乗ってスナップしてみたの。これマイケル・ジャクソン効果だよ、15秒にぴったりビートが合ってたの。

西寺　さすが!

久保田　びっくりしたよね。

西寺　マイケル・ジャクソン効果というか、久保田さんだからじゃないですか(笑)?

久保田　いやいや。でもぴったし合っちゃったの。

西寺　さすがですよ。でもそれはそういうビート感を、僕らのような日本人というかアジアの人に教える先生みたいな役割を、マイケルは果たしていたんだななんて気もしますね。

久保田　そうです。僕にも、世界中の人たちにも。しかも難しいことじゃなくて、知らないうちに、楽しんでるうちに、ビート感、グルーヴ感って気持ちいいんだなっていうことを教えてくれた。マイケルが一番最初にやって、未だにそれ以上がいない気がしますけどね。

西寺　うわー、これもう「ディスマイ民」、泣いてますね。では次の曲、《スリラー》から選んでいただいた曲をご紹介いただけますか。

久保田　《スリラー》は有名な曲がいっぱいあるからどれを選んでもいいと思うんだけど、〈ビリー・ジーン〉は一番衝撃を受けたの。モータウンの25周年のステージで歌ったときの映像を観たんだけど、あのときに俺、病気になったんだよね。本当に洗脳された。マイケルがムーンウォークしながら歌ってて、めちゃくちゃかっこよくって。俺はそれまでも歌真似を楽しんでやってたんだけど、あそこからマイケルのムーヴを改めて完コピしたくなった。

西寺　今日お会いして改めて思うんですけど、あの時期のマイケルと久保田さん、ちょっと似てますよね。

久保田　顔ですか!?

西寺　顔もそうですけど、骨格も細くて……(笑)。

久保田　そういえばデビュー前にアメリカ人のコーラスの女の人に「なんかマイケルみたいだわね」って言われたことがあったな。アマチュア時代含めて、ときどきアフロにしてたんだけど、そのときはもうでかいアフロだったんで「マイケルみたいだわね」って。

西寺　なんか今、日本語のマイケルとしゃべってるみたいな感じが(笑)。

久保田　でももっと似てるのはプリンスの顔だよ。

西寺　アハハハハハ！

久保田　よく言われるんだよ。プリンスが〈ウォナ・ビー・ユア・ラヴァー〉を出したあの頃にもそっくりだって。骨格が関係あるんじゃないかな。

西寺　アハハハ！　昔、雑誌か何かで久保田さんの大学生時代の写真を見たことがあるんですけど、確かにすごい似てました、アフロで。今もマイケルともミックスされて、なんか不思議な気分になってきましたけど(笑)。

久保田　だって俺、本気でマイケルの声真似したらそっくりだもん。今やんないよ、やんないけど本気でやったらそっくりだよ。トリビュートライヴのときも、マイケル歌真似ヴァージョンもあったんだけど、それをやったらいけないなと思って、一生懸命自分の声で歌ったけどね。

西寺　でもマイケルも物真似が上手いですからね。僕は歌がうまいってことはやっぱり「真似」が上手いってことだと思うんですよ。
久保田　俺も関係あると思う。
西寺　イタコのように憑依してグッと魂を込めるのは、歌が上手い人の条件だと思ってますから。
久保田　僕、よくアマチュアとかまだまだのやつに「どうやったら歌上手くなるんすかね」って言われるんだけど。
西寺　そんなこと訊くやついるんですか!?
久保田　いっぱいいいます。
西寺　ええーっ(笑)!!
久保田　そういうときは大体「とりあえず自分が好きだな、上手いなと思う人をとことん真似しろ」って言いますね。でもそれが上手くできる人ほど、あとあと自分の歌も上手く歌えるような気がするんだよね。
西寺　いやー、これは深いですね。
久保田　向こうから巻きのサイン出てるのにめっちゃ喋っちゃったね。
西寺　ともかく選んでいただいたアルバム《スリラー》からの1曲、紹介していただけますでしょうか。
久保田　はい。25周年のモータウンのステージが忘れられないこの曲です。〈ビリー・ジーン〉。

▶〈ビリー・ジーン〉

西寺　この番組はいつも楽しくやってるんですけど、今日の久保田さんとのこの体感時間、あっという間で驚いてます。実はもう最後のゾーンです。
久保田　まだ話したいことといっぱいあるんだよ！　もう最後のゾーン!?
西寺　自分もびっくりです。
久保田　だってマイケルのことをよく知っていて愛している2人が集まっちゃったらば、それはキリがないですよ。
西寺　ありがとうございます。さっきも「郷ちゃん」って言っていただいてうれしいです。
久保田　そうです、郷ちゃん。
西寺　本当にもう、これからもよろしくお願いします！
久保田　今日も面白いことといっぱい話してるけど、この話の続きは少なくともあと10分の9残ってるんで。
西寺　アハハハ！　まだ全然ありますね(笑)！　この番

組、実は3月に終わっちゃうんですけど、スペシャル枠を残してくれという運動を起こしてるんで。久保田さんと僕らの話まだ終わってないですしね。もう〈今夜はドント・ストップ〉で言えば、全然出だしの「フゥー！」ぐらいですよね。「ドゥドゥドゥドゥ」ぐらいのところですよね。

久保田　「ドゥドゥドゥドゥ……フゥー！」の前だね。

西寺　「フゥー！」の前（笑）!!　確かにそれぐらいの感じですよ。ということで、そろそろお別れの時間なんですが、最後に久保田さんにお尋ねします。ニューヨークなど海外のいろいろな場所で活躍されたり暮らされたりしている中で、改めてマイケルってすごいなって思ったりすることってありますか？

久保田　あるある。

西寺　それ、訊きたいです。

久保田　マイケルは《オフ・ザ・ウォール》以降、《スリラー》くらいからどんどん見た目も変貌していくじゃない。そうすると、黒人の人たちからは「どこ行っちゃうんだよ。もうブラザーじゃないんじゃねえか」みたいな、そういうふうな抵抗があるだろうなって俺は思ってたんだけど、彼らにとってもマイケルは別格なんだよね。どんな佇まいでいようが、どんな見た目であろうが間違いなく彼はスターなんだよ。ディープなソウルミュージシャンから見ても、ゲットーで暮らす黒人たちにとっても。それはやっぱりマイケルがこの世の中にいてうれしい、僕らの中にスターがいてうれしいってことで。要するに世界一なスターなわけですよ。

西寺　そうですね、世界一です。

久保田　それが僕らの仲間から生まれてうれしい。新しいものも古いものも彼らはずっと愛してるっていう、そこが僕、驚きなのね。

西寺　久保田さんは何年にニューヨークに本拠地を移されたんですか？

久保田　はっきり何年からってわけじゃないんだけど、90年代の頭くらいから行ったり来たりが始まって、90年代真ん中から十数年間はずっとべったりいたみたいな。

西寺　今ふと思いましたけど、〈LA・LA・LA LOVE SONG〉でナオミ・キャンベルさんと一緒にコラボレーションされたじゃないですか。

久保田　そうです。

西寺　マイケルも〈イン・ザ・クローゼット〉でナオミ・キャンベルさんと一緒に歌ってましたから、そういった意味でもクロスしてますもんね。

久保田　そうなんです。1995、6年かな、あの時代は僕がニューヨークにべったり住み始めた頃で、ナオミ・キャンベルもいたし、いろんなミュージシャンがニューヨークのスタジオでレコーディングしてライヴして、そこに暮らすっていう感じだった。実はその頃、マイケルと1メートルの距離ですれ違い続けたことがあるんだよ。

西寺　それって《インヴィンシブル》の頃ですかね？ 1999年か2000年ぐらいですよね？

久保田　だと思うんだよね、俺の記憶をたどると。

西寺　それか《ヒストリー　パスト、プレズント・アンド・フューチャー　ブック1》か。

久保田　あのとき俺はニューヨークのソニーのスタジオでレコーディングしてたんだけど、スタジオの前に大きなバスが1台停まってて、バスから太いケーブルがいっぱい出ててスタジオの中に入ってるから「なんだこれ、なんのロケバスなんだ？」と思ったら、どうやらそのバスの中でマイケルがレコーディングしてるらしいと。

西寺　停めたバスの中で！

久保田　そう。2、3歩歩けばスタジオのドアがあるのにそっちに行かず、バスでレコーディングしてる。でも興奮しましたね。マイケルの姿は見えないけど、用もないのに何度もそこから出てデリに物買いに行ったりとか（笑）。

西寺　アハハハハ！

久保田　で、このバスちょっと揺れてるな。マイケルもしかしてノってるな？　みたいなチェックをしに行ったりとかね。

西寺　たぶんさっきの〈ユー・ロック・マイ・ワールド〉などを録ってた時期だと思いますね。だからそのとき「ダッ、My Life!」って言ってたかもしれない（笑）。

久保田　何度かバスが揺れてるの見たから。

西寺　正に自分で「ロック」してたのかもしれない（笑）。

久保田　ロックしてたのかもしれないね！

西寺　久保田さんに選んでいただいた最後の曲は、ちょうどその時期の楽曲で、久保田さんもニューヨークに本拠地を置かれていた頃の作品だなと思い、僕も感動しています。

久保田　さっきも実験的とかそんな話しをしたけど、マイケルが「今いいかもしれない」と思った新しい人たちとどんどん組んで作った曲の中で、最後の曲に選んだ〈バタフライズ〉は、俺が好きなFloetryっていうネオソウルユニットがあるんだけど、その片割れのマーシャ・アンブロシウスが書いたから、この曲ネオソウル感があるんだよね。

西寺　やっぱりマイケルが若い人の才能を認めて……。

久保田　そう、そうそう！　そこがすごいよね。その前はテディ・ライリーがいいらしいぞ、R・ケリーがいいらしいぞってね。

西寺　そうですよね。

久保田　その中で、今度はちょっとネオソウルグルーヴのほうに行ってみたりっていうことをやるのはさすがだなと思って、この〈バタフライズ〉もすごくいいなーと思って選びました。

西寺　それでは、超名残惜しいのですが曲紹介をお願いします。

久保田　はい。マイケル・ジャクソンで〈バタフライズ〉です。

西寺　久保田さん、本日は本当にありがとうございました！

久保田　ありがとうございました。

▶〈バタフライズ〉

西寺郷太がお送りしております「ディスカヴァー・マイケル」、お楽しみいただけましたでしょうか。今日も神回というか、僕の中では本当に楽しい回でした。スタジオを出る前に久保田利伸さんが「まだ終わってないよね」と言ってくださったので、これからもいろんなところでお話しできればなと思っております。一マイケルファンとしても感激いたしました。

［マイケル＆ME］

ゲスト

湯川れい子

2020年3月22日オンエア

西寺　お待たせいたしました。「マイケル＆ME」に素敵なゲストがいらしてくださいました。この方です！

湯川　こんばんは。湯川れい子です。

西寺　湯川さん、今日は来ていただきましてありがとうございます。

湯川　こちらこそ。ありがとうございます。

西寺　以前マイケルのスペシャル番組をやったときに湯川さんにコメントをいただいたんですが、もう一昨年になりますね。そして「マイケル＆ME」の最後のゲストは湯川さんにとスタッフに言い続けてきたんですけど、実現して本当にうれしいです。

湯川　ありがとうございます。

西寺　では、ご存じの方しかいらっしゃらないと思いますが、湯川れい子さんのご紹介をさせていただきます。昭和35年、1960年にジャズ評論家としてデビューされます。その後、17年間続いた「全米トップ40」をはじめとするラジオのDJや、音楽の評論、解説を手掛け、エルヴィス・プレスリー、ビートルズ、マイケル・ジャクソンなどのアーティストを日本に広められた他、作詞家として〈涙の太陽〉〈ランナウェイ〉〈恋におちて〉〈六本木心中〉、そして僕もカラオケでよく歌う〈恋におちて〉……。

湯川　アハハ！〈恋におちて〉歌えるの？

PROFILE

湯川れい子（ゆかわ・れいこ） 音楽評論家・作詞家。1960年、ジャズ専門誌『スイングジャーナル』へ投稿し、その才能が認められジャズ評論家としてデビュー。ラジオDJや音楽解説などを手がける。作詞家として〈ランナウェイ〉〈六本木心中〉〈恋におちて〉などのヒット曲がある。

西寺　僕の甘い声にめちゃくちゃピッタリなんですよ(笑)。

湯川　聴きたい！　難しい歌ですよ〜。

西寺　「♪I'm just a woman. Fall in love〜」とよくハイトーンで歌ってました。

湯川　うわァ、ありがとうございます。今度ちゃんと聴かせてください。

西寺　光栄です(笑)。というわけで、数々の大ヒット曲を手掛けられている作詞家でもいらっしゃいます。そして湯川さんと僕の出会いなのですが……。

湯川　それよりもね、私が本当に郷太さんに心から感謝した話をしたいんですが、実は郷太さんの存在を知ったのはマイケルが亡くなってからなんです。マイケルの再発物のライナーノーツを郷太さんが書いてくださることが多くなってから「この人はどういう人なんだろう」と思って読んでみたら、ものすごくしっかりした評論というか解説で、「こんな人がいるんだ！」と知ったんです。それでマイケルが亡くなったことを受けて、再発物を一気に作らなくちゃならなくなったんだけれど、私はもう体力的にも時間的にも無理で、もう他に代わりがいないのが分かっていてもお断りしなきゃいけないようなとき、郷太さんが全部カヴァーしてくださった。その後、『新しい「マイケル・ジャクソン」の教科書』とか、有り余るものも出してくださって。

西寺　アハハ！　はいはい、本も出しました。

湯川　それで私はこの人に一度ちゃんとお会いしたいと思って、レコード会社の担当の方にもお話ししてたの。それからはジャクソンズも一緒に観に行ったりね。

西寺　そうですね。湯川さんとジャクソンズのライヴを観て告知をするというかPRするためにオレゴンへ行きました。人生で指折りに楽しかった思い出ですね、あれは忘れられない。さっきもちょっと話したんですけど、僕は本当にマイケルが大好きで、しかも音楽を聴くことだけが好きだったわけではなくて、歴史もすごく好きなんですよ。

湯川　そうですよね。

西寺　好きになったきっかけは、やっぱり湯川さんや吉岡正晴さんなど、いろんな方が書かれたロックやポップスの歴史を読んでからですね。湯川さんが1960年に始められたジャズ評論家のときは、ポップスを語ったり書くことがあんまりなかったんですか？

湯川　一切なかったですね。まだ1960年ですからビートルズも出てきていない頃なので、アメリカのヒット曲はシングルでは出ていても語るべきものではないという扱いでしたね。だから音楽評論家といえば、戦前からいらっしゃるクラシックかジャズの分野だけ。野川香文先生や野口久光先生、60年代にバリバリの人気者になってきた植草甚一先生など、そういう方たちが綺羅星のようにいらしたけど、その一番最後のあたりに位置されたのが、今は亡き福田一郎先生。この方が日本でロックの素晴らしい解説をたくさん手掛けてくださったんだけど、その福田一郎先生が一番若くて、その次に私だったのね。私はたまたま『スイングジャーナル』に投稿したことで人気が出て、書かないかと声をかけられたんだけど、そんなところに並ぶなんてとんでもなくて……。

西寺　湯川さんって最初は歌を歌ったりしていたんですよね？

湯川　いや、歌も歌いたかったし、もうそれこそ……。

西寺　エンターテインメント？

湯川　いえ、女性のモデルケースが全く何もなかった頃だから定義が難しいんだけど、私は画家にもなりたかったし詩人にもなりかったし女優にもなりたかったし。

西寺　まあ詩人にはなりましたけどね。

湯川　でもどうやってなれるかも分からない。そんな中でたまたま手応えがあったのが、夢中になって聴いてたビバップ、モダンジャズだったんですね。それについてすごく生意気な読者として、「今の日本の聴き方はおかしい」みたいなことでボンと投書したのが、まだ本当に19、20歳とかそんな頃で。

西寺　アハハハ！　そうなんですか、それがウケたんですか？

湯川　そうなの、女だったしね。読めば明らかに若い女だって分かるじゃないですか。だからたくさんファンレターが来たんだって。

西寺　へえーっ！

湯川　それで、その頃編集長をしてらした岩浪洋三という、やがて偉大なジャズ評論家になられるんですが、当時はまだお若い編集長だったんですけど、その方から電報をもらって。

西寺　電報の時代(笑)！

湯川　そう、まだ家に電話がないっていう時代。「一度お目にかかりたし。お電話乞う」っていう電報が来たの。

西寺　おおー、すごい！

湯川　それで電話したら「編集部の近くの喫茶店まで来るように」と呼び出されて行ったのが最初ですね。

西寺　福田一郎さんとはどのように出会ったんですか？

湯川　まだ大橋巨泉さんが早稲田の大学生の頃ですね（笑）、米軍の人たちが日本に持ってくるような、ニューヨークとかシカゴで最先端のグツグツ泡立つように出てきたモダンジャズ、ビバップとかバップとか言われた音楽を、小さなお部屋でみんなで煮詰まって聴いてる喫茶店が有楽町にあったんです。そこで30代だった福田一郎さんと初めてお会いしました。

西寺　へえーっ！

湯川　それで福田先生がご自分のページをポンとくださったの。書き手が少ないから『ミュージック・ライフ』も喜ぶからって。私はそこでアメリカのスターのゴシップを交えながら音楽情報を書いてたの。ちょうどエルヴィス・プレスリーなどがすごい人気のある頃で。

西寺　そうですよね、1960年といったらビートルズもまだデビューしてないですもんね。

湯川　そう。だからエルヴィス・プレスリーが女優のアン・マーグレットとデートしただの、どこのパーティーに行っただの、そういう話を毎月4ページに渡って書くようになって。どこで情報を仕入れたかというと、米兵が国に帰るとき、いらなくなった向こうの『HIT PARADER』とか『Soul Hits』とか、そういう雑誌を横須賀とか横浜とかの古本屋さんに売るわけ。

西寺　なるほど。それを買いに行って。

湯川　そう。ザルとかカゴの中に入ってて5円とか10円くらいで売られてる雑誌を買えるだけ買ってきて、そこから情報を拾ったんだけど、それを教えてくださったのも福田先生。福田先生は横須賀で育った人だから。

西寺　そうかそうか。今はネットも当たり前だけど、当時はないし、情報がないから。

湯川　もちろんネットもないし、今のウィキみたいなのがありえない時代だから。レコード会社には洋楽部もなかった頃なので、古本屋の雑誌を拾いながら原稿にしたんだけど、それがすごく人気が出て。

西寺　それでエルヴィスに続いてビートルズも登場し、

モータウンもめちゃくちゃヒットしてて、そしてマイケルが……。

湯川　ジャクソン5ね。

西寺　ジャクソン5が登場するまでだいぶ時間が経ちますけど。

湯川　そうなの。だからその前にもちろんモータウンがあって、スプリームスがなんだかんだあって、ダイアナ・ロスがいて、そこにジャクソン5が出てきたんだけど、ジャクソン5のタイミングとして何が良かったかというと、ちょうどテレビが始まった時代だったんです。だから映像が観られた。これは大きかったですね。

西寺　どんな印象でした？　最初に観たジャクソン5は。

湯川　それは可愛かったですよ。その前のスティーヴィー・ワンダーの〈フィンガーティップス〉がもう天才的で、みんな騒いでましたけど。

西寺　うーん、なんか湯川さんの今の髪形、スティーヴィー・ワンダーみたいですよね(笑)。

湯川　よく言われますね。あるいはドレッド大仏だとかいろいろ言われるけど(笑)。

西寺　アハハハ！

湯川　話は戻りますが、ジャクソン5は何より可愛かった。あんなふうに黒人の男の人たちがファッショナブルでアイドル的な存在として現れたのは初めてですから。

西寺　そっか。

湯川　それまでも、もちろんドゥーワップから始まって、スモーキー・ロビンソンとミラクルズとか、黒人のシンガーたちはいっぱいいたんだけど。

西寺　テンプテーションズとか。

湯川　そう。いっぱいいて好きだったけど、でもテレビの出現によって「キャー！　可愛い！」「かっこいい！」とか、まず子どもたちが夢中になった。

西寺　日本でもね。

湯川　そうですね。だから日本でもフィンガー5とかが出てきたし、井上大輔さんがいろいろ書いたりしたんだけど、日本でのそういう動きのきっかけがジャクソン5だったのね。

西寺　そっかそっか。確かにジャクソン5から、のちのジャニーズとかああいうグループの形がどんどん出てきたなという気はするんですよね。

湯川　そうですね。

西寺　湯川さんってジャクソン5が初来日したときも観られてるんですよね？

湯川　はい。彼らが日本に来たのが１９７３年なんだけど、そのとき私はマイケルにインタビューしてるの。

西寺　ちょっとそのお話を聞く前に、湯川さんとマイケルの出会いの曲として、この時期のマイケルの曲を紹介していただきたいのですが。

湯川　本当はジャクソン5の中から選ぼうと思っていたんだけど、私の本当の出会いは彼がソロ活動を始め、映画『ベン』の主題歌〈ベンのテーマ〉を歌ったとき。それはさっきもちょっと紹介してくださったけど、私が解説していた「全米トップ40」の第１回目の放送が１９７２年の10月14日で、〈ベンのテーマ〉がその日の１位だった。

西寺　そうなんですか！

湯川　そう。１位が２週続いたのかな？　１位になると訳詞もしなきゃいけないし、とにかくよく聴いたんですよ。本当に何度も何度も聴いて、息継ぎから感情表現から何から何まで。「ここまで上手いの？」「ここまで歌える人だったの？」って思ったんですよね、それがマイケルとの最初の出会いといえるでしょうね。

西寺　分かりました。では湯川さんに選んでいただいたマイケルとの本当の意味での出会いの曲を紹介してください。

湯川　はい。今でも本当につくづく素晴らしいと思いながら聴きますね。マイケル・ジャクソンで１９７２年にリリースしたヒット曲〈ベンのテーマ〉。

▶〈ベンのテーマ〉

西寺　このあと１９７３年にジャクソン5が初来日して、そこでライヴを観てインタビューもしたということですよね。

湯川　そうなんです。マイケルはまだ14歳ぐらいだったと思うんだけど。インタビューは東京タワーのすぐ下のホテルで行いました。もう当時、テープレコーダーはあったはずなんだけど、ラジオ用の機材がなく残念なことに音が残っていないんですよ。そのときのマイケルはたしかコーデュロイの三つ揃えの茶色っぽい、ベージュ系のスーツを着ていて、ハンチングみたいな帽子をかぶってね。

西寺　可愛いですね！

湯川　可愛らしいアフロヘアでしたね。お父さんともう一人誰かいたけど、一緒にその部屋に入ってきたんです。マイケルが綺麗なキラキラした目でピタッと私の目を見て「How do you do, Madam」って。マダムがついたのよね！　それから「I'm Michael Jackson」という挨拶から始まって、本当に丁寧でね。それから座って「あなたは学校に行く時間はあるの？」とか「いつも何をしてるのが好き？」とか、そんなありきたりな話をした記憶があるんだけど、「誰に一番影響を受けたの？」って訊いたときに「ジャッキー・ウィルソン」って言ったのを覚えているの。

西寺　おお〜！　ジャッキー・ウィルソンの名前はよく出してましたよね。

湯川　そう。私はジェームス・ブラウンと言うのかな？　もしくはスモーキー・ロビンソンとか言うのかなと思っていたら、ジャッキー・ウィルソンと答えたので非常にインパクトがあったことを覚えています。そういう話をしてるとき、マイケルは、ドアの近くで腕組みをして立ったまま座りもしないでこっちを見てるお父さんの顔をチラッチラッと見るの。どんな答え方をしたかをチェックされて、時にはひっぱたかれるという話をあとから聞いて、だからだったんだって分かるんですけど。

そのあとか前か日付はちょっと分からないんだけど、東京音楽祭で彼らが歌うステージとか、コンサートも私は観てるのね。よく言われてることなんだけど、自分たちの出番が終わるとお兄ちゃんたちはさっさと遊びにいっちゃうんだけど、マイケルだけはずっとステージサイドにいて、その東京音楽祭のときも次から次に出てくる人たちをずっと観ていたっていうのね。そういう話も聞いていたし、そのときからマイケルだけはちょっと違いましたね。それと誤解を恐れずに言うと、スターはなぜ光るのか、光るからスターなんだということが分かったのもそのときかもしれませんね。というのは、ステージには5人いるのにマイケルから目が離れない。

西寺　マイケルしか見られない。

湯川　うん、見ない。気がつくとマイケルしか見ていない。マイケル以外の人の動きには全く目がいかない。それでスターというのは光るんだって解ったの。みんな似たような格好してるし、ソロ取ってるのはマイケルだけじゃないんだけど、でもなんかマイケルに目がピターッと吸い付いて離れなくなっちゃう。

西寺　お客さんとして観たときにね。

湯川　そう。それからですね。「本当にこの人は伸びますかね？」とか「この人はまだレコードのプロモーションにお金かけても大丈夫ですか？　湯川さん見てきてください」なんて言われるようになった。それを私は目が吸い付いて離れないかどうかで判断したんだけど、理屈じゃないのよね。

西寺　そうか、マイケルを見て感じたことがあったから、それから新人とかいろんな人を見るときに、そういう感じがあるかどうかを確認したということですね。

湯川　そう。今ならさしずめオーラと言うんだろうけど、本当にそれだけのエネルギーがあるかどうかなの。

西寺　だいぶ時間が飛んじゃいますけど、ブルーノ・マーズのちっちゃい頃も湯川さんがやったイベントにゲストで出て、エルヴィスのモノマネして。

湯川　はい。ゲストで出てくれました。

西寺　ブルーノが10歳ぐらいのときですよね？

湯川　いえ、10歳になっていない。まだ5、6歳です。

西寺　湯川さんって持ってるなーという話なんですけど、そこはエルヴィスでつながってるわけですね。

湯川　はい。マイケルとエルヴィスのつながりは、時間がもっとあったらゆっくり話したいぐらいなんですけど。エルヴィス・プレスリーの娘リサ・マリーが、マイケルが亡くなって救急車で運ばれていく映像を観ながら、かつてマイケルとゆっくり話していた夜に「いつか僕も君のお父さんみたいな死に方をすると思うよ」とマイケルが漏らしたことを思い出したと言っていました。実はあんまり人は語らないんだけど、私はマイケルはエルヴィス・プレスリーに本当に憧れ、尊敬し、同時に認めたくないという葛藤もあり、すごく複雑な感情があったんだろうなと思うんです。

西寺　そうですよね。一度はエルヴィスの娘と結婚したわけですからね。あとは〈ハートブレイク・ホテル(Heartbreak Hotel)〉という曲では結局周りに怒られてというか、エルヴィスの曲名だということで〈This Place Hotel〉という名前に変えて。

湯川　ああ。それまでのLPがCDとして出たときに、たぶん私だけじゃなくて、たくさんの声が寄せられたから変更したんだろうと思うけど、それを知ったときは「マイケルとあの論争をしたのは良かったのかもしれない」と心から思いました。

西寺　湯川さんがインタビューしたときに、マイケルが怒ったことがあったんですよね。

湯川　そう。《トライアンフ》のヒットのあとに、ロサンゼルスのCBSで行われた記者会見に行ったんですけど、その記者会見はプロモーターのドン・キングさんも一緒に出ていて、まだまだ黒人のルートでのコンサートだったんだけど、そのあとマイケルはすでにもうそのことにも、お父さんにも反発しましたね。

西寺　うーん。BADツアーとかはそうですよね。

湯川　はい。それでやがて白人の弁護士たちと手を組んで、自分が主導権を握るようになっていくんだけれど、そんなマイケルが変化していった頃、私はロサンゼルスの記者会見のあと個室でマイケルと話したんです。まだ兄弟たちとそのへんのソファーにひっくり返ってギャーギャー言ってるような感じだったんですけど、本当にちゃんとしたインタビューというか、30分くらい話ができたんです。その中で「エルヴィス・プレスリー・ファンにとっては神聖なと言ってもいい、ロックンロールの始まりの曲になった〈ハートブレイク・ホテル〉というタイトルを、なぜあなたは使ったの?」と訊いたら、キッと顔色が変わって睨みつけられて……。

西寺　湯川さんが睨まれた!

湯川　そう。でマイケルは「神聖でもなんでもありません。エルヴィスは僕たち黒人の音楽を盗んだんだ」って言ったの。そして私が「いや、でもあれがあったから畑が耕されて、モータウンが出てこられたんじゃないの? だから今ここまであなたたちもできるようになったんじゃないの?」って返したら、「十分じゃありません。まだ黒人のピーターパンも黒人のスーパーマンもいない」ってマイケルは言ったの。

西寺　そうだそうだ、スーパーマンはいない。

湯川　そのときのマイケルの顔は今でもよく覚えてるけど、あの頃はまだよく話してくれたんですよ。

西寺　そうですね。その1981年から1982年までは。

湯川　そのあとの話なんだけど、当時宣伝の大変偉いポジションにいた女性がいて、彼女はやがてフリオ・イグレシアスやラトーヤ・ジャクソンを手掛けるんだけど、私が個人的に仲が良かったこともあって、彼女に「今日ラトーヤに会いにいくから、エンシノの家に行かない？」と誘われてご一緒したら、そこにマイケルがいたの。今でも覚えてるんだけど、毛糸の帽子を深々とかぶって若草色のセーターを着ていて、セーターの下のほうがほつれてて、そのほつれた糸を引っ張りながらマイケルが出てきて。私も久しぶりでうれしくて「Hi, Michael.」って言ったら、もう「Hi.」って言っただけ。ほとんど目も合わせないでスーッと行っちゃった。それからはどこでマイケルに会っても、もう「Hi.」だけでしたね。ジャーナリストも個人も、一切拒絶するようになった。

西寺　表面上は「Hi.」って言うけど。

湯川　そう。深々と帽子をかぶって、手元に何冊か小雑誌を持ってたから何しに行くのかと思ったら友人が「ものみの塔のパンフレットを配りに行くんだ」って。

西寺　ああ、そっか、だからちょっと変装してたんですね。

湯川　まあ、変装にもならないと思うんだけど。

西寺　でもヒゲつけたり結構いろいろやってたらしいですから。

湯川　毛糸の帽子と、ちょっとほつれたセーター着て玄関口やポストに配るぐらいじゃ、マイケルだなんて分からなかったんでしょうね。でもあの頃はまだ「Hi.」くらいは言ってくれたけど、やがて何を言ったってメディアは自分たちの思うようにしか書かないんだと一切を拒絶しましたからね。それと、マイケルについてひとつ言っておきたいのは、フランク・ディレオのように彼に本当に尽くしに尽くしていた……。

西寺　マネージャー。

湯川　マネージャーというか、本来なら彼はEPICの次期社長と言われた人ですからね。

西寺　そうか、レコード会社のね。

湯川　大レコード会社のね。マイケルは彼を引っこ抜いて自分のパーソナルマネージャーにして、彼もマイケルをあそこまで大きくしていったと思うんだけど、でもたったメモ1行で「もう君はいらない」でクビにしちゃう。

西寺　辞めさせますって。

湯川　まあ、もう1回は戻るんだけどね。

西寺　最後の最後ですよね。

湯川　そう。だからね、マイケルはたぶん大衆というか億という単位の人間は信用できても、自分の側にいる個人は誰も信用できなくなっていったんだと思うの。

西寺　まあ、それはそう思いますね。

湯川　それがマイケルの一番苦しいところだったんだろうなと。前に郷太さんにもお話ししたと思うけど、たしかＢＡＤワールドツアーの最後、１９８９年12月に来日したときだったと思うけど、グレッグ・フィリンゲインズとかバックの人たちがお部屋に集まって、今日はクリスマスだからプレゼント交換しようってことになって。

西寺　はいはい、知ってます。デンジャラスツアーかもしれないですね。

湯川　でも待って待って、マイケルはまだ来ない、同じホテルの中にいるのになんで来てくれないんだ？　こっちはファミリーや子どもたちも一緒に待ってるのにって。

西寺　ちょっとでもいいからと。

湯川　でも結局来なかった。なんかそういうところで、本当に身近でマイケルのために頑張ってきた人たちの心が離れていったのよね。そういうことがあって、最終的にマイケルを守れなかったんだろうなって思います。

西寺　そうなんですよね。僕もずっとマイケルはすごい人ですよって言い続けてきたんですけど、世間から叩かれるようになった頃、たまに「マイケルは叩かれる理由が1個もないのに叩かれた」みたいに言う人がいたんですけど、でもそうじゃなくて、やっぱりそうやって身近なスタッフを辞めさせたりとかいろんなことが積み重なった結果、周りが彼を守れなくなったとか、そういうその当時の状況をやっぱりちゃんと伝えないといけないなと思うんですよ。

湯川　あともうひとつ、あなたと一緒にワシントン州オレゴンにジャクソンズを観に行ったときにもすごく感じたことなんだけど、ジャクソン5時代からのファンのおばさんたちって、ジャクソン5の頃のジャケットやＴシャツを着てて、そういう人たちがいっぱい来てたでしょ。

西寺　はい、いました。

湯川　あの人たちは、自分たちが黒人の彼らをスターにしたんだっていう自負があるのよね。

西寺　あぁー。

湯川　で、アメリカ全土にそれがあるの。

西寺　白人のおじさん、おばさんがね。おばさんが多かったのかな？

湯川　そう。白人の女の子がおばさんになってもずっと彼らを応援して来たんだけど、その頃黒人の少年たちに夢中になる白人の女の子たちを「ま、いいじゃないか」って大目に見て許した男たちもいたわけよ。

西寺　はいはい、そっか。

湯川　ジャーナリズムの中にも社会の成功者の中にもそんな白人層がいたわけで、それがマイケルが叩かれ始めたとき「俺たちがスターにしてやったのに」という意識がアメリカ中にあったと思うの。しかも彼らはマイケルたちの音楽を正当に評価してないからね。前に郷太さんにも話したけど、アメリカでマイケルを語った本に出会ったことないでしょう？

西寺　そう。良い本はあんまりないですね。

湯川　日本とヨーロッパとイギリスぐらいで、ごく一部にしかないんです。

西寺　そうですね。

湯川　本当にちゃんと音楽的に、そして人間的にマイケルを評価した本とか文章が見当らない。残念ながらアメリカにはないんですね。音楽的な評価も含めて、そんなアメリカとマイケルは終生闘ったんだと思う。

西寺　そうですね。

湯川　マイケルが精神的にも肉体的にも何もかもズタズタになるほど、アメリカのマーケットはマイケルを理解していなかったと思う。

西寺　その話の流れで、湯川さんが選んでくれた次の曲〈スマイル〉なんですけど、これはチャーリー・チャップリンの作った曲をマイケルが、それこそズタボロになったあとに選んでカヴァーした曲ですよね。チャップリンもアメリカにいられなくなったこともあったので、そういうところにもつながっているのかなと。

湯川　つながりますね。だからなんで今日この曲をかけたいなと思ったかというと、今のコロナ騒動なんかを見ていても、本当に心から人の悲しみに同情して一緒に寄り添うという文化が日本にはまだまだあるってことよね。そしてその寄り添う文化、寄り添う思いっていうのがマイケルはすごく強かった。人に寄り添う。恵まれない子どもたちに寄り添う。全身全霊をそこに注いだマイケルの愛を本当に分かった人たちは、今もマイケルを愛し続けている人たちだと思うの。それが日本やイギリス、ヨーロッパにいてくれることがうれしいことよね。

西寺　そうですね。あと、さっき湯川さんがマイケルが誰も信用できなくなったとおっしゃっていましたけど、僕もマイケルは良いスタッフをちゃんと側に置いておくべきだったと思うんですけど……。

湯川　それが、いたのよ、本当はいたの。

西寺　いたけど、でもやっぱりそれはあの立場であの経験をしてみないと分からないことというのはあって、傍から見たら「あの人がいいのに」って思うけど、でもマイケルは本当にその辛く苦しい経験を一番ギリギリのところでしちゃったからそうなった、ということがあるっていつも思ったりするんですね。

湯川　そうなんですね。

西寺　だから僕ももちろんフランク・ディレオさんみたいな人が側にいてくれていたらって今でも思うし、彼を辞めさせたのはマイケルなんだけど、でもやっぱりその壮絶な経験をしてみないと、本人になってみないと……。

湯川　その立場になってみないと分からない。

西寺　と思ったりして。だからこの「ディスカヴァー・マイケル」をやってきて本当に良かったなと思うのは、あんなに良い人で何も悪くないのになんで90年代、2000年代、そこまで虐げられたんだ？　ということだけじゃなくて、理由というか、そういう嵐の中にマイケル・ジャクソンというスーパースターがいたという歴史的な事実を分かった上で聴くと、またいいんじゃないかなって思うんですよね。

湯川　そうですね。彼は心から私たちを、地球の未来を心配してくれたんですよね。

西寺　〈アース・ソング〉にしてもね。

湯川　それが本当にしみじみと分かりますよね。

西寺　ではこの曲を聴いてもいいでしょうか。

湯川　ええ。チャーリー・チャップリンが作った曲で、アルバム《ヒストリー パスト、プレズント・アンド・フューチャー ブック1》に入っています。「本当に悲しいとき、とにかく笑ってみようよ。微笑んでみようよ。そして微笑むことから救われるものがあるかもしれないよ」と語りかけてくれる。もうこれはマイケル以外には歌えない歌ですね。〈スマイル〉。

▶〈スマイル〉

湯川　いやー、泣けますね。

西寺　なんか湯川さんの話を聞いて、本当のナンバーワン・メガスターみたいなものの……。

湯川　孤独？

西寺　メガスターにしか感じられない孤独というものにマイケルが気がついて。そんなマイケルがこのチャップリンの曲を選んだということは、すごくメッセージ性があると思うんです。チャップリン、プレスリー、それからマイケルという、アメリカ文化のナンバーワンと呼べるこの3人が、こうやってパズルのようにつながっていく。孤独のどん底に陥ったときに、この人たちにしか分からないかもしれないとマイケルも思ったのかなって。

湯川　そうよね。でもだからこそ、私たちが悲しみや苦しみを持ったときに聴くとしみじみ分かるのよね。死後40年以上も経ったエルヴィスが今も聴き継がれていたり、ポール・サイモンが〈グレイスランド〉という歌を作ったり、このマイケルの〈スマイル〉や〈ヒール・ザ・ワールド〉が歴史に残るんだと。

西寺　そうですね。今日は湯川さんに来ていただいて縦の歴史の流れ、ポップスというものが生まれてまだ歴史になっていなかった時代から、ずっとご覧になってきたからこその貴重なお話を伺えたんですが、最後に選んでいただいた曲が、今もちょっとお話に出たこの作品ですよね。

湯川　〈ヒール・ザ・ワールド〉ですね。もうね、コロナウイルスもそうですけど、地球の温暖化が明らかに進み、原因はなんであれ本当に起きてるわけだし、それだけの被害が日本にもいっぱいあるわけで。他にもアマゾンの森林が燃えたり、オーストラリアでコアラが死んだり。

西寺　本当に〈アース・ソング〉そのままですよね。

湯川　彼がデヴィッド・フォスターと〈アース・ソング〉を作ってから、もう何年になります？

西寺　最初は80年代ですね。ちゃんと出るまでにだいぶ時間がかかってますから。

湯川　マイケルが生きていてくれたら、ロンドンのO2アリーナで始まったであろうTHIS IS ITツアーの最後の曲として、マイケルはこの曲を選んでる。あの最後の別れの中で、「地球はあと4年しかないんだよ」って言っていて。

西寺　言いましたね。

湯川　その4年がターニングポイントだったんだってことは、今の地球を見ればよく分かりますよね。
西寺　なんかそんな気しますね。
湯川　そうだったんだなって。
西寺　本当に、何年か前からコントロールできないですもんね。
湯川　もうできない。だからそれをマイケルは30年近くも前から理解していて、なんとか伝えたいと思ってくれていたんだなということが分かりますよね。でも今からでも遅くないから、自分のことだけ考えないで、次世代へ、今日にも明日にも生まれてくる赤ちゃんたちが、人間の子どもも、コアラの子どもも、シロクマの子どももみんな一緒に生きていける方法はないんだろうかって考えるべきじゃないのかしら？
西寺　本当にそう思います。いつも言ってるんですけど、マイケルはある種の予言者ではないかと。今のSNSも含めインターネットにおける監視社会的なものに世界で最も犠牲になった人なので、また自分の親友として大切にしていたダイアナ元妃もパパラッチに追われて亡くなったりもしたので、そういうものの危険性を訴えていましたよね。あとはブラジルで撮った〈ゼイ・ドント・ケア・アバウト・アス〉の映像で告発した格差社会、それからアマゾンの森林およびすべての環境破壊について歌った〈アース・ソング〉など、昔はなんだか大袈裟だなと思っていた人もいたけど、でも本当に今の問題になってますから。
湯川　そう、その予言者っていう話なんだけど、実は私たち1人1人が予言者で、音楽を聴くということは、そういう感性を持っている人が刺激されるから共感できるわけでしょう？
西寺　今日は湯川れい子さんがいかに予言者かっていうことを絶対言いたいと思ってこれを持ってきたんですけど、1982年11月16日に書かれた《スリラー》のライナーノーツの中で「60年代、70年代はビートルズだったりポール・マッカートニーがヒーローかもしれないけど」とあって、最後はこうやって終わってるんです。「やがて80年代に入り、その80年代も終わろうとする頃、つまりマイケルがキャリア20年目を迎える頃には、ひょっとしたらギネスブックの記録はマイケルの手によって塗り替えられているかもしれないのです。1990年。それでもマイケルは32歳か。若いなー」って！　このとき《スリラー》発売前ですよ、ライナーノーツですから！

湯川　まだアメリカでも出ていないときですね。

西寺　出てないときですよ。リリースから1年ちょっと、1984年になったばかりの頃にギネスが塗り替えられてるんですから。当時マイケル・ジャクソンの《スリラー》が世界一売れるなんて言っている人はいなかったので、そういう意味でもやっぱり湯川さんが今おっしゃってることとかも……。

湯川　音楽が教えてくれるのよ。本当に音楽が教えてくれる。だから自分の好きな、気持ちが良いな、楽しいなと思う音楽を楽しく聴けることが、実は社会の一番幸せな、基本的なリトマス試験紙だと思えばいいんじゃないかしら？

西寺　そうですね。今まさにこういう状況だからこそ……。

湯川　〈スマイル〉を聴いて。恐れるよりもニコニコと。

西寺　本当にそうですね。次の曲を聴いてお別れになっちゃうんですけれども、本日は本当にありがとうございました。

湯川　呼んでいただいて、ありがとうございました。

西寺　では曲の紹介をお願いします。

湯川　はい。では、みんなで心からこんな世界を目指していきましょう。〈ヒール・ザ・ワールド〉。

▶ **〈ヒール・ザ・ワールド〉**

MJサークル

夏休みスペシャルの「MJサークル」。
マイケル・ジャクソンを取り巻く人々を特集します。

マイケルの心を揺さぶった先人たち
［ゲスト］吉岡正晴

花の58トリオ
〜プリンスとマドンナ、そしてマイケル

マイケルとクイーン
〜盟友・フレディ・マーキュリー

第4章

［ＭＪサークル］　ゲスト　吉岡正晴

マイケルの心を揺さぶった先人たち

２０１９年８月11日オンエア

マイケル・ジャクソンを取り巻く人々を特集する「ＭＪサークル」、第１回目の今回は、〝マイケルの心を揺さぶった先人たち〟というテーマで、ブラック・ミュージックを語る上でこの方は外せない音楽評論家の吉岡正晴さんをゲストにお迎えしてお送りします。

僕がミュージシャンになったり、音楽を語る大人になった最大の師匠といいますか、きっかけをいただいたのが吉岡さんの文章だったので、非常に光栄に思っております。マイケルに影響を与えた先輩ミュージシャンたちの名曲を、それにまつわるエピソードと共にお伺いしていきます。僕は今40代なんですが、それより上のソウル・ミュージック、Ｒ＆Ｂの歴史などは吉岡さんに訊かないと分からないことも多いので、たくさんお尋ねしていきたいと思います。

西寺　さあ、みなさんお待たせしました。本日は素敵なゲストがいらっしゃっております。この方です！

吉岡　こんばんは！　音楽評論家の吉岡正晴です。

西寺　吉岡さん、来てくださってありがとうございます。

吉岡　呼んでいただいて、ありがとうございます。

西寺　吉岡さんをご存じの方はたくさんいらっしゃると思うのですが、改めて紹介させていただきます。吉岡正

PROFILE

吉岡正晴（よしおか・まさはる）音楽評論家、翻訳家、文筆家、ＤＪ。１９７５年以来、ＬＰ、ＣＤなど１０００枚以上のライナーノーツを手がける。翻訳書に『マイケル・ジャクソン全記録１９５８‐２００９』（ユーメイド）、『マイケル・ジャクソン観察日誌』（小学館）などがある。

晴さんは音楽評論家、翻訳家、文筆家、DJ、ソウルサーチャーとして、音楽誌やライナーノーツへの寄稿はもちろん、ブラック・ミュージックに関する著書も数多く手掛けられています。また、マイケル・ジャクソン・ヒストリーの決定版である『マイケル・ジャクソン全記録1958-2009』(ユーメイド)の翻訳監修もされています。

吉岡　はい。これはもう10年前になりますね。下手したら『1958-2019』ができてもいいかもしれないですね。

西寺　昨年8月、マイケルの還暦を勝手にお祝いした特番「マイケル・ジャクソン生誕60年記念パーティー!」にコメントゲストとして登場していただきましたし、そもそも僕が小5の夏、1984年に買った《ヴィクトリー》というアルバムに、吉岡さんがジャクソン・ファミリー・ストーリーというか、ジャクソンズの物語を書いていたことから、僕も今みたいな人間になったということで。

吉岡　今みたいな人間に(笑)。

西寺　何度も言っていますが、湯川れい子さんと吉岡さんのあの《ヴィクトリー》のヒストリーを読んだことで僕は相当変わったので、改めて本当にありがとうございます。

吉岡　ありがとうございます。

西寺　吉岡さんにとってのマイケルは、好きなアーティストのアレサ・フランクリンとかジェームス・ブラウンより少し若い世代じゃないですか。

吉岡　そうですね。

西寺　その中で、マイケルはちょっと特別な存在だったんですか?

吉岡　〈シェイク・ユア・ボディ〉あたりからジャクソンズが甦っているなという感覚を僕は強く持っていたんですけど、《オフ・ザ・ウォール》が出たとき、ディスコのDJたちがオールカットでものすごくかけていて。僕も大好きだったのでかけてましたけど、とにかくお客さんたちが熱狂的に踊ってたので、このソロアルバムで完璧にマイケルが新しいスターになったなという感じを持ちましたね。ところが日本では、ディスコでは大ブレイクしたんだけども、一般的にはそれほどでもなかったんですよ、ラジオでもあまり流れないし。まだMTV以前の話ですけどね。リリースされて半年くらい経った1980年初めになって、すごく珍しいことなんですけどレコード会社が《オフ・ザ・ウォール》を再プロモーションしたんですよ。

西寺　アメリカであれだけ人気があるからということで？

吉岡　そうそう、アメリカで大ヒットしていてアルバムもずっと売れ続けてるから、日本でももう1回ちゃんと宣伝しようとなって、当時のディレクターの吉川さんがいろいろ動いて。それで若干持ち上がった感じはありますよね。

西寺　《オフ・ザ・ウォール》は長く売れてましたからね。さて、今月は「ディスカバー・マイケル 夏休みスペシャル MJサークル」と題してお送りしていますが、番組名を決めるとき、「ディスカバー・マイケル」の他に「MJサークル」というタイトル案もあったんですよ。マイケルを巡っていろいろな人を1年間ぐるっと回って追いかけていくということで。

吉岡　あ、なるほど！

西寺　ということで、3週ほどマイケル・ジャクソンを取り巻く人々を特集していくのですが、今回は「マイケルの心を揺さぶった先人たちと」いうテーマです。僕にとっても吉岡さんは師匠なんですけど、マイケルにとっての師匠と言いますか、憧れの人たちを吉岡さんに特集してもらいたいと思います。まず最初はどなたでしょう。

吉岡　ナット・キング・コールの〈モナ・リザ〉を選びました。これは1950年のヒット曲ですね。

西寺　マイケルが生まれる8年前ですね。

吉岡　そうですね。ナット・キング・コールがどういう人かと言いますと、1919年に生まれ1965年に亡くなるのですが、40年代から頭角を現しはじめ、50年代から60年代にかけてヒット曲をたくさん出したシンガーでありピアニストです。黒人としては初めて全米のテレビでレギュラー番組を持った、ある意味黒人初のスターで、彼がテレビでレギュラーをやったということで、全米の人たち、マイケルのみならず普通の黒人たち、それから白人たちに大きな影響を与えたシンガーの1人です。マイケルはナット・キング・コールだけでなく、たくさんのシンガー、ミュージシャン、作曲家の影響を受けています。今日はすごくポップなところにフォーカスしているのですが、クラシックの影響もありますね。

西寺　ドビュッシーとか絶対言いますもんね。

吉岡　そうですね。それからお父さんがブルースが大好きだったから、家では流れていたでしょうね。お母さんはカントリーファンだったので、そうすると、カントリー、ブルース、クラシック、普通のR&B、ポップ、つまり全ジャンルを聴いていたということになるんですね。それが結局、90年代から2000年代にかけて、彼が自分で好きな音楽を作り出すようになってから、そうした子ども時代の経験がじわじわ影響してきている感じがします。そんな中、当時一番人気だった人がナット・キング・コールだったので、感化されない黒人シンガーってたぶんいないと思うんですよね。もちろんマーヴィン・ゲイも。

西寺　大ファンでしたよね。

吉岡　1958年生まれのマイケルが7歳ぐらいのときにナット・キング・コールが亡くなってしまうのですが、とはいえレコードはその後もずっと聴けるのでね。この曲の歌い回しというか滑らかで綺麗な歌い方が、マイケルのバラードにすごく感じられるときがあるので、これを選んでみました。ナット・キング・コールで〈モナ・リザ〉。

▶〈モナ・リザ〉

西寺　いやーやっぱり素晴らしいですね。

吉岡　素晴らしいですね。

西寺　マイケルはミュージカル音楽もすごく好きだったんですけど、〈チャイルドフッド〉とか〈スピーチレス〉のそういうストリングスの感じが、当時の映画音楽というか……。

吉岡　そうそう。〈ベンのテーマ〉もこの流れにあるんじゃないかなと思いますね。たぶんマイケルがいろいろなシンガーの影響を受けていることは間違いないんですけど、ナット・キング・コールは50年代から60年代にかけて、一番最初にスターになったブラックシンガーですからね。本当に誰でも知ってるナット・キング・コール。

西寺　キング・オブ・ナット・キング・コール(笑)。

吉岡　アハハ！　そうだね、そんな感じ(笑)。なので影響されないわけがないと思うんですよ、当時の空気感、時代感でいくとね。だからマイケルのバラードをじっくり聴いてると「あー、なんかナット・キング・コールがいるな」って感じがしますよね。

西寺　今聴いても音がめちゃくちゃいいですね。

吉岡　やっぱり歌の上手さとオーケストレーションとかが、50年代にしては本当にリッチにできてるんですよね。たぶんキャピトル・レコードの一番大きいスタジオで全部がほぼ同時に録音されてる。で、のちにナタリー・コールが同じスタジオで〈アンフォゲッタブル〉を録るという。

西寺　ナタリー・コールは娘さんですね。僕はどっちかというとその世代ですね。〈アンフォゲッタブル〉世代というか。というわけで、続けて2曲紹介していただきたいのですが、このアーティストのこともマイケルはスピーチのときに絶対言いますよね。

吉岡　そうですね。最初にご紹介するのがデトロイト出身のジャッキー・ウィルソンというシンガーで、50年代から60年代にかけてのスーパースターです。彼はテレビにはあまり出ていませんでしたが、動画サイトを観てみると古いモノクロ映像が出てきます。ナット・キング・コールがレギュラー番組を持ったほどの人気ではなかったのですが、デトロイト周辺の人たちや、全米ツアーをしていたので全米のブラックの人たちには圧倒的な人気がありました。そしてこのジャッキー・ウィルソンの何がすごかったのかというと、彼は歌も上手いけれど、とにかく踊りが素晴らしかったんですよ。もう電撃的な踊りで、のちのジェームス・ブラウンぽくとにかく激しく踊るんです。言ってみればエルヴィスのように踊るというか。ジャッキーのほうがエルヴィスより前なんですけどね。なので彼は歌と踊りで、本当にブラック界のアイドルだったんです。そういう意味でいくと、彼自身も50年代、60年代のマイケル・ジャクソン、キング・オブ・R＆Bだったんですね。

西寺　マイケルは何かの賞を取ったときのスピーチで必ず「ジャッキー・ウィルソンに感謝」みたいなことをリスペクトして言ってましたもんね。

吉岡　そうですね。彼は1934年生まれで1984年の1月21日に、なんと49歳という若さで亡くなるのですが、その年のグラミーか何かでマイケルはちゃんとメンションしてるんですよね。「ジャッキー・ウィルソンが亡くなったので、これをトリビュートしたい」みたいなことを言っているので。しかもジャッキー・ウィルソンはデトロイト出身で、一番最初に放ったヒット曲はベリー・ゴーディが書いた曲なんですよ。ということで、ベリー・ゴーディの線でもつながっています。ベリー・ゴーディともファミリーですから、マイケルもジャッキー・ウィルソンのライヴをデトロイトで何度も観てたはずなんですね。ジャッキー・ウィルソンのあの踊り、ジェームス・ブラウンばりの踊りと激しい歌にものすごく影響を受けただろうなと思います。

西寺　ではもう1曲お願いします。

吉岡　テンプテーションズの〈マイ・ガール〉なんですが、これはジャクソン5時代にはジャーメインが歌っていて、ライヴで大変な評価を得ました。テンプテーションズといえばモータウン・レコード一番のヴォーカル・グループですが、実は人気グループがもうひとつありまして、スモーキー・ロビンソン&ミラクルズというグループなんですが、この2つが東の横綱、西の横綱みたいな感じでしたね。

西寺　そしてちょっと遅れてフォー・トップスみたいな。

吉岡　そうですね。この2つがメインストリームだとすると、フォー・トップスは外様的な感じなんですよね。他のレコード会社で実績を作ってからモータウンに移籍してきたので。

西寺　アイズレー・ブラザーズも移籍組ですよね。

吉岡　そういう意味でアイズレー、フォー・トップスは生え抜きじゃないんですよね。

西寺　そっかそっか。完全にミラクルズはスモーキー・ロビンソンが副社長でもあるし、曲も作ってアイデアも出してという相棒で。

吉岡　そうそう。スモーキーは本当にファミリー中のファミリー。それからテンプテーションズもファミリー中のファミリー。だけどフォー・トップスは横から来てるからね。グラディス・ナイトもそうなんですけど。

西寺　女性シンガーですね。

吉岡　モータウンの中では外様的に扱われて、ちょっと冷や飯を食わされるみたいな。

西寺　スプリームスはダイアナ・ロスがメインですもんね。

吉岡　そうそう。他のグループがちょっと次になっちゃうみたいな感じでね。テンプテーションズはモータウンの中で最も売れたグループで、しかも5人組。テンプテーションズは兄弟ではありませんが、メンバーそれぞれのキャラクターが立っていて、その中でもこの頃リードシンガーだったデヴィッド・ラフィンという人がものすごくシャウト系の熱いソウルを歌う感じで。

西寺　メガネをかけて、ちょっとしゃがれた声で。

吉岡　そうね。ジャッキー・ウィルソンの流れからきたデヴィッド・ラフィンは、当時の男っぽい一番流行りだったR&Bシンガーのスタイルを最も継承しているヴォーカル・グループのリードシンガーで一番人気でしたね。そういう意味でいくと、スモーキー・ロビンソンはちょっと違う流れなんですね。

西寺　優しい声ですからね。スモーキー・ロビンソンとエディ・ケンドリックス。テンプテーションズのもう1人のリード・ヴォーカリスト。

吉岡　そうです。ファルセットのほうね。

西寺　どちらかというとナードというか、メロウな歌声ですよね。マイケルのデビュー当時って、どちらかというとデヴィッド・ラフィンとかジャッキー・ウィルソン路線なんでしょうね、ジャクソン5でいうと。でも本来の彼の声質というか大人になってからは、エディ・ケンドリックスとかスモーキーに近くなっていって。

吉岡　そうだね。

西寺　《オフ・ザ・ウォール》ではメロウなファルセットも最終的にはミックスされるんですけど、なるほど、そう思うと面白いですね。最初はパワフルにソウルシンガーという感じで歌ってたなという気がしますね。

吉岡　そうでしょうね。〈帰ってほしいの〉にせよ、ガツンといく感じですよね。ベリー・ゴーディ自体、当時の時代の流れからしてそういうのを求めていたと思うんですよ。だから迫力あるシンガーを欲して、マイケルにも求めたし。1970年頃のR&Bの男性シンガーは、こういうものだというひとつのステレオタイプがあって、その一番のプロトタイプがジャッキー・ウィルソンであり、このデヴィッド・ラフィンであったと。

西寺　ではその2曲の紹介をお願いします。

吉岡　はい。では2曲続けて聴いてください。ジャッキー・ウィルソンで〈ベイビー・ワークアウト〉、そしてテンプテーションズでお馴染みの〈マイ・ガール〉。

▶〈ベイビー・ワークアウト〉
▶〈マイ・ガール〉

西寺 それではマイケル・ジャクソンへ影響を与えたアーティストの曲をもう2曲紹介してください。

吉岡 はい。最初がフランク・シナトラの〈楽しかったあの頃〉、それからジェームス・ブラウンの〈アイ・ゴット・ザ・フィーリン〉です。フランク・シナトラのほうは言ってみればバラード的な曲で、この曲はマイケル自身もカヴァーしていてその映像も残ってますよね。

西寺 ありますね。

吉岡 そしてマイケルのダンスに一番影響を与えたジェームス・ブラウン。このお2人は絶対に外せないのではないかなと思います。

西寺 双璧というかね。では紹介をお願いします。

吉岡 フランク・シナトラで〈楽しかったあの頃〉(原題：It Was A Very Good Year)、そしてジェームス・ブラウンで〈アイ・ゴット・ザ・フィーリン〉。

▶〈楽しかったあの頃〉
▶〈アイ・ゴット・ザ・フィーリン〉

吉岡 マイケル・ジャクソンは特にバラードで、フランク・シナトラの、一般的に言う白人受けするような歌唱法を引き継いでいると思いますね。フランク・シナトラはイタリア系の歌が上手いシンガーだったんですけど、イタリア系というのはアメリカでは黒人と同じくらい差別されるマイノリティでもあって。そういう意味で言うと、イタリア系のシンガーがハリウッドや全米でウケたことに対して、抑圧された人たちが上に上がっていくという意味で、肌の色は違うけれどもマイノリティとしてすごく共感を得るところがあったのではないかなという気がしますね。

西寺 マイケルって〈スムース・クリミナル〉なんかもそうですけど、マフィア映画とかギャングの世界観みたいな、ああいうものもよくやってますしね。

吉岡 ええ、好きですよね。

西寺 シナトラがマーロン・ブランドと仲が良かったりす

るし、ああいうゴッドファーザー的な空気感も好きだったのかなという気もしますけど。
吉岡　そんな感じがしますね。
西寺　ジェームス・ブラウンに関しては「♪ベビベビベイビー」ってところをオーディションでも歌ってますしね。
吉岡　マイケルに「一番のアイドルを1人挙げてみて」と言ったら、ジェームス・ブラウンを選ぶと思うんですよ。
西寺　まあそうでしょうねー。
吉岡　1968年、マイケルが10歳の頃、将来何になりたいかと訊いたら「ジェームス・ブラウンみたいになりたい」と言ったぐらい、憧れのスーパースターだったと思うんですね。歌もそうだけど、リズム感の良さ、たぶん踊りに一番影響を受けたんじゃないかな。例えば股割りのパフォーマンスとかマイクの使い方など、そういうステージでの全体的なエンタテインメントとしての見せ方すべてをジェームス・ブラウンから学んだのでしょう。実際マイケルは舞台袖でステージを観ていたから、「うわ！ ジェームス・ブラウンさんすごい！」って感じで本当に憧れてたと思いますね。それは歌い方にものちのち出てくるし、ライヴ・パフォーマンスにもジェームス・ブラウンの影響を100%受けてると言ってもいいですもんね。
西寺　それではもう1人、モータウンの先輩を紹介していただきたいのですが。
吉岡　はい。マーヴィン・ゲイなんですが、彼はモータウンで先駆的なシンガー・ソングライターです。スティーヴィーもいますけど。
西寺　自分でドラムもやってピアノもやって。
吉岡　そうですね。マーヴィン・ゲイは1971年に《ホワッツ・ゴーイン・オン》というアルバムを出しますが、これがブラック・ミュージックの歴史の、ひとつの転換期になります。当時マーヴィン・ゲイとマイケルは同じレーベルメイトで、このアルバムの発売時、マイケルは12、13歳ぐらいかな。ジャクソン5は最初はシングルを録音してたアーティストですけど、だんだんアルバムを作るようになり、その後エピックに移籍してからは自分たちでプロデュースもきっちりやるようになるんですが、どうやってコンセプトを作るかタイトルをどうするかというような、アルバム1枚作ることの重要性など、マーヴィン・ゲイはすごく近くにいた大先輩なので彼の影響をすごく受けた感じがしますよね。

西寺 そうですね。ではここで1曲紹介してもらいましょう。

吉岡 はい。マーヴィン・ゲイもたくさんヒット曲があるのですが、この曲を選びました。〈悲しいうわさ〉（原題：I Heard It Through The Grapevine）。

▶〈悲しいうわさ〉

西寺 マイケルに勝るとも劣らないというか、マーヴィン・ゲイという人の天才性はいつも感じています。

吉岡 そうですね。マーヴィン・ゲイは天才的なところとすごくアーティストっぽい不安定なところがあって、人間的にはダメなんだけど、閃いたりするとすごいものを生み出すところが、友だちになるのは難しいけど、ちょっと離れたところから見ていると尊敬できる、そんな感じがします。

西寺 マーヴィンのアルバムに《離婚伝説》（原題：Here, My Dear）ってありますけど、あのアルバムも当時は駄作だとか失敗作だとか言われたりもしていたそうですが、でもマイケルの《ヒストリー パスト、プレズント・アンド・フューチャー ブック1》が出たときに僕は《離婚伝説》みたいだなって思ったんですよ。

吉岡 ほー！

西寺 《ヒストリー》の1枚目はベストでしたけど、2枚目でマイケルは自分の心の奥の汚れた部分や悲しみをデコレートしないで、そのままぶつけているので、これは《離婚伝説》だ！ と思って。このアルバムに〈怒り〉（原題：Anger）という曲があるんですけど。

吉岡 あるある。

西寺 そこでマーヴィン・ゲイ・チルドレンというか、マーヴィン・ゲイの影響もあるなって、そういうところでも思ったんですよね。

吉岡 なるほどね。《離婚伝説》というアルバムは本当に当時みんなにボロクソに言われたんですよ。僕も最初に聴いたときは「なんだこのアルバム！」って思ったぐらいなんですが。唯一あれを評価したのがデヴィッド・リッツという作家で、彼は「このアルバムはマーヴィンの私小説として最高傑作だ」ぐらいのことをロサンゼルス・タイムズ紙に書くんですね。それを読んだマーヴィンがこのデヴィッド・リッツに会いたいと言って、のちにマーヴィンの伝記を書くことになりました。

西寺　その後、共作もしますよね。

吉岡　そう、共作もするんですね。〈セクシャル・ヒーリング〉は、デヴィッド・リッツが一緒にいたときに曲が出来上がるんだけども、そのときに彼が言った言葉が歌になっていくところが、リッツはジャーナリストだったので、カセットテープに録ってたんですね。それで一時期、デヴィッド・リッツのクレジットはなかったんだけど、そのテープが証拠となってデヴィッドの名前が作詞作曲家のクレジットに入ったんです。

西寺　この番組「ディスカバー・マイケル」では、モータウン時代のスティーヴィー・ワンダーとマイケルの関係はバンバン出てきてるんですけど、ここでマーヴィン・ゲイを出していただいたことで、モータウンの二大巨頭といいますか、マイケルが独立するときのお手本になった2人を紹介することができました。

吉岡　モータウン時代にはそれこそホーランド＝ドジャー＝ホーランドやスモーキー・ロビンソン、そしてコーポレーションという複合Aチームが、最初の〈帰ってほしいの〉から何曲かを作り、全社を挙げてジャクソン5を売り出した。一方マーヴィン・ゲイは独立独歩のシンガー・ソングライターで、スティーヴィーもそうでした。マーヴィン・ゲイは最初に《ホワッツ・ゴーイン・オン》というアルバムをベリー・ゴーディの反対を押し切って作るわけですよね。でもそれが大成功して、以降も《レッツ・ゲット・イット・オン》《アイ・ウォント・ユー》という自分のコンセプトアルバムを作っていく。その手法というのは、マイケルのみならず全世界のブラック・ミュージシャンに大きな影響を与えたと思うんです。

西寺　ゴーディの反対を押し切ったけど結果世界的な名作になった、みたいなところはマイケルもその後、その道を追いかけていくことになりますよね。では最後になってしまうのですが、今年マイケルがこの世を去ってから10年が経ちました。

吉岡　あっという間ですね。

西寺　そうなんですよ。そこで吉岡さんが選んだ曲とマイケルへの思いを教えていただきたいのですが。

吉岡　はい。選んだ曲はマイケル・ジャクソンの〈スマイル〉です。これは1995年のアルバム《ヒストリー》に入っています。僕、この曲を最初に聴いたとき、といってももう24年前か、この曲をディスク2、アルバムの一番最後に持ってきたのがすごいなと思いました。そして、マイケルはたぶん今日最初に紹介したナット・キング・コールのヴァージョンを一番参考にしたと思うんですよ。この曲はチャーリー・チャップリンが1936年に作った映画『モダン・タイムス』に、最初はインストで収録されました。それが20年後ぐらいに歌詞がつけられて、その後ジュディ・ガーランドやナット・キング・コールが歌ったりして、いわゆるスタンダードになりました。「今、落ち込んでいる世界に光を当てる」「明日は明るいんだ」「笑っていけば希望があるんだ」というメッセージのこの曲を、1995年のアルバム《ヒストリー》の一番最後に入れたことが、今となってはマイケル・ジャクソンの遺言として、素晴らしいものになったなという感じがするんです。

西寺　吉岡さん、今日は本当にありがとうございました。最後に曲の紹介をお願いします。

吉岡　マイケル・ジャクソンで〈スマイル〉。

▶〈スマイル〉

吉岡さんとは、僕がミュージシャンになって実はだいぶ経ってからお会いできるようになったのですが、そこからは本当に仲良くさせてもらっております。今日は来ていただいて本当にうれしかったです。ナット・キング・コールは僕にとっては相当前の世代の歌手なので、今日お話しを聞けて、改めて素晴らしいと思えましたし、そう思われた方もたくさんいらっしゃるのではないでしょうか。

【MJサークル】

花の58トリオ ～プリンスとマドンナ、そしてマイケル

2019年8月18日 オンエア

▶〈BAD〉

マイケル・ジャクソンを取り巻く人々を特集している「MJサークル」、第2回目の今回は「花の58トリオ～プリンスとマドンナ、そしてマイケル」と題して、1958年生まれのスーパースター同級生3人を特集します。

まずマイケルがプリンスとデュエットしようと画策して、途中まで話が進んだものの結果的に断られてしまった〈BAD〉をかけましたが、次はマドンナにデュエットしようと言って断られた、1991年のアルバム《デンジャラス》に入った曲をお聴きください。マイケル・ジャクソンで〈イン・ザ・クローゼット〉。

▶〈イン・ザ・クローゼット〉

先ほどこの曲はマドンナが共演を断ったと話しましたが、結局ショート・フィルムの代役はナオミ・キャンベル、そしてレコーディングではモナコのステファニー公女に共演を依頼して、この〈イン・ザ・クローゼット〉は完成しました。マイケルもマドンナに断られたので「もっと

すげえ女性を呼んでこよう」「本当の王女を呼んできた」みたいな、負けず嫌いな感じが出てますよね(笑)。でもマドンナも嫌で断ったというよりは、この90年代のマイケルに「もっと新たなルックスというか、雰囲気を手に入れるべきだよ」と、同い年の友だちとして指摘してあげたというか、そういう理由があったようですね。「可愛いだけの馬鹿げたラブソングはやめよう」「とびきり過激で話題になることをやろう」とマドンナが提案し、マイケルも「いいね、そうしよう」と最初は乗り気だったんですけど、マドンナが「マイケルが女装をして自分が男装してビデオを作ろう」みたいなことを言い出してきて、マイケルはそれはちょっとな、ということで断りました。

それから、マドンナは「一緒に私とクラブに行きましょうよ。あなたみたいな格好してる人いないわよ」とマイケルに意見したらしいんですね。確かに80年代はマイケルのようなスーパースターがすごく求められていた時代だったんですけど、90年代になるとハウスミュージックだったり、アンダーグラウンドのダンスミュージックが主流でしたから、大袈裟な格好をしてる人というか、王族のようなファッションをしているような人がだんだん減っていっていました。マドンナはそんなストリートの感覚を持っていたんでしょうね。なので、マドンナからしたら「せっかく助言してあげたのに」ということだったと思うのですが、結果そのアドバイスを聞いてマイケルも《デンジャラス》をよりダンサブルでストリート的なものに仕上げたので、このあたりのマドンナとマイケルの関係というのは非常に面白いものがありますね。

それでは、1984年のマドンナ初期のヒット曲〈ボーダーライン〉を聴いてください。

▶〈ボーダーライン〉

「ディスカバー・マイケル」でマドンナの曲がかかるのはすごく新鮮でいいですね。僕はよく〝紫色の音楽〟と言うんですけど、どっちでもない色の音楽が大好きで、今マドンナの〈ボーダーライン〉はまさに楽しくもあり切なくもありという、彼女のいいところを切り取った楽曲だなと思います。これはマドンナの最初のアルバム《バーニング・アップ》の曲で、アルバムが出てから半年後ぐらいのヒットですからすごいですよね。

1958年6月7日に生まれたのがプリンスで、8月16日にマドンナ、そして8月29日にマイケル・ジャクソンが生まれたということで完全に同級生の3人ですが、デビューのタイミングは全く違います。マイケルは11歳でモータウンから〈帰ってほしいの〉でデビューし、すぐに大人気になりました。プリンスは19歳のときに《フォー・ユー》というアルバムでデビュー。プロデュース、作詞・作曲の権利をすべて持ち、自ら演奏もしています。マドンナはそれよりも随分あとで、24歳の終わり25歳になるかという頃に初めてレコードをリリースしています。女性ということも考えると、25歳でデビューというのはかなり遅いと思いますし、マイケルより14年後輩ということになります。

マドンナにはデビューまでの〝マドンナ伝説〟がいろいろとありまして、19歳で故郷のミシガン州からニューヨークに35ドルだけ持って、ほぼ文無しの状態で出て来たという話から、タイムズスクエアで「私は世界中で一番有名になる!」と叫んだという話。そしてドーナツ屋のウエイトレス、高級レストランの帽子を預かるクローク、ヌードモデルなど、いろんなことをやりながらチャンスを掴むために努力を続けて、ハンバーガーの食べ残しを拾って飢えをしのぎながら一生懸命頑張ってスターになったというシンデレラ・ストーリーもあります。ただ弟のクリストファーが書いた本を読むと、それはマドンナが作ったでっち上げで、結構良い暮らししてたよというくだりもありますので真偽のほどは分かりませんが(笑)、めちゃめちゃ苦労したというエピソードで女性たちから人気が出たこともあると思うので、そのへんはマドンナの頭の良さというか自己プロデュース能力の高さでしょう。

マドンナは《ライク・ア・ヴァージン》というアルバムで大ヒットを飛ばし、《トゥルー・ブルー》というアルバムでは髪をバッサリ切り、《ライク・ア・プレイヤー》というアルバムでは今日の主人公の1人であるプリンスにギターで参加してもらったり、一緒にデュエットしたりもしています。マドンナとマイケル、プリンスとマイケルは正式にレコードは出さなかったんですけど、マドンナとプリンスは結構共演していますし、一緒にレコードも作っています。

　では、そのマドンナの作品にプリンスがギタリストとして参加したヒット曲〈ライク・ア・プレイヤー〉と、2人がデュエットした〈ラブ・ソング〉を続けてお聴きください。

▶〈ライク・ア・プレイヤー〉
▶〈ラブ・ソング〉

　この2曲は1989年発売のアルバム《ライク・ア・プレイヤー》に収録されております。発売の1年ぐらい前に、ペイズリー・パークというミネアポリス郊外にあるプリンスのスタジオにマドンナが赴きまして、一緒にレコーディングした曲です。このアルバム《ライク・ア・プレイヤー》の〈ライク・ア・プレイヤー〉〈キープ・イット・トゥゲザー〉〈アクト・オブ・コントリション〉という曲で、プリンスはギターソロを弾いたり曲作りに参加したりしているんですけど、クレジットはありませんね。たぶんこの頃のマドンナとプリンスは非常に良い関係を築いていたのでしょう。

　そして翌年、マドンナは今お聴きの〈ヴォーグ〉で、90年代の新たなスター像、音楽像を提示していきます。《ライク・ア・プレイヤー》まではやっぱり80《エイティーズ》年代という感じがするんですけど、そのあとの〈ヴォーグ〉や《エロティカ》で、マドンナは90年代へ急激にシフトするのですが、すごくかっこよかったので僕も夢中になりました。

　その頃のこととして、先ほどの〈イン・ザ・クローゼット〉の話につながるのですが、ハーブ・リッツ監督が撮ったこの曲のビデオで、ナオミ・キャンベルと踊ってるときのマイケルのファッションが僕は大好きなんですよね。いつものように前髪をちょろっと垂らすスタイルではなく、完全にオールバックにしているマイケルがすごく珍しくてびっくりしたし、やっぱりあのときマドンナが言ったことがあったからこそ、マイケルも悔しく思って、「じゃあ今のオシャレっていうのをやってみようかな」と思ったのではないでしょうか。

　さて、続きましてはプリンスです。プリンスも僕は『プリンス論』（新潮新書）という書籍を書いているくらい大好きなアーティストです。

プリンスは幼少期に両親が離婚をしていて、マドンナも6歳でお母さんを亡くし、マイケルは小さい頃から音楽活動をして人気者になったことにより少年時代をなくしてしまったという、子ども時代に辛い思いをしているというのが3人の共通点なのですが、プリンスはそれを音楽、いろんな楽器を演奏することで乗り越えていきました。

ドラム、ベース、ギター、それからキーボード。もちろんヴォーカル、作詞作曲、すべてにおいてハイクオリティなパフォーマンスを発揮しますが、何より多作家で、アルバムも山ほど出し、人にも曲を書き、プロデュースもするという、本当に彼ほどのハードワーカーは見たことがないという存在です。マイケルもハードワーカーなんですけど、プリンスとマイケルの違いは多作家だったということですね。プリンスは圧倒的な数のアルバムを出しましたから。

そんなプリンスがマイケルから遅れること10年、1979年に2枚目のアルバム《愛のペガサス》（原題：Prince）を発表します。このアルバムは、ちょうどマイケルが独り立ちしてクインシー・ジョーンズと一緒に作ったアルバム《オフ・ザ・ウォール》と同じ時期にリリースされたんですけれども、そのアルバムの中からプリンスにとって初めてのヒット曲と言っていいでしょう〈ウォナ・ビー・ユア・ラヴァー〉と、1984年のプリンス主演映画『パープル・レイン』の代表曲としてリリースしまして、1984年の全米年間シングルチャートナンバーワンを獲得しました〈ビートに抱かれて〉（原題：When Doves Cry）を2曲続けてどうぞ。

▶〈ウォナ・ビー・ユア・ラヴァー〉
▶〈ビートに抱かれて〉

プリンスは1978年発売のアルバム《フォー・ユー》で、プロデュース、作詞作曲の権利をすべて自分で獲得してメジャー・デビューをしています。マイケルのデビューは1969年の〈帰ってほしいの〉ですから、プリンスのデビューより9年ほど前になりますが、モータウンとの確執などがあり、自分の音楽を自分で作ることをようやく認められたのは《デスティニー》というアルバムで、プリンスのデビューアルバムと同じ1978年のことでした。プロデュースしながら自分の音楽を提示するというところでは、プリンスとマイケルは同時期にスタートをしています。

デビュー・アルバム《フォー・ユー》は当初は大してヒットしなかったので、翌年当てるぞと奮起して作ったこの〈ウォナ・ビー・ユア・ラヴァー〉というシングルで全米11位を獲得。すごいですよね(笑)。そして1980年《ダーティ・マインド》、1981年《戦慄の貴公子》(原題:Controversy)、1982年、マイケルが《スリラー》を出した年に2枚組の《1999》というアルバムをリリースして、プリンスも本当の意味でのスターダムにのし上がっていきました。

続く1984年はロス五輪のあった年で、僕もすごくこの年のことは覚えているんですけれども、この年にプリンスは《パープル・レイン》というアルバムと主演映画を大ヒットさせます。

マイケルが1982年に《スリラー》を出し、1983年にはムーンウォークをして、〈スリラー〉のショート・フィルムが発表されたりしたので、マイケルのほうがものすごく勢いのある状態が続いていたんですが、1984年になるとプリンスも映画が大ヒットして、先ほど流れた〈ビートに抱かれて〉で全米年間シングルチャートのナンバーワンになったので、これだけでもお互いの人気が本当にすごかったことが分かると思います。

この1984年の〈ビートに抱かれて〉という曲、不思議な曲だなと思った方もいるでしょうが、その違和感の一番のポイントはベースがないことなんですね。マイケル・ジャクソンの音楽は、〈シェイク・ユア・ボディ〉や〈ビリー・ジーン〉〈BAD〉〈スムース・クリミナル〉にしても、基本的にベースが軸になっているんです。マイケルの楽曲は黒人音楽の基本、ドラムとベースがあって当たり前の、それだけでもむしろ成立するような曲が多いのですが、プリンスはその低音のダンスミュージックのある種根幹ともいえるベースを「抜いちゃおうよ。ないほうがかっこいいんじゃないか」という判断をしたんです。アルバムの中でファンが一番好きだと言っている曲で冒険するならまだしも、一般的な黒人音楽の中であり得るのかなというようなことを試した上で、全米年間シングルチャートナンバーワンという大衆的な人気を博したということが、80年代のプリンスの凄さかなと思っております。

プリンスは1986年にも《パレード》というアルバムを出しますが、そのアルバムにも同じようにベースのないアレンジで大ヒットした〈Kiss〉という曲があります。これはデヴィッド・Zという先輩と組んだ曲。その後2000年代にも〈ブラック・スウェット〉という曲を出すのですが、これもベースがありません。ということもつけ加えておきます。

先ほど、マイケルがプリンスに〈BAD〉を一緒にデュエットしようよと誘ったけど実現しなかったという話をしたのですが、実はプリンスは断ったときにずっと温めていた曲がありました。〈ラヴ・トゥ・ラヴ・ミー〉という曲なんですが、「今度の新作で歌ってみたら?」とプレゼントしたそうなんです。でもマイケルは「いやいや、そういうのはいらないから」と受け取りませんでした。結果、タジャ・シヴィルさんという、プリンスが手掛けた新人の女性アーティストが1987年に歌うことになるのですが、実は最近、プリンスのオリジナル・ヴァージョンが正式にリリースされました。マイケルにあげるはずだったこの〈ラヴ・トゥ・ラヴ・ミー〉、もしマイケルがこの曲を歌っていたらどうなったのかな、なんてことを想像しながら聴いてもらえますと、2人の関係が楽しめるかもしれません。プリンスで〈ラヴ・トゥ・ラヴ・ミー〉。

▶〈ラヴ・トゥ・ラヴ・ミー〉

実はこの曲はプリンスが17、18歳頃に作ったもので、その後10年ぐらいいろんなパターンでやり直してやっと作り上げてから、マイケルに「どうぞ、よかったら歌って」と渡してるんですよ。10年間という結構な時間を費やした曲ということで、プリンスにとってもある種思い入れがある楽曲だったんだろうなと思うんですけどね。

この2人の関係は本当に不思議といいますか、プリンスもマイケルのことをやっぱりすごいやつだと評価していたとは思うんですよ、実際にライヴでカヴァーもしてますし。そしてマイケル・ジャクソンも、プリンスと一緒に例えば卓球をしたり、自分の好きなスライ&ザ・ファミリー・ストーンのビデオを送ってあげたりしていて、高みにいる2人だから、ある種の対抗心はあったはずですけど、やっぱりお互い認め合っていたと思うんです。実際マイケルは自分の息子にプリンスって名前付けてますしね(笑)。マイケルは「おじいちゃんの名前だから」って言うけど、嫌いなやつの名前と同じだったらわざわざ選ばないと思うんですよね(笑)。

この2人のエピソードはまだまだたくさんあるので、追い追い話していけたらいいなと思うのですが、ともかくこの2人にひとつだけ違いがあるとしたら、それはプリンスが多作家だったということです。マイケルもたくさん曲は作りましたが、出来上がったらすぐにリリースしたいというのがプリンスで、マイケルは1曲ずつにショート・フィルムを作ったり、いろんな意味でひとつひとつの曲のクオリティを何年もかけて上げていくというスタイルになったので、そこが異なるところかなと。

1982年にマイケルは《スリラー》を、プリンスは《1999》というLP2枚組のアルバムを出しましたが、そのあとマイケルがソロアルバムを発表するのは1987年の《BAD》なんですよ。この間に5年もの時間が流れています。確かにマイケルは映像をたくさん作ったり、〈ウィ・アー・ザ・ワールド〉や『キャプテンEO』を製作して忙しかったのですが、プリンスはその間《パープル・レイン》《アラウンド・ザ・ワールド・イン・ア・デイ》《パレード》、そして1987年には《BAD》が出る前に《サイン・オブ・ザ・タイムズ》という2枚組のアルバムまで出しているし、バングルスへ楽曲提供した〈マニック・マンデー〉をヒットさせたり、シーラ・Eだったりザ・タイムだったり、いろんなサイドプロジェクトも動かしながらということなので、音楽、レコーディング音楽、そしてライヴに超集中したプリンスと、ショート・フィルムや映像作品、ダンスなどに向かっていったマイケルの違いが、このあたりからちょっとずつ際だっていくかなという気がします。

それではプリンスの中で僕が最も好きな楽曲のひと

つ、アルバム《サイン・オブ・ザ・タイムズ》より〈ドロシー・パーカーのバラッド〉（原題：The Ballad Of Dorothy Parker）をどうぞ。

▶〈ドロシー・パーカーのバラッド〉

西寺郷太がお送りしています「ディスカバー・マイケル」、お楽しみいただけましたでしょうか。マドンナは一昨日61歳になられたということですがとてもお元気で、最新アルバムをリリースされました（僕も大好きでよく聴いています）。そしてプリンスは残念なことに2016年4月に亡くなられました。プリンスはいつまでも元気なイメージがあったので、本当にすごくショックでした。この3人の話はまたいつかこの「ディスカバー・マイケル」の中でも話せることがあったらうれしいですし、すごい同級生たちなので、これからも追いかけていきたいと思います。

【MJサークル】

マイケルとクイーン ～盟友・フレディ・マーキュリー

2019年8月25日オンエア

マイケル・ジャクソンを取り巻く人々、ミュージシャン、音楽家を特集しております「MJサークル」、第3回目の今回は「マイケルとクイーン～盟友・フレディ・マーキュリー」ということで、マイケルとフレディの知られざるエピソードや影響し合った音楽などをご紹介していきます。

マイケル・ジャクソンは1982年9月15日、《スリラー》がリリースされる直前ですね、ロサンゼルスのザ・フォーラムで行われたクイーンのホット・スペース・ツアーを観に行っています。マイケルは楽屋前でプレスに「視聴者のみなさんに、マイケル・ジャクソンはクイーンのファンだと言ってもかまいませんか？」と訊かれるのですが、「僕はフレディ・マーキュリーのファンだ」と答えています。これもなんだか面白い答え方だと思うのですが、確かにマイケルはフレディと一番仲が良く、インスパイアし合っていたということはあると思います。

ひとつの音楽性の中にとどまらないのがクイーン、特にフレディ・マーキュリーの魅力だと僕は思っています。雑食性というんですかね、このバンドはこういうスタイルだからこうだと決めつけていないのがクイーンの凄さだと思うのですが、そういう意味でもロックオペラ的な名曲〈ボヘミアン・ラプソディ〉という曲は、のちのマイケルや、ジャクソンズの音楽にも大きな影響を与えたのではないかなと僕は思っております。

それでは聴いていただきましょう。クイーンで〈ボヘミアン・ラプソディ〉。

〈ボヘミアン・ラプソディ〉

マイケル・ジャクソンは1958年生まれで、フレディ・マーキュリーは1946年生まれなので、2人は12歳違うんですね。干支でいうと一周違うのですが、マイケルは1964年にデビューし、クイーンは1973年に《戦慄の王女》(原題:Queen)というアルバムでデビューしてますから、年齢的にはフレディが12歳上の先輩なんですが、音楽業界でいうとマイケルの方が先輩という、不思議な関係性だったと思います。

1975年にリリースされたクイーンの〈ボヘミアン・ラプソディ〉は、当時からかなり斬新な曲でしたし、世界的にももちろん大ヒットして、マイケル・ジャクソンにとっても自分で曲を作っていこうというときに、相当な影響を受けたのではないかなと思います。特にアルバム《トライアンフ》収録の〈ハートブレイク・ホテル〉という曲は、物語調でいろんな展開があり、効果音、SEみたいなものも入っているので、この〈ボヘミアン・ラプソディ〉およびフレディ・マーキュリーの影響かなと僕は考えています。

ただ先ほども言いましたが、マイケルも単純に年下というわけではなく、クイーンのメンバーも、特にフレディ・マーキュリーとベーシストのジョン・ディーコンは、マイケル・ジャクソンやジャクソン5、ジャクソンズの大ファンだったということがありまして、彼らもめちゃくちゃ影響を受けているんですよね。

なので、そういった意味でもクイーンとマイケル、フレディやジョン・ディーコンとマイケルが、ここから共鳴し合っていくというところを見ていきたいのですが、まずは1曲聴いていただきたいと思います。シックという、僕も大好きなバンドの〈グッド・タイムス〉というこの曲は、ちょうど今から40年前の1979年6月4日にリリースされまして、このベースラインは本当に一世を風靡しました。シックのドラマーはトニー・トンプソンで、ベーシストはバーナード・エドワーズ。そしてナイル・ロジャースという方がギタリストで、プロデュースもしています。バーナードとナイルは互角の関係で、他の人たちのプロデュースもしていたのですが、特にナイルはマドンナやデヴィッド・ボウイなど、多くのアーティストのプロデュースをしたことでも知られております。

それでは、まずこの曲を聴いていただきましょう。クイーンにもマイケルにも結果的に影響を与えたのではないかという、エポックメイキングな楽曲です。シックで〈グッド・タイムス〉。

〈グッド・タイムス〉

この曲は1979年6月にリリースされてヒットしましたが、1979年の夏といいますと、マイケルがアルバム《オフ・ザ・ウォール》を出した年ですね。

その夏にシュガーヒル・ギャングというグループが〈ラッパーズ・ディライト〉という曲をレコーディングして9月16日にリリースするのですが、〈グッド・タイムス〉がかっこいいじゃないかということで、そのフレーズをそのまんま使ってラップを乗せているんです（今だと割と普通といえば普通なんですけど）。これも1980年に全米シングルチャートで36位まで上がってますし、そのヒットチャートの順位以上に音楽の歴史を変えた楽曲なのですが。ではシックの〈グッド・タイムス〉がかっこよすぎてそのまま使っちゃったというシュガーヒル・ギャングの〈ラッパーズ・ディライト〉を聴いてください。

〈ラッパーズ・ディライト〉

この曲は世界で最初のオーバーグラウンドでのヒップホップのヒット曲ともいわれております。ヒップホップはもともとブロンクスという地域で発達した音楽なのですが、ちょっと離れたニュージャージーの3人組がラップをレコードにしたらそれがヒットしたということです。1977年、ジョン・トラボルタ主演の映画『サタデー・ナイト・フィーバー』が大流行しましたが、そのディスコブームが終わるか終わらないかくらいの頃に、こういったヒップホップのヒット曲がどんどん出てきました。

マイケルとフレディ・マーキュリーが仲良くなったのも、ちょうどその1979年の《オフ・ザ・ウォール》前後で、ディスコのVIPルームで出会ったという説が濃厚です。実際にニューヨークにスタジオ54という伝説のディスコがあったのですが、そこには有名人しか入れないVIPルームがありました。先ほどご紹介しましたシックのメンバーのナイル・ロジャースとバーナード・エドワーズは、グレイス・ジョーンズというアーティストに「スタジオ54にいるからおいでよ。あなたたちに曲を頼みたいの」と呼ばれて行ったら、セキュリティーに「お前は身分も分からないから入るな」と門前払いされ、ディスコの中では自分たちの曲が流れまくってるのにと怒り狂ってるときにできた曲が〈おしゃれフリーク〉だというエピソードもあります。それぐらい敷居の高いディスコのVIPルームにはアンディ・ウォーホルやデヴィッド・ボウイ、そしてもちろんマイケル・ジャクソンも入れましたが、フレディ・マーキュリーやクイーンのメンバーもツアーでアメリカに来たときはここに集まって遊んだそうです。

クイーンのベーシスト、ジョン・ディーコンもダンスミュージックが大好きだということで、〈グッド・タイムス〉のベースに影響を受け、〈地獄へ道づれ〉(原題：Another One Bites the Dust) という曲を思いつきます（1980年6月末にリリースされたアルバム《ザ・ゲーム》に収録)。

映画『ボヘミアン・ラプソディ』を観て覚えている方もいらっしゃるかもしれませんが、ドラムのロジャー・テイラーとギターのブライアン・メイはこの〈地獄へ道づれ〉という曲をやりたがらないんですよ。たぶんシックの〈グッド・タイムス〉かシュガーヒル・ギャングの〈ラッパーズ・ディライト〉を知っていて、「なんかそっくりじゃねえの？　なんで俺らがこんなことやらなきゃいけないんだ」ということで反対したと思うんですよ。

実際、シュガーヒル・ギャングの〈ラッパーズ・ディライト〉を聴いたバーナード・エドワーズとナイル・ロジャースはぶったまげまして、なんにも聞いてないのに自分たちの曲にそっくりな曲がヒットしてるということで訴えたりもしていました。本当に初めての体験だったんですね、自分のベースラインやドラムがそのまんまインスパイアされて、そこに勝手にラップが乗ってるということが。途中からは権利関係がはっきりして使用許諾権などができるんですけど。

ともかくこのクイーンの〈地獄へ道づれ〉もいろいろと反対があったのですが、フレディがやる気をみせたことで、リリースされることになりました。それではお聴きくださいクイーンで〈地獄へ道づれ〉。

▶〈地獄へ道づれ〉

これらの曲を並べて聴いてみると、やっぱり〈グッド・タイムス〉や〈ラッパーズ・ディライト〉とはノリがだいぶ違いますよね。やっぱり僕はロジャー・テイラーというドラマーの凄さをすごく感じるんですけど、一言でいうとスクエアというか、真四角なビートをきっちり叩くことによって、このヒップホップ的で楽しいグルーヴィーな感じを残しながら、よりソリッドでロックバンド的な解釈がきちんとできているというところにクイーンの底力があると思うんです。キーボードやシンセサイザーをほとんど使わず、ギターをカッティングしたり逆回転したり、そういうことで楽器の数を増やさずにこういうダイナミックなディスコソングに挑戦しているということで、今思うとすごくかっこいいんですけれども、レコーディングしている最中はロジャー・テイラーとブライアン・メイはすごく反対していたそうです。

そんな経緯のこの曲を大絶賛したのが、マイケル・ジャクソンです。「これすげえかっこいいじゃん!」「絶対シングルカットしたほうがいいよ!」とクイーンのメンバーに猛烈に推すのですが、ブライアン・メイもロジャー・テイラーも「え、本当に? これパクリちゃうの?」みたいな感じだったと思うんですよ(笑)。でもマイケルのアドバイスを受け、メンバーも半信半疑でシングルカットすることになりました。結果この〈地獄へ道づれ〉は、今までクイーンに興味を持たなかった黒人層にも支持され、クイーンにとって2曲目の全米ナンバーワンヒットになりました。ブラックミュージックチャートでも3週間連続2位を記録するなど、クイーン人気がここで爆発しました。

マイケル・ジャクソンもただ「かっこいいからシングルカットしたほうがいいよ」と言ったわけではなく、この〈地獄へ道づれ〉の持つクイーン的なノリを自分の魅力的な音楽につなげたんだろうと僕は思っているのですが、その2曲が〈ビリー・ジーン〉と〈スムース・クリミナル〉ですね。まず〈ビリー・ジーン〉のほうは間奏のドラムブレイクを聴いていただきたいのですが、本当にクイーンと同じような括りになっています。マイケル好きな人なら、そこでマイケルがムーンウォークしたりするすごく重要なシーンになってるのをご存じだと思います。

また〈スムース・クリミナル〉は、〈地獄へ道づれ〉と同じようにベースラインとヴォーカルがずっと平行移動する曲なんです。ベースラインとヴォーカルが一緒に動く音楽は、実はヒット曲の中にはそんなに多くないんですよね。このあたりはマイケルがクイーンの影響を受けた部分じゃないかなと思います。あとは歌詞も非常に映画的というか物語的だったり、「え、どういうこと?」というような視覚的な部分が〈地獄へ道づれ〉以降、マイケルの作曲・作詞にかなりリンクしているなと思います。なのでどっちが先輩で後輩でとか、どっちが影響を与えたのかというより、お互いがそうやって切磋琢磨していたんだということに気づいていただけたらうれしいなということで、聴いてもらいましょう。マイケル・ジャクソンで〈ビリー・ジーン〉と〈スムース・クリミナル〉。

▶〈ビリー・ジーン〉
▶〈スムース・クリミナル〉

やっぱりかっこいいですね。クイーンの影響ももちろん受けているのですが、マイケルもいろいろな音楽の影響からこういう楽曲を作っていったんだなということが、今の耳で聴くと改めてよく分かります。

もう1曲、マイケルがクイーンの〈ウィ・ウィル・ロック・ユー〉に刺激されたなと思っている曲があります。《ヒストリー パスト、プレズント・アンド・フューチャー ブック1》に収録した〈ゼイ・ドント・ケア・

アバウト・アス〉という曲です。足踏み系のスタジアムロックというんですかね。途中までギターが出てこないところなども両者に通じるなと。

それでは、去年公開された映画『ボヘミアン・ラプソディ』のサウンドトラックから〈ウィ・ウィル・ロック・ユー〉と、マイケル・ジャクソンで〈ゼイ・ドント・ケア・アバウト・アス〉を2曲続けてどうぞ。

▶〈ウィ・ウィル・ロック・ユー〉

▶〈ゼイ・ドント・ケア・アバウト・アス〉

これは90年代の曲なんですが、ロックバンドのクイーンとマイケル・ジャクソンというアーティスト同士のぶつかり合いが、新たな音楽性を生んだということが分かっていただけたのではないかなと思います。

先ほど、クイーンのロサンゼルスツアーにマイケルが行き、記者に「フレディ・マーキュリーのファンだ」とコメントしたという話をしましたけど、そのあとオフがありまして、フレディとマイケルは約束していたレコーディングに取りかかろうという話になったそうです。

ロス郊外のエンシノというところにマイケルが当時住んでいた家があって、その家にはスタジオがあるのですが、そこにフレディが遊びにきたそうです。その日フレディは真っ白いズボンを穿いていたのですが、マイケルが動物をいっぱい飼っていたので、ラマの糞で汚れて困っちゃった、みたいな話が残っています(笑)。

また、2階のマイケルの部屋にフレディが連れていかれたとき、「ここ僕の部屋なんだ」と言って床で寝ているマイケルを見て、「マイケル、君なら立派なベッドが買えるだろうに、なんでまた床で寝てるんだい?」とフレディが訊いたら、マイケルが「フレディ、僕は大地に一番近いところで寝たいんだよ」って答えたらしいんですけど、そしたらフレディが「マイケル、でもここは2階だよ」って突っ込んだというエピソードもありました(笑)。まあ大地に近いところで寝たいなら1階で寝ろよって話だったと思うんですけど、ともかく2人ともちょっと面白いといいますか、仲良くしていたんだなということが分かりますね。

当時は、自分のレコードでは相手の曲でデュエットし、相手のレコードには自分の曲でコラボしてお互いのレコード会社から出すという、スター同士の交流がよくありました。ですが今日の放送の1曲目の〈ステイト・オブ・ショック〉は結果的にミック・ジャガーと歌うことになってしまいましたし、そしてもう1曲、フレディが珠玉のバラード〈生命の証〉(原題：There Must Be More To Life Than This)という曲を作っていたのですが、結局これもフレディのソロ曲としてリリースされることになってしまいました。ただこの曲、数年前にマイケルの録っていたレコーディングのヴォーカルをクイーンの残りのメンバーが抜き出していて、それをブライアン・メイとロジャー・テイラーが中心になって、フレディとマイケルのデュエット曲として完成させてリリースしました。それでは、その曲を聴いていただきましょう。クイーン&マイケル・ジャクソンで〈生命の証〉。

▶〈生命の証〉

西寺郷太がお送りしています「ディスカバー・マイケル」、お楽しみいただけましたでしょうか。今日はクイーンとマイケル・ジャクソンの関係、音楽的な影響も含めて話をさせていただきました。最後にかけた〈生命の証〉は2010年代になってリリースされたヴァージョンなので、これを聴いてクイーンとマイケルのつながりに驚かれた方もいらっしゃるかもしれません。

フレディとマイケルは〈ステイト・オブ・ショック〉と〈生命の証〉で一緒にやろうという話をしながらも実現しなかったわけですが、もう1曲、ジャクソンズとクイーンで〈ヴィクトリー〉という曲を作ろうという話もあったそうなんです。〈ヴィクトリー〉という曲も途中までできていたという説もあるのですが、結果叶わず、ジャクソンズのアルバム《ヴィクトリー》にタイトルのみ残ったというふうにいわれております。僕が知っているのはこの3曲についてなのですが、これからも新たにいろんな情報、歴史が発表されるかもしれません。

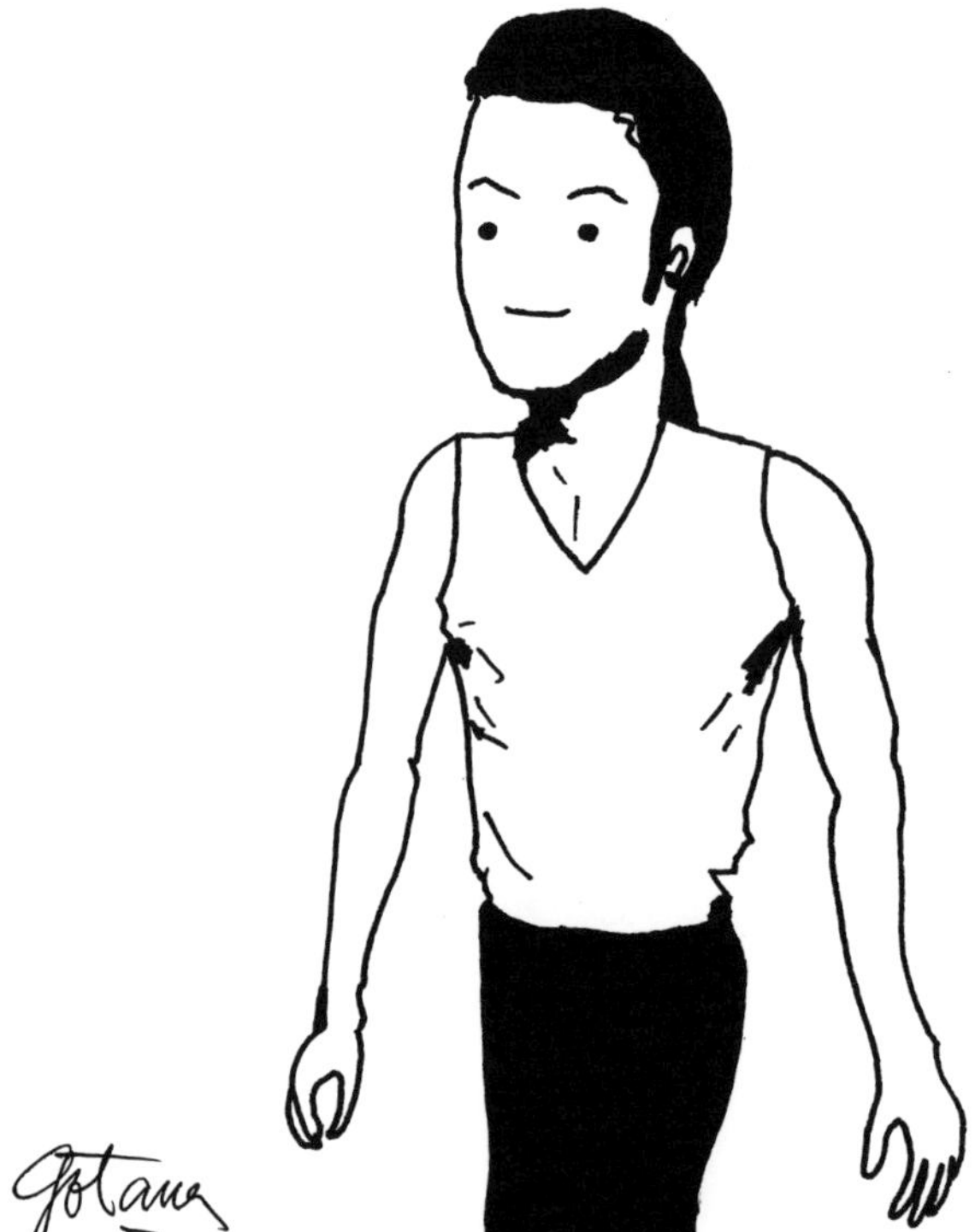

西寺郷太×高橋芳朗
スペシャル対談

マイケルに影響を受けたアーティストを取り上げる「MJインフルエンス」。
コーナー担当・高橋芳朗との特別対談を収録。

第5章

西寺郷太×高橋芳朗　スペシャル対談

マイケルでつながった2人

西寺　毎月第3週は「MJインフルエンス」と題して、音楽ジャーナリストの高橋芳朗さんと共にマイケルに影響を受けたアーティストや当時の音楽シーンなどを紹介してきましたが、そもそも僕と芳朗さんは出会ってもうすぐ20年くらいになる旧知の間柄でして。「ディスカバー・マイケル」が始まるずっと前から仲良くしてもらってきた歴史があります。2004年3月リリースのマイケルのDVD『ナンバー・ワンズ』のタイミングで、僕をオフィシャル関連資料の執筆家としてソニー・ミュージックエンタテインメントに紹介してくれたのが芳朗さんなんです。

高橋　僕が郷太くんと出会ったのは三宿にあったクラブWebなんですけど、ちょうど『ナンバー・ワンズ』のリリースにあたってソニーのマイケル担当の方から何か面白い企画ができないか相談を受けていたところで。そこで郷太くんに声をかけたことが、そもそもの始まりになっています。

西寺　そうですね。ライムスター宇多丸さんと急速に仲良くさせてもらったのもwebでのJ-POPオンリーイベント「申し訳ないと」や、イベントでお酒を飲みながらって感じだったので、今思えば僕が自分のバンド以外の執筆活動やラジオ出演をするきっかけは宇多丸さんや芳朗さんとの出会いから。で、マイケルに関してはまさにこれが原点。つまり芳朗さんは、大恩人だということですよ！

高橋　いえいえそんな（笑）。でもソニーとの最初の打ち合わせの際、郷太くんが持ってきた資料に担当の方が圧倒されていたのをよく覚えています。今にして思えば、そのときの郷太くんのプレゼンがもうラジオでオンエアできるレベルで面白かったんですよね。

西寺　当時はマイケルが本当に偏った報道や伝わり方しかメディアでされていない頃で、怒りもありましたし、僕自身もミュージシャンにはなってはいましたがまだ20代後半と若く、オフィシャルの仕事を任せられるまでの信頼を勝ち得ていなかったので、必死だったことを覚えてます。あとは、２０１１年１月に芳朗さんと２人で「西寺郷太の洋楽秘密探検隊」（ＴＢＳラジオ）というスペシャル番組をやりましたよね（笑）。このときは「知られざる一発屋の世界」というテーマで。

高橋　伝説の番組！　この流れを受けて２０１１年４月から同じＴＢＳラジオで僕の冠番組「高橋芳朗 HAPPY SAD」がスタートすることになるんですけど、スペシャルウィークのときには何度か郷太くんをゲストにお招きしてマイケル・ジャクソンの選曲対決を行いました。僕と郷太くんの交流の歴史には、常にマイケル・ジャクソンとラジオがセットで並走しているんですよね。

西寺　そういう長い歴史があるので、「ディスカバー・マイケル」でこのコンビがまた組めたことはとても感慨深いです。プロデューサーの中田さんから「1カ月のうち1回は高橋芳朗さんを」という話が出たとき、むしろ「そんな楽しいキャスティングでいいんですか？」みたいな（笑）。単に超仲の良い先輩とクラブで熱く盛り上がってた頃からのつながりですから。

マイケルのオフィシャル・ライナーノーツ

西寺　そして我々の大仕事といえば、マイケルの一周忌である２０１０年６月25日にマイケルとジャクソンズのＣＤがすべて再発の運びとなり、ソニーから新装のライナーノーツの執筆依頼が僕と芳朗さんそれぞれに来たことですよね。

高橋　《スリラー》のライナーノーツのオファーをいただいたときには本当に震えました。よく夢が叶った際に「子どもの頃の自分に教えてあげたい」みたいな常套句がありますけど、これはその究極の体験ですね。世界中のどこに行っても自慢できる仕事ですから。ある意味、音楽ジャーナリストとして「上がり」ですよ(笑)。

西寺　アハハ！　僕は最初「郷太さん、ジャクソンズかマイケルか、どちらかのヒストリーを書いてくれませんか？」と言われたんですけど、でもそんなの選べないでしょう！　とはいえ期間は2カ月切ってて依頼は《インヴィンシブル》までの13枚。他の仕事も当然並行してですから3日に1枚書き上げなけゃいけない。調べ直すこともたくさんあるし無理は無理なんです。

でも、そのミーティングで「ギリギリ選ぶとしたら、僕はジャクソンズを取ります」って言ったんですよ。というのも《ザ・ジャクソンズ・ファースト》《ゴーイン・プレイシズ》《デスティニー》《トライアンフ》《ザ・ベスト・ライヴ》《ヴィクトリー》《2300ジャクソン・ストリート》に超本気で思い入れがあって、文章をまとめられる人間は僕以外にはいないと信じていたので(笑)。マイケルはメガスターだから《オフ・ザ・ウォール》以降は誰がやっても熱い内容になると分かってもいましたし。でも《オフ・ザ・ウォール》《スリラー》《BAD》《デンジャラス》《ヒストリー》《インヴィンシブル》というものすごい作品群のオフィシャル・ライナーノーツを断るのも僕には無理でしたね、どちらの時代も大好きすぎて。「金の斧、銀の斧、銅の斧まで全部ください」というようなね(笑)。

加えて、その頃の僕は2009年9月に『新しい「マイケル・ジャクソン」の教科書』(ビジネス社)を、そのあと2010年3月に『マイケル・ジャクソン』(講談社現代新書)を執筆したばかりだったので、お話が来た、2010年4月前半は、いわば「空っぽ」状態になっていたんです。なので各曲解説に関しては芳朗さんが書いてくれることになったと聞いてホッとしました。

高橋　マイケルは僕、ジャクソンズは『bounce』編集長の出嶌孝次さんが担当しました。

西寺　素晴らしかったです！　なので僕は「マイケル・ジャクソン・ストーリー VOL.1~13」という書き下ろしを担当することになったのですが、これは1話だけ読んでも完結していますが、13のライナーを通して読むと「歴史」にもなるという構成です。

僕の人生の中で本当に大変だった時期は何度かありま

すが、『新しい「マイケル・ジャクソン」の教科書』と、訴訟について触れた『マイケル・ジャクソン』、そして「マイケル・ジャクソン・ストーリー」を書いたときが本当に一番キツかった。何よりマイケルへの想いが深いですし、「1枚のライナーノーツで子どもたちの運命は変わる」と真剣に思っているので、全力で取り組みたくて。

高橋　めちゃくちゃ分かります。ライナーノーツは今でも自分にとって特別な仕事で、基本的にオファーを受けたら断らないようにしています。大袈裟でもなんでもなく、手に取ってくれた人の人生を変える可能性がありますから。

西寺　そうです。ジャクソンズのLP《ヴィクトリー》の吉岡正晴さんが書いたライナーを読んだ小学生の僕が、のちにミュージシャンになり、さらにはこういうマイケルの仕事をするようになったわけですから。他にも湯川れい子さんや萩原健太さん、渋谷陽一さんから様々なことを教わりました。「ベストヒットUSA」の小林克也さんも同様ですが。

高橋　郷太くん自身、まさにライナーノーツによって人生が大きく変わったということですよね。

西寺郷太の強烈なラジオ体験

西寺　僕が小学1年生のときの話なんですが、ジョン・レノンが亡くなったことを放課後にニュースで聴いた担任の先生たちが、校庭で突然泣き崩れたんです。僕はその光景を目の当たりにしてすごく驚いて、しかも大人が泣いていることにもびっくりして、「今日〜！　ジョン・レノンが〜！　死んだ〜！」と大声で叫びながら家に帰ったのを覚えています。「誰だか分からないけど、とにかくジョン・レノンというすごい人が死んだんだ！」と思ったんですね。

しばらく置いて僕が小学3、4年生頃のある朝、週末だったこともあって家族全員でFMラジオを聴きながら朝食をゆっくり食べていたときです。弟は6歳年下なので平日はいつもバタバタと落ち着きがなかったんですけど、その日は気持ちよく晴れ渡り、それこそ母親が紅茶を飲んでいるぐらい珍しく優雅な美しい朝でした。そんなひと時にFMラジオの女性のパーソナリティーが、「私もこんなふうに男性に愛されてみたいものです。ジョン・レノンで〈ウーマン〉」と曲紹介をして〈ウーマン〉

がかかったんです。まだビートルズを知らない僕が「あの！　先生が泣いていたジョン・レノンの曲だ！」とつながってものすごく感動したんですが、このときの強烈な印象が今の自分を作っているんです。もちろんその日からジョン・レノンやビートルズが好きになったわけです。

高橋　それはまた強烈な体験ですね……。

西寺　だから先ほどのライナーノーツの話もそうですけど、この「ディスカバー・マイケル」も、僕や芳朗さんがかけた1曲で若い子たちの人生が変わることもあり得るんじゃないかという想いで毎回臨みました。NHKは全国放送だから、家族と車の中でたまたま聴いて心を動かされる子どももいるんじゃないかなと。だからこの番組をやって一番うれしかったのは、10代のリスナーからの手紙が多かったことですね。

高橋　小学生のリスナーからのメールも多かったですよね。本当に身の引き締まる思いでした。

西寺　みんなが聴けるNHKのラジオ番組って、そういう部分がすごくいいですよね。

高橋　はい。全国放送の威力をまざまざと見せつけられました。

西寺　あと、2019年3月3日の耳の日に、「NHK-FM50周年キャンペーン」ということで33人のアーティストの耳だけの写真を集めたグラフィックが公開されました。僕もその1人に選ばれて、「マニアックなともだちや、先輩がそこにいる。」というキャッチコピーも自分で考えました。音楽に詳しい仲間や先輩と喋ることほど面白いことはない、それがラジオなら隣にいるみたいに聴ける、そういう空気感すべてがラジオの魅力だよという意味で。実際、僕の周りには小学5年生のときに自分よりマイケルに詳しい人がいなくなっちゃったんですよ。当時はネットもない中でマイケルに通じた先輩を探す旅みたいなものをずっと続けていたんですが、そんなときにラジオでマイケルにめちゃ詳しい湯川れい子さんを知り、ものすごくうれしかったんですね。だから僕と芳朗さんや様々なゲストとの会話を楽しく聴いてくれた人たちも、一緒になって盛り上がってくれたんじゃないかなぁ、と。

「MJインフルエンス」へのこだわり

西寺　「MJインフルエンス」の選曲には毎回力が入ってましたよね。

高橋　毎回入魂の選曲でお届けしました。ぶっちゃけ、カバー曲を選ぶのはそんなに難しい作業ではないんですよ。問題はオマージュ曲ですよね。これはもう慎重にならざるを得なかった。僕とリスナーのみなさんとの「マイケル・ジャクソン観」を照らし合わせることになるわけですから、下手したら「これのどこがマイケル的なの?」みたいなことにもなりかねない。そもそも、オマージュ企画ではマイケルの番組であるにもかかわらずマイケルの声どころかマイケルの曲すらまともに流れないことになるから、そんな縛りでしっかり「マイケル・ジャクソン」を選曲で表現するのはなかなかのプレッシャーでした。しかもそれをご意見番の郷太くんにプレゼンしなくてはいけないという(笑)。中でもあえてチャレンジングな選曲で組んだ3月放送の最後の「MJインフルエンス」は自分にとってすごく重要な回になっています。

西寺　ザ・ストロークスとかね。あの選曲は最高でしたね〜。「高橋選曲名人」は、いつも最高ですけど(笑)。

高橋　アハハ!　あとはダーティー・プロジェクターズだったりね。最後に改めてマイケルの影響力が広範に及んでいることを証明したくて、他の方だったら絶対に選ばないようなインディーロックから選曲してみました。正直どう受けとめられるかヒヤヒヤしていたんですけど、曲がかかっているあいだに郷太くんがボソッと「ミュージシャンとしてクリエイティビティを刺激される」みたいなことをつぶやいていて。

西寺　そう!「早く帰って、曲を作りたくなる」って言った気がする。

高橋　なんだかそれがものすごくうれしくて。当時郷太くんが新しいソロアルバム(《Funkvision》)の制作に取りかかり始めていたことを知らなかったから、あとになって「なるほどそういうことだったのか!」と納得しました。

西寺　あと「ディスカバー・マイケル」はBGMも全部僕らが選んでいるんですよね。芳朗さんがいるときは芳朗さんに任せて、それ以外は僕が全部決めましたから。トータルで50時間以上ありましたけど、1秒たりとも無駄がない番組だったなと。

高橋　そうですね。本当に細部にまでこだわっていて。本当にゲストからのリクエストは別ですけど、それ以外は同じバージョンを2度かけたことがほとんどなくて。

西寺　曲も来てくださったゲストからのリクエストは別ですけど、それ以外は同じバージョンを2度かけたことがほとんどなくて。「MJチョイス」も年間通して、その日のスタートから終わりまでを見通した上で選曲していましたからね。僕自身が買い集めてきたCDやレコードで補いながら、できるだけいろんなバージョンをかけようと工夫しました。だからジャネットはもちろんラトーヤやランディなど、マイケルの兄弟姉妹たちの曲もほぼすべて網羅して「ジャクソン・ファミリー」があってこそマイケルの音世界は生まれた」ということも伝えられた気がします。とにかく番組の制作チームには本当に大感謝ですね。

高橋　僕も月一の出演にもかかわらず、事前の打ち合わせにきっちり参加させていただいて。もう最初から信頼関係が確立されていて、新番組とは思えない安心感がありましたね。

西寺　本当に最高のチームでした。みな、いい意味で負けず嫌いで「ルールを貫徹して3月まで完璧に走りきる！」という精神を共有できましたし。新型コロナの影響で、最終回のあとにみんなで打ち上げができなかったのが残念でしたけど……。

高橋　そういえば最終回にはサプライズでスタジオにティト・ジャクソンが遊びにきてくださって。ティトがブースに入ってきたときには、さすがに状況を理解するのに時間がかかりました。「え？　ティト・ジャクソン……？」って(笑)。

西寺　アハハハハ！　そういえば最終回の収録のあと、ティトとNONA REEVESのレコード・レーベルA&R今村さんと3人で渋谷でお寿司を食べたんですよ(笑)。本当だったら番組の関係者もその場に呼びたかったんですけど、ティトだけはせっかく来てくれたのにただ単に帰してしまうのもなぁと思って。なのでティトとお寿司を食べたのが、僕の「ディスカバー・マイケル」最後の夜です(笑)。

高橋　特番も楽しかったですね。8月の「サマー・フェス」と12月の「ウィンター・フェス」。まさかこんな展開があるとは思いもしませんでしたから。

西寺　盛り上がりましたよね〜。

高橋　「ウィンター・フェス」の「ウィー・アー・ザ・ワールド歌合戦」は発明でしたね。あれは永遠に続けられます(笑)。

西寺　あとは真城めぐみさん、冨田謙さん、林幸治くんとNONA REEVES、土岐麻子さんでマイケルのカバー曲をやった3月29日、最終回のライヴも最高だったな〜。本来ならイベント日和の日程で全員どこかで前後の日もライヴに参加しているような忙しい日だったんですけど、コロナの影響で予定が軒並み中止になって、みんな1カ月ぐらい仕事がキャンセルになるという初めての経験をしていて。そんなこともあったのでメンバーも気合が入ってたし、リハーサルから音楽を一緒に演奏できる喜びに溢れていて。もちろん本当は当選したリスナーの前でライヴができる予定だったし、往復ハガキもね、コロナ禍でも何百って集まってきて、全部読ませていただきましたし、無観客でという変更も残念すぎたんですが。ただ、いろんな想いが重なって神がかったライヴになったというか。マイケルの前でひどいことできないという緊張感もあったし、最終回を飾るにふさわしいクオリティになったなぁ、と思います。土岐麻子さんがリード・ヴォーカルとなってくれた〈アイ・キャント・ヘルプ・イット〉も素晴らしかった。あまりにも感激したんで、終わった直後から「ぜひとも音源化したい！」と言っていたんですけど、今回様々なスタッフやミュージシャンの協力でこの本に一番いい形で付けることができて本当に良かったです。

番組エンディングテーマ

高橋　個人的にすごくうれしかったのは、僕がエンディングテーマとして提案したジャクソンズ〈ザッツ・ホワット・ユー・ゲット〉を採用していただいたこと。自分の番組への関わり方からして、ここで出しゃばるのはどうかと躊躇したんですけど、思いきって切り出してみて本当に良かった。これがまたリスナーの方にもすごく評判で。

西寺　「ディスカバー・マイケル」で検索すると、サジェストキーワードに「エンディング」ってずっと出てましたからね。

高橋　あれがなかったら番組に対するスタンスが微妙に

違っていたでしょうね。些細な出来事なのかもしれませんが、責任と思い入れがぐっと強くなったところは確実にあると思います。ジャクソンズには、一般的にはあまり知られていない素晴らしい曲がたくさんあることをアピールする良い機会にもなったかなと。

西寺　今でも覚えてるけど、あのときは長時間のミーティングで、芳朗さんとの直接の話は終わっていたんですが、現場に残っていてくれたんですよね。そこでエンディングを決めていたんですが、僕はかなりのジャクソンズびいきということもあるのでジャクソンズの曲を選びたかったんだけど、「ディスカバー・マイケル」という番組なのにジャクソンズの曲をエンディングにして大丈夫かな？　という思いもあったんですよ。なので芳朗さんにそう言ってもらえたことで「僕1人で決めたんじゃない！」みたいな気持ちになりましたね（笑）。

高橋　考えてみればオープニングテーマに〈ロック・ウィズ・ユー〉を投入したのも大胆ですよね。ちょっと自画自賛気味ですが、そういうディテールがことごとく上手く機能していた番組でした。

マイケルのユニバース

西寺　あとは2020年になってからの《ヒストリー》《インヴィンシブル》の特集で、〈アース・ソング〉や〈ゼイ・ドント・ケア・アバウト・アス〉など、後期のマイケルが訴えていたプライヴァシー、環境破壊、地域格差、人種差別などの問題の核心に迫っていくうちに、今現在コロナ禍やブラック・ライヴズ・マターなどの問題にも向き合わざるを得ない世の中にさらになってきて。

高橋　図らずも「ディスカバー・マイケル」が終わった直後のタイミングでマイケルの先見性が証明されることになりましたよね。リリース当時ちょっと仰々しく思えた〈アース・ソング〉は、ビリー・アイリッシュやTheる1975が環境問題を題材にしたメッセージソングを歌っている2020年の今聴いたほうがしっくりくるぐらいだし、〈ゼイ・ドント・ケア・アバウト・アス〉もジョージ・フロイド殺害事件に伴うブラック・ライヴズ・マター運動の拡大によってまた新しい意味を帯びてきた印象があります。その〈ゼイ・ドント・ケア・アバウト・アス〉のショート・フィルムはスパイク・リーが監督を務めているわけですが、ちょうど彼はこの6月にブラック・ライヴズ・マターを踏まえた映画『ザ・ファイブ・ブラッズ』を公開しているんですよね。

西寺　まさに今響くテーマの楽曲を、1995年に発表し、1996年にシングルカットしてますから。90年代以降のマイケル再評価も「ディスカバー・マイケル」の使命だと思っていました。

高橋　そうですね。これだけの豪速球なプロテストソングをシングルにしているあたりが、またマイケルの凄みだと思います。

西寺　そんなわけで、僕はマイケルを通じた世界――「50時間は無理じゃないのか?」という当初の懸念ももちろんよく分かるのですが、例えば歌って、踊って、楽曲やアルバム、ショート・フィルムを作って、さらにはモータウンからニュー・ジャック・スウィング、ナット・キング・コールからドレイク、ザ・ウィークエンドまでを含有した放送になれば、むしろ全然足らないんですよね。それだけ壮大な、マイケルを中心として形成される「ユニバース」そのものがあることを伝えたかったんです。

高橋　「ディスカバー・マイケル」で1年かけて表現してきたマイケルを軸とするこの広がりは、まさにユニバースと形容するのがふさわしいかもしれませんね。

西寺　そういう意味では芳朗さんに選んでいただいた「MJインフルエンス」も含め、様々なストリーミング・サービスと連動して、どんどん深く音楽を楽しめるこの『ディスカバー・マイケル THE BOOK』というテキストがまとめられたことは意義があると思います。「MJインフルエンス」はこれからも世界的に花開いてゆくし、マイケル・ジャクソンの「ユニバース」は、今以上に大きくなっていくものだと思うんです。芳朗さん、本当にありがとうございました!

PROFILE

高橋芳朗(たかはし・よしあき)1969年生まれ。音楽ジャーナリスト。音楽雑誌の編集者を経てフリーの音楽ジャーナリスト・選曲家に。マイケル・ジャクソンのオフィシャル・ライナーノーツも手がける。著書に『ディス・イズ・アメリカ「トランプ時代」のポップミュージック』(スモール出版)がある。

「ディスカバー・マイケル」。ここまでのお相手は西寺郷太でした。
「ネヴァー・キャン・セイ・グッドバイ」と言いたいところですが、さようなら。
またいつかどこかで、お会いしましょう。

▶〈ネヴァー・キャン・セイ・グッドバイ（さよならは言わないで）〉ジャクソン5

おわりに

プロデューサーが語る「ディスカバー・マイケル」という番組

中田淳子（NHKエンタープライズ）

きっかけは「マイケル・ジャクソン生誕60年記念パーティー！」という、若手のディレクターが初めて本格的に書いた夏の特集提案でした。この提案はめでたく採択され、1958年生まれのマイケルが、日本流に言えば還暦を迎える年の誕生月8月に、50分×5本の特集番組を放送することになりました。

案内役は、楽壇の大御所・湯川れい子さんから「いずれ資料は全部あなたにあげるわ」と言われるほどに、ミュージシャンでありながら突出したマイケル研究者の西寺郷太さんが真っ先に浮かびました。当初、合計4時間10分の放送時間は十分すぎるのではないかと懸念していましたが、初回の打ち合わせでそんな不安はあっさりと吹き飛ばされました。

「マイケルのことなら何時間でも語れますから」

西寺さんの言葉の通り、実際はメモも追いつかないほどで、選曲を絞るだけでも一苦労しましたが、４時間10分の中になんとかエッセンスをぎゅっと詰め込むことができました。

放送後、一番驚いたのは20代以下の若い層の熱烈なファンから多く反響があったことでした。「マイケルの全体像が分かって改めてその魅力を再認識した」「生前のマイケルのことをもっと知りたい」という感想が多数届いたのです。

翌２０２０年は、マイケルが天国に旅立ってちょうど10年の節目。さらに本格的な番組を、と考えたものの、ＮＨＫ‐ＦＭの看板企画である「今日は一日〇〇三昧」で１日特集したところで８時間程度。もう少し時間を費やして丁寧に取り上げる術はないものか……。「そうだ！　１年かけてもいけるんじゃない？」

いくら稀代のスーパースターとはいえ、１人のアーティストをテーマに１年間の番組が成立するのか、途中でネタが尽きるのではないかと最初は誰もが半信半疑だったに違いありません。実際、本当に１年もつのか具体案を出すように言われ、急いで大まかな年間計画を作りました。様々な議論があったことは容易に想像できますが、何はともあれこの新しい挑戦に編成の英断が下り、「ディスカバー・マイケル」は生まれたのです。

西寺さんとは半年ほど前から何度も打ち合わせを重ね、本格的な年間計画を練り上げました。タイトルもいろいろ考えました。番組ロゴもオリジナリティーを打ち出そうと紆余曲折を経て、西寺さんご自身にイラストを描いていただくことになりました。放送開始の直前には、マイケルに否定的なドキュメンタリー映画が海外で公開され、すわ一大事、という一幕もありました。

そんなこんなであっという間に初回収録の日となりました。綿密に構成し、台本も完ぺきだったにもかかわらず時間がどんどん押していきます。この調子ではとても60分には収まりません。とは言え、西寺さんも伝えたいことは全部話しておきたい……、時間との闘いでした。それでもなんとか10分オーバー以内に収め、今度はBGM選びです。曲やトークの流れを考えて、最もふさわしいBGMをああでもないこうでもないと言いながら決めていきます。西寺さんは「収録が終わるとライヴ1本やったくらい消耗する」とたびたびおっしゃいましたが、それほどまでの情熱を注いでくださり、つられた私たちスタッフも常に真剣勝負をしているような緊張感がありました。ぐったりするのもつかの間、ディレクターはこれをなんとしても60分に編集しなければなりません。完成するたびに抜け殻のようになりつつも次の台本の準備をするという具合で、相当にヘヴィーな日々だったと思います。それでも、聴いてくださるディスマイ民からは微に入り細に入りのコメントが寄せられ、うれしさと同時に、やっぱり手は抜けない、という思いを新たにするばかりでした。

そんな中で、少し空気が変わるのが第3週の「MJインフルエンス」。音楽ジャーナリストの高橋芳朗さんは収録のたびに「こんなに楽しい番組があっていいのだろうか」と本当に楽しそうにおっしゃって、密度が濃くなりがちな現場をさっとひと吹きするような涼風を運んでくださったものでした。さらには月末のゲスト回にもたくさんの豪華ゲストにおいでいただくことができ、1年限定だからこそのまさに充実した番組となりました。

そんな顚末で1年間走り続けましたが、みなさんの心に何かを残すことができたでしょうか。音楽的な視点でのマイケルの功績、マイケルが私たちに遺したメッセージ〜世界平和、環境保護、人種差別問題など、さらには人の噂を鵜呑みにせず真実を自分の目でしっかりと見つめることの大切さ、それらを記憶のどこかにとどめていただければ、これほどうれしいことはありません。

番組を応援してくださったディスマイ民のみなさん、そしてこの書籍化にご協力くださったすべてのみなさんにこの場を借りて御礼を申し上げます。

中田淳子（なかた・じゅんこ） エグゼクティブ・プロデューサー。1990年、NHKエンタープライズに入社。「ディスカバー・マイケル」のプロデューサー。後継の「ディスカバー・ビートルズ」（NHK-FM）や「今日は一日〝RAP〟三昧」など伝説の番組を多数プロデュース。

「ディスカバー・マイケル」オンエア＆プレイリスト

2019年4月7日（日）21：00〜22：00
マイケル・ジャクソンの生涯（前編）
【DJ】西寺郷太

I Just Can't Stop Loving You (with spoken intro)	Michael Jackson、Siedah Garrett
I Want You Back	The Jackson 5
I'll Be There	The Jackson 5
Ben	Michael Jackson
Dancing Machine	The Jackson 5
Blame It On The Boogie	The Jacksons
Don't Stop 'Til You Get Enough	Michael Jackson
Beat It	Michael Jackson
Music And Me	Michael Jackson

2019年4月14日（日）21：00〜22：00
マイケル・ジャクソンの生涯（後編）
【DJ】西寺郷太

Say, Say, Say	Paul McCartney、Michael Jackson
BAD	Michael Jackson
Black Or White	Michael Jackson
Scream	Michael Jackson、Janet Jackson
Blood On The Dance Floor	Michael Jackson
Butterflies	Michael Jackson
Love Never Felt So Good	Michael Jackson
Why	3T、Michael Jackson

2019年4月21日（日）21：00〜22：00
MJインフルエンス
〜今のポップ・ミュージックから聴こえてくるマイケル
【DJ】西寺郷太 【ゲスト】高橋芳朗

Threatened	Michael Jackson
Don't Matter To Me	Drake、Michael Jackson
Hold On, We're Going Home	Drake、Majid Jordan
D.D.	The Weeknd
Can't Feel My Face	The Weeknd
Human Nature	NONA REEVES
Physical	NONA REEVES

2019年4月28日（日）21：00〜22：00
マイケル＆ME
〜ティト・ジャクソン
【DJ】西寺郷太 【ゲスト】ティト・ジャクソン

Everybody	The Jacksons
ABC	The Jackson 5
Think Happy	The Jacksons
Style Of Life	The Jacksons
This Place Hotel (Live)	The Jacksons
Leave Me Alone	Michael Jackson

2019年5月5日（日）21：00〜22：00
MJミュージックヒストリー
〜ジャクソン5の時代（前編）
【DJ】西寺郷太

She Drives Me Wild	Michael Jackson
Who's Lovin' You	The Jackson 5
Does Your Mama Know About Me	Bobby Taylor、The Vancouvers
Walk On / The Love You Save (Live)	The Jackson 5
Mama's Pearl	The Jackson 5
Darling Dear	The Jackson 5
It's Great To Be Here	The Jackson 5
Maybe Tomorrow	The Jackson 5
Get On The Floor	Michael Jackson

2019年5月12日（日）21：00〜22：00
MJミュージックヒストリー
〜ジャクソン5の時代（後編）
【DJ】西寺郷太

Get It	Stevie Wonder、Michael Jackson
Sugar Daddy	The Jackson 5
Lookin' Through The Windows	The Jackson 5
Little Bitty Pretty One	The Jackson 5
Get It Together	The Jackson 5
It's Too Late To Change The Time	The Jackson 5
Buttercup	The Jackson 5
We're Here To Entertain You	The Jackson 5
Someone Put Your Hand Out	Michael Jackson

2019年5月19日（日）21：00〜22：00

MJインフルエンス
〜ジャクソン5のカバー＆サンプリング曲

【DJ】西寺郷太　【ゲスト】高橋芳朗

Mind Is The Magic	Michael Jackson
I Want You Back	Graham Parker & The Rumour
Take Me There (Want U Back Mix)	Blackstreet & Mya、Mase、Blinky Blink
The Love You Save	Madder Rose
Put It In A Letter	Mic Little、Ne-Yo
All I Want	702
All I Do Is Think Of You	Troop
On The Line	Michael Jackson

2019年5月26日（日）21：00〜22：00

マイケル＆ME
〜東山紀之

【DJ】西寺郷太　【ゲスト】東山紀之

Lovely One (Live)	The Jacksons
Don't Stop 'Til You Get Enough	Michael Jackson
Wanna Be Startin' Somethin'	Michael Jackson
Man In The Mirror	Michael Jackson
Human Nature	Michael Jackson

2019年6月2日（日）21：00〜22：00

MJミュージックヒストリー
〜10代のマイケル・ソロ作品特集（前編）

【DJ】西寺郷太

Money	Michael Jackson
Got To Be There	Michael Jackson
Ain't No Sunshine	Michael Jackson
Rockin' Robin	Michael Jackson
I Wanna Be Where You Are	Michael Jackson
People Make The World Go 'Round	Michael Jackson
Shoo-Be-Doo-Be-Doo-Da-Day	Michael Jackson
With A Child's Heart	Michael Jackson
Farewell My Summer Love	Michael Jackson
You Haven't Done Nothin'	Stevie Wonder、The Jackson 5

2019年6月9日（日）21：00〜22：00

MJミュージックヒストリー
〜10代のマイケル・ソロ作品特集（後編）

【DJ】西寺郷太

Centipede	Rebbie Jackson
Girl You're So Together	Michael Jackson
We're Almost There	Michael Jackson
One Day In Your Life	Michael Jackson
You're Supposed To Keep Your Love For Me	Jermaine Jackson
Ease On Down The Road	Diana Ross、Michael Jackson
You Can't Win	Michael Jackson
I'm In Love Again	Minnie Riperton、Michael Jackson

2019年6月16日（日）21：00〜22：00

MJインフルエンス
〜モータウン時代のマイケルソロ曲のカバー＆サンプリング曲

【DJ】西寺郷太　【ゲスト】高橋芳朗

Be Not Always	The Jacksons
Got To Be There	The Boys
I Wanna Be Where You Are (Unedited Mix)	Marvin Gaye
Wanna Be Where You Are	Carleen Anderson、Paul Weller
Good Thing Going	Sugar Minott
Die In Your Arms	Justin Bieber
We're Almost There	Alicia Keys

2019年6月23日（日）21：00〜22：00

郷太先生の音楽講座スペシャル＆追悼リクエスト特集

【DJ】西寺郷太

Gone Too Soon	Michael Jackson
Childhood	Michael Jackson
(I Like) The Way You Love Me	Michael Jackson
Hold My Hand	Michael Jackson、Akon
This Is It	Michael Jackson
Whatever Happens	Michael Jackson
Will You Be There	Michael Jackson

2019年6月30日(日) 21:00〜22:00

マイケル&ME

〜 横山 剣

【DJ】西寺郷太

2000 Watts	Michael Jackson
Give Love On Christmas Day	The Jackson 5
I Wanna Be Where You Are (Live At The Forum)	The Jackson 5
All I Do Is Think Of You	The Jackson 5
I Can't Help It	Michael Jackson
Can You Feel It	The Jacksons
This Place Hotel	The Jacksons

2019年7月7日(日) 21:00〜22:00

MJミュージックヒストリー

〜ジャクソンズ時代(前編)

【DJ】西寺郷太

Luv Thang	Randy & The Gypsys
Enjoy Yourself	The Jacksons
Show You The Way To Go	The Jacksons
Even Though You're Gone	The Jacksons
Goin' Places	The Jacksons
Blame It On The Boogie (John Luongo Disco Mix)	The Jacksons
Someone In The Dark	Michael Jackson

2019年7月14日(日) 21:00〜22:00

MJミュージックヒストリー

〜ジャクソンズ時代(後編)

【DJ】西寺郷太

Shake Your Body (Down To The Ground)	The Jacksons
Opening / Can You Feel It (Live)	The Jacksons
Walk Right Now	The Jacksons
Give It Up	The Jacksons
Torture	The Jacksons
One More Chance	The Jacksons
2300 Jackson Street	The Jacksons

2019年7月28日(日) 21:00〜22:00

MJインフルエンス

〜ジャクソンズのカバー&サンプリング曲

【DJ】西寺郷太 【ゲスト】高橋芳朗

Wait	The Jacksons
Peaceful Journey	Heavy D. & The Boyz
Show You The Way To Go	Men Of Vizion
Party 2 Nite	Ladae!
Let's Have A Party	Backstreet Boys
Can You Feel Me	Blackstreet
Get Ready	Black Eyed Peas

2019年8月4日(日) 21:00〜23:30

サマー・フェス2019

〜夏にふさわしいマイケルのカバー曲

【DJ】西寺郷太 【ゲスト】高橋芳朗

Remember The Time	Michael Jackson
I Want You Back	Esso Trinidad Steel Band
Shake Your Body (Down To The Ground)	Hot 8 Brass Band
Human Nature Pt.2	Youngblood Brass Band
Don't Stop Till You Get Enough	Derrick Laro & Trinity
Man In The Mirror	Paulinho Loureiro
Nega Maluca / Billie Jean / Eleanor Rigby	Caetano Veloso
Billie Jean	Tony Succar & Jean Rodriguez
P.Y.T	Jacob Collier
Rock With You	Traincha
I Can't Help It	Judy Roberts
Fat	"Weird Al" Yankovic
On The Line	Michael Jackson
We Are The World	USA For Africa
Blood On The Dance Floor	Michael Jackson
Human Nature	Michael Jackson
Heal The World	Michael Jackson
P.Y.T (Pretty Young Thing)	Michael Jackson
Billie Jean	Michael Jackson
Another Part Of Me	Michael Jackson
Man In The Mirror	Michael Jackson

Rock With You	Michael Jackson

2019年8月11日(日) 21:00〜22:00
夏休みスペシャル MJサークル 第1回
〜吉岡正晴に聞くマイケルの心を揺さぶった先人たち
【DJ】西寺郷太 【ゲスト】吉岡正晴

Come Together	Michael Jackson
Mona Lisa	Nat King Cole
Baby Workout	Jackie Wilson
My Girl	The Temptations
It Was A Very Good Year	Frank Sinatra
I Got The Feelin'	James Brown
I Heard It Through The Grapevine	Marvin Gaye
Smile	Michael Jackson

2019年8月18日(日) 21:00〜22:00
夏休みスペシャル MJサークル 第2回
花の58トリオ 〜プリンスとマドンナ、そしてマイケル
【DJ】西寺郷太

BAD	Michael Jackson
In The Closet	Michael Jackson
Borderline	Madonna
Like A Prayer	Madonna
Love Song	Madonna、Prince
I Wanna Be Your Lover	Prince
When Doves Cry	Prince
Wouldn't You Love To Love Me?	Prince
The Ballad Of Dorothy Parker	Prince

2019年8月25日(日) 21:00〜22:00
夏休みスペシャル MJサークル 第3回
マイケルとクイーン 〜盟友・フレディ・マーキュリー
【DJ】西寺郷太

State Of Shock	The Jacksons、Mick Jagger
Bohemian Rhapsody	Queen
Good Times	Chic
Rapper's Delight	The Sugarhill Gang
Another One Bites The Dust	Queen
Billie Jean	Michael Jackson
Smooth Criminal	Michael Jackson
We Will Rock You (Movie Mix)	Queen
They Don't Care About Us	Michael Jackson
There Must Be More To Life Than This	Queen、Michael Jackson

2019年9月1日(日) 21:00〜22:00
MJミュージックヒストリー
〜《オフ・ザ・ウォール》の時代(前編)
【DJ】西寺郷太

We Are Here To Change The World	Michael Jackson
Don't Stop 'Til You Get Enough (original demo)	Michael Jackson
Don't Stop 'Til You Get Enough	Michael Jackson
Workin' Day And Night (original demo)	Michael Jackson
Workin' Day And Night	Michael Jackson
Get On The Floor	Michael Jackson
I Can't Help It	Michael Jackson
Girlfriend	Michael Jackson

2019年9月8日(日) 21:00〜22:00
MJミュージックヒストリー
〜《オフ・ザ・ウォール》の時代(後編)
【DJ】西寺郷太

Boogie Nights	Heatwave
Rock With You	Michael Jackson
Off The Wall	Michael Jackson
Burn This Disco Out	Michael Jackson
It's The Falling In Love	Michael Jackson
She's Out Of My Life	Michael Jackson
Give In To Me	Michael Jackson

2019年9月15日(日) 21:00〜22:00
MJインフルエンス
〜アルバム《オフ・ザ・ウォール》のカバー&サンプリング曲
【DJ】西寺郷太 【ゲスト】高橋芳朗

Ghosts	Michael Jackson
Rock With You	Quincy Jones、Brandy & Heavy D
Rock With You (DI Radio Edit)	D'Influence
Rock Wit U (Awww Baby) Remix	Ashanti

Baby Come Close / I Can't Help It (Remix) MoKenStef

I Can't Help It　Will Downing

She's Out Of My Life　Ginuwine

2019年9月22日(日) 21:00〜22:00
郷太先生の音楽講座スペシャル
〜戸塚祥太
【DJ】西寺郷太　【ゲスト】戸塚祥太

What More Can I Give　Michael Jackson & Friends

Smooth Criminal　Michael Jackson

Don't Stop 'Til You Get Enough　Michael Jackson

JAM　Michael Jackson

Moonlight Walker　A.B.C-Z

People Of The World (スタジオ・ライヴ) 戸塚祥太、西寺郷太

I'll Be There　The Jackson 5

2019年9月29日(日) 21:00〜22:00
マイケル&ME
〜 黒沢 薫
【DJ】西寺郷太　【ゲスト】黒沢 薫

CLASH　ゴスペラーズ

She's Out Of My Life　Michael Jackson

I Just Can't Stop Loving You　Michael Jackson、Siedah Garrett

Will You Be There　Michael Jackson

Love Never Felt So Good　Michael Jackson

Scream　Michael Jackson、Janet Jackson

2019年10月6日(日) 21:00〜22:00
MJミュージックヒストリー
〜《スリラー》の時代(前編)
【DJ】西寺郷太

Somebody's Watching Me　Rockwell

Wanna Be Startin' Somethin' (Extended 12" Mix) Michael Jackson

The Girl Is Mine　Michael Jackson、Paul McCartney

Billie Jean (Home Demo From 1981) Michael Jackson

Billie Jean　Michael Jackson

Beat It (Demo)　Michael Jackson

Beat It　Michael Jackson

2019年10月13日(日) 21:00〜22:00
MJミュージックヒストリー
〜《スリラー》の時代(後編)
【DJ】西寺郷太

Africa　TOTO

Human Nature　Michael Jackson

P.Y.T. (Pretty Young Thing) (Demo) Michael Jackson

P.Y.T. (Pretty Young Thing)　Michael Jackson

Thriller　Michael Jackson

Baby Be Mine　Michael Jackson

The Lady In My Life　Michael Jackson

2019年10月27日(日) 21:00〜22:00
MJインフルエンス
〜 アルバム《スリラー》のカバー&サンプリング曲
【DJ】西寺郷太　【ゲスト】高橋芳朗

Tell Me I'm Not Dreamin' (Too Good To Be True) Jermaine Jackson、Michael Jackson

Right Here (Human Nature Radio Mix)　SWV

It Ain't Hard To Tell　Nas

Hey Lover (Radio Edit)　LL Cool J、Boyz II Men

Lady In My Life　Al B.Sure!

Got To Give It Up　Aaliyah、Slick Rick

P.Y.T. (Pretty Young Thing) Quincy Jones、T-Pain、Robin Thicke

2019年11月3日(日) 21:00〜22:00
MJミュージックヒストリー
〜《BAD》の時代(前編)
【DJ】西寺郷太

I'm So Blue　Michael Jackson

BAD (Live)　Michael Jackson

The Way You Make Me Feel　Michael Jackson

Smooth Criminal　Michael Jackson

Dirty Diana　Michael Jackson

Leave Me Alone　Michael Jackson

Another Part Of Me　Michael Jackson

2019年11月10日(日) 21:00〜22:00
MJミュージックヒストリー
〜《BAD》の時代(後編)
【DJ】西寺郷太

Free　Michael Jackson

Just Good Friends　Michael Jackson、Stevie Wonder

Don't Be Messin' Round　Michael Jackson

Streetwalker　Michael Jackson

I Just Can't Stop Loving You (Spanish Version)　Michael Jackson、Siedah Garrett

Speed Demon　Michael Jackson

Liberian Girl　Michael Jackson

Man In The Mirror　Michael Jackson

2019年11月17日(日) 21:00〜22:00
MJインフルエンス
〜 ジャスティン・ティンバーレイク／ファレル・ウィリアムス編
【DJ】西寺郷太　【ゲスト】高橋芳朗

Loving You　Michael Jackson

Like I Love You　Justin Timberlake、Clipse

Number One　Pharrell Williams、Kanye West

Take Back The Night　Justin Timberlake

Brand New　Pharrell Williams、Justin Timberlake

Love Never Felt So Good　Michael Jackson、Justin Timberlake

2019年11月24日(日) 21:00〜22:00
マイケル&ME
〜 和田 唱
【DJ】西寺郷太　【ゲスト】和田 唱

The Man　Paul McCartney、Michael Jackson

Baby Be Mine　Michael Jackson

Break Of Dawn　Michael Jackson

Man In The Mirror (スタジオライヴ)　和田唱、西寺郷太

BAD (スタジオライヴ)　和田唱、西寺郷太

On The Line　Michael Jackson

2019年12月1日(日) 21:00〜22:00
MJミュージックヒストリー
〜《デンジャラス》の時代(前編)
【DJ】西寺郷太

Whatzupwitu　Eddie Murphy、Michael Jackson

JAM　Michael Jackson

Why You Wanna Trip On Me　Michael Jackson

In The Closet　Michael Jackson

Can't Let Her Get Away　Michael Jackson

Remember The Time (Acapella)　Michael Jackson

One More Chance　Michael Jackson

2019年12月8日(日) 21:00〜22:00
MJミュージックヒストリー
〜《デンジャラス》の時代(後編)
【DJ】西寺郷太

In The Closet (Club Edit)　Michael Jackson

Black Or White　Michael Jackson

Who Is It　Michael Jackson

Keep The Faith　Michael Jackson

Dangerous　Michael Jackson

Heal The World　Michael Jackson

2019年12月15日(日) 21:00〜22:00
MJインフルエンス
〜 ジャネール・モネイ／クリス・ブラウン編
【DJ】西寺郷太　【ゲスト】高橋芳朗

Alright Now　Ralph Tresvant

Locked Inside　Janelle Monae

Dorothy Dandridge Eyes　Janelle Monae、Esperanza Spalding

I Want You Back　Janelle Monae

She Ain't You　Chris Brown

Nobody's Business　Rihanna、Chris Brown

Fine China　Chris Brown

2019年12月22日(日) 21:00~22:00

MJサークル

~ジャクソン5のクリスマスソングと
ジャーメイン・ジャクソンインタビュー

【DJ】西寺郷太

Have Yourself A Merry Little Christmas	The Jackson 5
I Will Find A Way	The Jackson 5
I'm Just Too Shy	Jermaine Jackson
If You'd Only Believe	The Jacksons
Santa Claus Is Comin' To Town	The Jackson 5
Up On The House Top	The Jackson 5
I Saw Mommy Kissing Santa Claus	The Jackson 5

2019年12月29日(日) 21:00~01:00

ウィンター・フェス2019

~〈ウィ・アー・ザ・ワールド〉スペシャル

【DJ】西寺郷太 【ゲスト】高橋芳朗

Push Me Away	The Jacksons
Izzo (H.O.V.A)	Jay-Z
Rockin' Robin	Michael Jackson
Farewell My Summer Love	Michael Jackson
This Place Hotel	The Jacksons
There Must Be More To Life Than This	Queen、Michael Jackson
We Are The World (Demo)	Michael Jackson
Do I Do	Stevie Wonder
All Night Long (All Night)	Lionel Richie
Heart To Heart	Kenny Loggins
You're My Love	Kenny Rogers
The Boss	Diana Ross
That's What Friends Are For	Dionne & Friends
You Can Call Me Al	Paul Simon
You're A Big Girl Now	Bob Dylan
Hungry Heart (Live)	Bruce Springsteen
Uptown Girl	Billy Joel
Money Changes Everything	Cyndi Lauper
If This Is It	Huey Lewis & The News
On The Sunny Side Of The Street	Willie Nelson
Rainbow In Your Eyes	Al Jarreau
I Can't Go For That (No Can Do)	Daryl Hall & John Oates
If Only For The Moment, Girl	Steve Perry
I'll Be Good To You	Quincy Jones、Ray Charles、Chaka Khan
I Would Die 4 U	Prince & The Revolution
We Are The World	USA For Africa
Love Never Felt So Good	Michael Jackson、Justin Timberlake
Rock With You	Michael Jackson
P.Y.T. (Pretty Young Thing)	Michael Jackson
Man In The MIrror	Michael Jackson
Remember The Time	Michael Jackson
Keep The Faith	Michael Jackson
Music And Me	Michael Jackson

2020年1月5日(日) 21:00~22:00

MJミュージックヒストリー

~《ヒストリー パスト、プレズント・アンド・
フューチャー ブック1》の時代(前編)

【DJ】西寺郷太

D.S.	Michael Jackson
Scream (Single Edit #2)	Michael Jackson、Janet Jackson
Tabloid Junkie	Michael Jackson
History	Michael Jackson
Stranger In Moscow	Michael Jackson
You Are Not Alone (Radio Edit)	Michael Jackson

2020年1月5日(日) 21:00~22:00

MJミュージックヒストリー

~《ヒストリー パスト、プレズント・アンド・
フューチャー ブック1》の時代(後編)

【DJ】西寺郷太

Is It Scary	Michael Jackson
2 Bad	Michael Jackson
This Time Around	Michael Jackson
Little Susie	Michael Jackson
They Don't Care About Us	Michael Jackson
Earth Song (Radio Edit)	Michael Jackson

Smile	Michael Jackson

2020年1月19日(日) 21:00〜22:00

MJインフルエンス

〜 マイケルの妹、ジャネット・ジャクソン特集

【DJ】西寺郷太 【ゲスト】高橋芳朗

Don't Stand Another Chance	Janet Jackson
Nasty	Janet Jackson
Rhythm Nation	Janet Jackson
That's The Way Love Goes	Janet Jackson
New Agenda	Janet Jackson
Any Time, Any Place	Janet Jackson
Runaway	Janet Jackson

2020年1月26日(日) 21:00〜22:00

マイケル&ME

〜 田中 章

【DJ】西寺郷太 【ゲスト】田中 章

People Of The World	J-FRIENDS
I'll Be There	The Jackson 5
Come Together	Michael Jackson
This Is It	Michael Jackson
Will You Be There	Michael Jackson

2020年2月2日(日) 21:00〜22:00

MJミュージックヒストリー

〜《インヴィンシブル》の時代(前編)

【DJ】西寺郷太

Blood On The Dance Floor	Michael Jackson
Unbreakable	Michael Jackson
Heartbreaker	Michael Jackson
Invincible	Michael Jackson
You Rock My World	Michael Jackson
You Are My Life	Michael Jackson
Don't Walk Away	Michael Jackson
Break Of Dawn	Michael Jackson

2020年2月9日(日) 21:00〜22:00

MJミュージックヒストリー

〜《インヴィンシブル》の時代(後編)

【DJ】西寺郷太

Destiny	The Jacksons
Heaven Can Wait	Michael Jackson
Butterflies	Michael Jackson
Privacy	Michael Jackson
Cry	Michael Jackson
The Lost Children	Michael Jackson
Speechless	Michael Jackson
Much Too Soon	Michael Jackson

2020年2月16日(日) 21:00〜22:00

MJインフルエンス

〜 ポール・ジャクソン・ジュニア/ダフト・パンク編

【DJ】西寺郷太 【ゲスト】高橋芳朗

【インタビュー】ポール・ジャクソン・ジュニア

Time Waits For No One	The Jacksons
Another Part Of Me	Michael Jackson
P.Y.T. (Pretty Young Thing)	Michael Jackson
Get Lucky	Daft Punk、Pharrell Williams
Give Life Back To Music	Daft Punk
I Feel It Coming	The Weeknd、Daft Punk

2020年2月23日(日) 21:00〜22:00

マイケル&ME

〜 久保田利伸

【DJ】西寺郷太 【ゲスト】久保田利伸

You Rock My World (A Cappella)	Michael Jackson
Don't Stop 'Til You Get Enough	Michael Jackson
I Wanna Be Where You Are	Michael Jackson
Billie Jean	Michael Jackson
Butterflies	Michael Jackson

2020年3月1日(日) 21:00〜22:00

MJミュージックヒストリー

〜 映画『マイケル・ジャクソン THIS IS IT』

【DJ】西寺郷太

Camp Kuchi Kaiai	La Toya Jackson
Wanna Be Startin' Somethin' (Live)	Michael Jackson
The Way You Make Me Feel	Michael Jackson
Medley:I Want You Back〜ABC〜The Love You Save (Live)	The Jacksons
Shake Your Body (Down To The Ground) (Live)	The Jacksons
Thriller	Michael Jackson
Threatened	Michael Jackson
Black Or White	Michael Jackson

2020年3月8日(日) 21:00〜22:00

かかってなかったリクエスト大特集

【DJ】西寺郷太

Eaten Alive	Diana Ross
Blues Away	The Jacksons
Carousel	Michael Jackson
For All Time	Michael Jackson
Fly Away	Michael Jackson
Shout	Michael Jackson
Fall Again (Demo)	Michael Jackson
Beautiful Girl (Demo)	Michael Jackson
Xscape	Michael Jackson

2020年3月15日(日) 21:00〜22:00

MJインフルエンス

〜 まだ紹介していないMJチルドレン

【DJ】西寺郷太 【ゲスト】高橋芳朗

Diamonds Are Invincible	Michael Jackson × Mark Ronson
Treasure	Bruno Mars
Ain't No Hat 4 That	Robin Thicke
Why	Breakbot、Ruckazoid
Girlfriend	Christine And The Queens、Dam-Funk
Tap Out	The Strokes
I Feel Energy	Dirty Projectors、Amber Mark
Because Of You	Ne-Yo

2020年3月22日(日) 21:00〜22:00

マイケル&ME

〜 敬愛する大先輩・湯川れい子さんと

【DJ】西寺郷太 【ゲスト】湯川れい子

Body	The Jacksons
Ben	Michael Jackson
Smile	Michael Jackson
Heal The World	Michael Jackson

2020年3月29日（日） 21：00〜23：30

フェアウェルパーティー！

NONA REEVES with 土岐麻子

【出演】西寺郷太、高橋芳朗

【ゲスト】土岐麻子、奥田健介、小松シゲル、林 幸治、冨田 謙、真城めぐみ、ティト・ジャクソン

We Are The World	USA for Africa
That's What You Get (For Being Polite)	The Jacksons
They Don't Care About Us	Michael Jackson
Smile	Michael Jackson
Speechless	Michael Jackson
What More Can I Give	Michael Jackson & Friends
Jackson 5 Medley（スタジオライヴ）	NONA REEVES
I Can't Help It（スタジオライヴ）	NONA REEVES with 土岐麻子
Human Nature（スタジオライヴ）	NONA REEVES with 土岐麻子
Smooth Criminal（スタジオライヴ）	NONA REEVES with 土岐麻子
I Want You Back	The Jackson 5
Scream	Michael Jackson、Janet Jackson
Slave To The Rhythm	Michael Jackson
Another Part Of Me	Michael Jackson
Man In The Mirror	Michael Jackson
Never Can Say Goodbye	The Jackson 5

「MJチョイス」プレイリスト（西寺郷太・選曲）

毎週、マイケル周辺の楽曲を西寺郷太が1曲選ぶコーナー「MJチョイス」

2019年4月7日
I Just Can't Stop Loving You (with spoken intro) — Michael Jackson、Siedah Garrett

2019年4月14日
Say, Say, Say — Paul McCartney、Michael Jackson

2019年4月21日
Threatened — Michael Jackson

2019年4月28日
Everybody — The Jacksons

2019年5月5日
She Drives Me Wild — Michael Jackson

2019年5月12日
Get It — Stevie Wonder、Michael Jackson

2019年5月19日
Mind Is The Magic — Michael Jackson

2019年5月26日
Lovely One (Live) — The Jacksons

2019年6月2日
Money — Michael Jackson

2019年6月9日
Centipede — Rebbie Jackson

2019年6月16日
Be Not Always — The Jacksons

2019年6月23日
Gone Too Soon — Michael Jackson

2019年6月30日
2000 Watts — Michael Jackson

2019年7月7日
Luv Thang — Randy & The Gypsys

2019年7月14日
Shake Your Body (Down To The Ground) — The Jacksons

2019年7月28日
Wait — The Jacksons

2019年8月4日
Remember The Time — Michael Jackson

2019年8月11日
Come Together — Michael Jackson

2019年8月18日
BAD — Michael Jackson

2019年8月25日
State Of Shock — The Jacksons、Mick Jagger

2019年9月1日
We Are Here To Change The World — Michael Jackson

2019年9月8日
Boogie Nights — Heatwave

2019年9月15日
Ghosts — Michael Jackson

2019年9月22日
What More Can I Give — Michael Jackson & Friends

2019年9月29日
CLASH — ゴスペラーズ

2019年10月6日
Somebody's Watching Me — Rockwell

2019年10月13日
Africa — TOTO

2019年10月27日
Tell Me I'm Not Dreamin' (Too Good To Be True) — Jermaine Jackson、Michael Jackson

2019年11月3日
I'm So Blue — Michael Jackson

2019年11月10日
Free — Michael Jackson

2019年11月17日
Loving You — Michael Jackson

2019年11月24日
The Man — Paul McCartney、Michael Jackson

2019年12月1日
Whatzupwitu — Eddie Murphy、Michael Jackson

2019年12月8日
In The Closet (Club Edit) — Michael Jackson

2019年12月15日
Alright Now — Ralph Tresvant

2019年12月22日
Have Yourself A Merry Little Christmas — The Jackson 5

2019年12月29日
Push Me Away　The Jacksons

2020年1月5日
D.S.　Michael Jackson

2020年1月12日
Is It Scary　Michael Jackson

2020年1月19日
Don't Stand Another Chance　Janet Jackson

2020年1月26日
People Of The World　J-FRIENDS

2020年2月2日
Blood On The Dance Floor　Michael Jackson

2020年2月9日
Destiny　The Jacksons

2020年2月16日
Time Waits For No One　The Jacksons

2020年2月23日
You Rock My World（A Cappella）　Michael Jackson

2020年3月1日
Camp Kuchi Kaiai　La Toya Jackson

2020年3月8日
Eaten Alive　Diana Ross

2020年3月15日
Diamonds Are Invincible
Michael Jackson × Mark Ronson

2020年3月22日
Body　The Jacksons

2020年3月29日
We Are The World　USA for Africa

「MJインフルエンス」プレイリスト（高橋芳朗・選曲）

音楽ジャーナリスト・高橋芳朗が、マイケルから影響を受けたアーティストを紹介するコーナー「MJインフルエンス」

2019年4月21日
MJインフルエンス
～今のポップ・ミュージックから聴こえてくるマイケル

Don't Matter To Me　Drake、Michael Jackson
Hold On, We're Going Home　Drake、Majid Jordan
D.D.　The Weeknd
Can't Feel My Face　The Weeknd
Human Nature　NONA REEVES
Physical　NONA REEVES

2019年5月19日
MJインフルエンス
～ジャクソン5のカバー&サンプリング曲

I Want You Back　Graham Parker & The Rumour
Take Me There（Want U Back Mix）　Blackstreet & Mya、Mase、Blinky Blink
The Love You Save　Madder Rose
Put It In A Letter　Mic Little、Ne-Yo
All I Want　702
All I Do Is Think Of You　Troop

2019年6月16日
MJインフルエンス
～モータウン時代のマイケルソロ曲のカバー&サンプリング曲

Got To Be There　The Boys
I Wanna Be Where You Are（Unedited Mix）　Marvin Gaye
Wanna Be Where You Are　Carleen Anderson、Paul Weller
Good Thing Going　Sugar Minott
Die In Your Arms　Justin Bieber
We're Almost There　Alicia Keys

2019年7月28日
MJインフルエンス
～ジャクソンズのカバー&サンプリング曲

Peaceful Journey　Heavy D. & The Boyz
Show You The Way To Go　Men Of Vizion
Party 2 Nite　Ladae!
Let's Have A Party　Backstreet Boys
Can You Feel Me　Blackstreet
Get Ready　Black Eyed Peas

2019年8月4日
サマー・フェス2019
～夏にふさわしいマイケルのカバー曲

I Want You Back　Esso Trinidad Steel Band
Shake Your Body（Down To The Ground）　Hot 8 Brass Band
Human Nature Pt.2　Youngblood Brass Band
Don't Stop Till You Get Enough　Derrick Laro & Trinity
Nega Maluca / Billie Jean / Eleanor Rigby　Caetano Veloso
Billie Jean　Tony Succar & Jean Rodriguez
P.Y.T　Jacob Collier
Rock With You　Traincha
I Can't Help It　Judy Roberts

2019年9月15日
MJインフルエンス
～アルバム《オフ・ザ・ウォール》のカバー&サンプリング曲

Rock With You　Quincy Jones、Brandy & Heavy D
Rock With You（DI Radio Edit）　D'Influence
Rock Wit U（Awww Baby）Remix　Ashanti
Baby Come Close/I Can't Help It（Remix）　MoKenStef
I Can't Help It　Will Downing
She's Out Of My Life　Ginuwine

2019年10月27日
MJインフルエンス
～アルバム《スリラー》のカバー&サンプリング曲

Right Here（Human Nature Radio Mix）　SWV
It Ain't Hard To Tell　Nas
Hey Lover（Radio Edit）　LL Cool J、Boyz II Men
Lady In My Life　Al B.Sure!
Got To Give It Up　Aaliyah、Slick Rick
P.Y.T.（Pretty Young Thing）　Quincy Jones、T-Pain、Robin Thicke

2019年11月17日
MJインフルエンス
〜ジャスティン・ティンバーレイク／ファレル・ウィリアムス編

Like I Love You	Justin Timberlake、Clipse
Number One	Pharrell Williams、Kanye West
Take Back The Night	Justin Timberlake
Brand New	Pharrell Williams、Justin Timberlake
Love Never Felt So Good	Michael Jackson、Justin Timberlake

2019年12月15日
MJインフルエンス
〜ジャネール・モネイ／クリス・ブラウン編

Alright Now	Ralph Tresvant
Locked Inside	Janelle Monae
Dorothy Dandridge Eyes	Janelle Monae、Esperanza Spalding
I Want You Back	Janelle Monae
She Ain't You	Chris Brown
Nobody's Business	Rihanna、Chris Brown
Fine China	Chris Brown

2019年12月29日
ウィンター・フェス2019
〜〈ウィー・アー・ザ・ワールド〉スペシャル
（※西寺郷太と高橋芳朗の交互で選曲）

We Are The World (Demo)	Michael Jackson
Do I Do	Stevie Wonder
All Night Long (All Night)	Lionel Richie
Heart To Heart	Kenny Loggins
You're My Love	Kenny Rogers
The Boss	Diana Ross
That's What Friends Are For	Dionne & Friends
You Can Call Me Al	Paul Simon
You're A Big Girl Now	Bob Dylan
Hungry Heart (Live)	Bruce Springsteen
Uptown Girl	Billy Joel
Money Changes Everything	Cyndi Lauper
If This Is It	Huey Lewis & The News
On The Sunny Side Of The Street	Willie Nelson
Rainbow In Your Eyes	Al Jarreau
I Can't Go For That (No Can Do)	Daryl Hall & John Oates
If Only For The Moment, Girl	Steve Perry
I'll Be Good To You	Quincy Jones、Ray Charles、Chaka Khan
I Would Die 4 U	Prince & The Revolution
We Are The World	USA For Africa

2020年1月19日
MJインフルエンス
〜マイケルの妹、ジャネット・ジャクソン特集

Nasty	Janet Jackson
Rhythm Nation	Janet Jackson
That's The Way Love Goes	Janet Jackson
New Agenda	Janet Jackson
Any Time, Any Place	Janet Jackson
Runaway	Janet Jackson

2020年2月16日
MJインフルエンス
〜ポール・ジャクソン・ジュニア／ダフト・パンク編

Get Lucky	Daft Punk、Pharrell Williams
Give Life Back To Music	Daft Punk
I Feel It Coming	The Weeknd、Daft Punk

2020年3月15日
MJインフルエンス
〜まだ紹介していないMJチルドレン

Treasure	Bruno Mars
Ain't No Hat 4 That	Robin Thicke
Why	Breakbot、Ruckazoid
Girlfriend	Christine And The Queens、Dam-Funk
Tap Out	The Strokes
I Feel Energy	Dirty Projectors、Amber Mark
Because Of You	Ne-Yo

リスナー投票結果

2019年8月4日

夏の「ディスカバー・マイケル」ベスト10

リスナーのみなさんのリクエストで、今聴きたい「マイケルが歌っている曲」ベスト10を決定

第1位	Rock With You	Michael Jackson
第2位	Man In The Mirror	Michael Jackson
第3位	Another Part Of Me	Michael Jackson
第4位	Billie Jean	Michael Jackson
第5位	P.Y.T(Pretty Young Thing)	Michael Jackson
第6位（同票）	Heal The World	Michael Jackson
第6位（同票）	Human Nature	Michael Jackson
第8位	Blood On The Dance Floor	Michael Jackson
第9位	We Are The World	USA For Africa
第10位	On The Line	Michael Jackson

2019年12月29日

みんなで作るMJミュージックヒストリー

12月までの「MJミュージックヒストリー」を一気におさらい。リスナーのみなさんの投票で、その時代の1位を決定

ジャクソン5と10代のマイケル・ソロ曲	Rockin' Robin	Michael Jackson
ジャクソン5と10代のマイケル・ソロ曲	Farewell My Summer Love	Michael Jackson
ジャクソンズ特集	This Place Hotel	The Jacksons
マイケルのコラボ曲	There Must Be More To Life Than This	Queen、Michael Jackson
アルバム《オフ・ザ・ウォール》	Rock With You	Michael Jackson
アルバム《スリラー》	P.Y.T.（Pretty Young Thing）	Michael Jackson
アルバム《BAD》	Man In The MIrror	Michael Jackson
アルバム《デンジャラス》前半	Remember The Time	Michael Jackson
アルバム《デンジャラス》後半	Keep The Faith	Michael Jackson

2020年3月29日

みんなで作るMJミュージックヒストリー

1月からの「MJミュージックヒストリー」を一気におさらい。リスナーのみなさんの投票で、その時代の1位を決定

アルバム《ヒストリー パスト、プレズント・アンド・フューチャー ブック1》前半	They Don't Care About Us	Michael Jackson
アルバム《ヒストリー パスト、プレズント・アンド・フューチャー ブック1》後半	Smile	Michael Jackson
《インヴィンシブル》前半	Speechless	Michael Jackson
《インヴィンシブル》後半+エトセトラ	What More Can I Give	Michael Jackson & Friends
かかっていなかった曲	Slave To The Rhythm	Michael Jackson
イントロが印象的な曲	Another Part Of Me	Michael Jackson
リクエスト	Man In The Mirror	Michael Jackson

巻末

「ディスカバー・マイケル」
オンエア＆プレイリスト

「MJチョイス」プレイリスト
（西寺郷太・選曲）

「MJインフルエンス」プレイリスト
（高橋芳朗・選曲）

リスナー投票結果

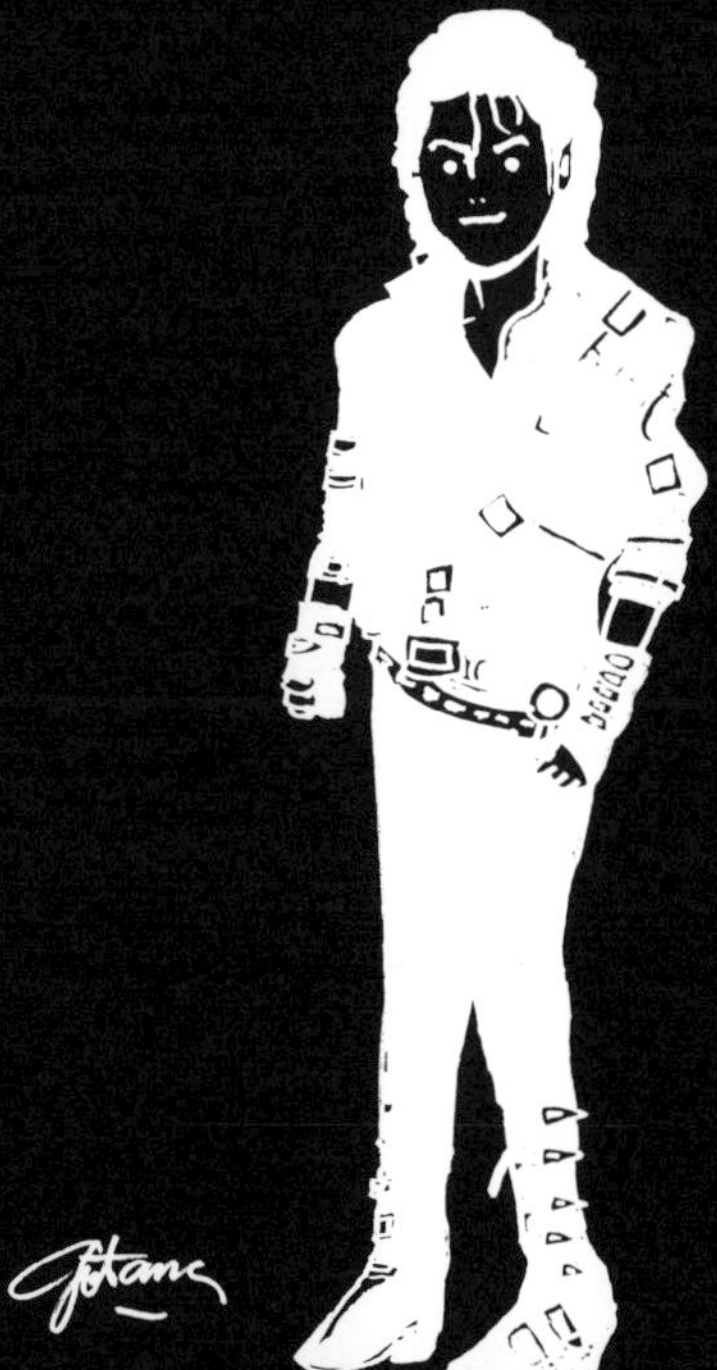

プロフィール

西寺郷太（にしでら・ごうた）

1973年東京都生まれ京都府育ち。バンド「NONA REEVES」のボーカリスト、メインコンポーザーを務める。音楽プロデューサー、作詞・作曲家として、V6、岡村靖幸、YUKIなどへの楽曲提供・プロデュースを行うほか、80年代音楽研究家として、マイケル・ジャクソン、プリンス、ジョージ・マイケルのオフィシャル・ライナーノーツなども数多く手がける。

代表的な著書に『新しい「マイケル・ジャクソン」の教科書』（新潮文庫）、『ウィ・アー・ザ・ワールドの呪い』（NHK出版新書）、『プリンス論』（新潮新書）、『伝わるノートマジック』『始めるノートメソッド』（スモール出版）、監修『MJステージ・オブ・マイケル・ジャクソン』（クレヴィス）などがある。

現在、「GOTOWN Podcast Club」を配信中。

「ディスカバー・マイケル」

NHK-FMにて2019年4月7日から2020年3月29日まで（1年間限定企画）、毎週日曜午後9時より放送。

今なお世界中に絶大な影響を与え続けるマイケル・ジャクソンを様々な角度から、1年かけて、あたかも大河ドラマのようにたっぷりと紹介するスペシャルな番組。毎月1週目と2週目はマイケルの足跡をたどる「MJミュージックヒストリー」。3週目は音楽ジャーナリスト高橋芳朗と共に、マイケルに影響を受けたアーティストを取り上げる「MJインフルエンス」。最終週はマイケルとゆかりのあるゲストを迎えトークを繰り広げる「マイケル＆ME」で構成。この他、西寺郷太が毎回1曲を選曲する「MJチョイス」や、リスナーからのリクエストコーナーなどからなる。

番組スタッフ

「ディスカバー・マイケル」NHK-FM
放送日時：2019年4月7日～2020年3月29日（1年間限定企画）
　　　　　毎週日曜午後9：00～10：00

パーソナリティ：西寺郷太
「MJインフルエンス」担当＆解説：高橋芳朗

プロデューサー：中田淳子（NHKエンタープライズ）
ディレクター：大内和佳子（シャ・ラ・ラ・カンパニー）
アシスタントディレクター：三永拓実（シャ・ラ・ラ・カンパニー）

特別付録CD

「ディスカバー・マイケル
～フェアウェルパーティー！」
最終回スタジオライヴ

NONA REEVES with 土岐麻子

---

1. Medley: I Want You Back／ABC／The Love You Save
(The Corporation™)
NONA REEVES

2. I Can't Help It
(Stevie Wonder／Susaye Greene)
土岐麻子 with NONA REEVES

3. Human Nature
(Steve Porcaro／John Bettis)
NONA REEVES with 土岐麻子

4. Smooth Criminal
(Michael Jackson)
NONA REEVES with 土岐麻子

Vocal ....西寺郷太（NONA REEVES）
Guitar.............奥田健介（NONA REEVES）
Drums............小松シゲル（NONA REEVES）
Bass...............林 幸治（TRICERATOPS／Northern Boys）
Keyboards.......冨田 謙
Chorus...........真城めぐみ（ヒックスヴィル）

Guest Vocal....土岐麻子 by the courtesy of rhythm zone／Avex Entertainment Inc.

2020年3月29日（日）NHKにて収録
音源提供：NHK／マスタリングエンジニア：兼重哲哉

ディスカバー・マイケル THE BOOK

2020年10月29日　第1刷発行

著　　者　西寺郷太
編　　者　NHK-FM「ディスカバー・マイケル」制作班

編　　集　中村孝司＋室井順子（スモールライト）
デザイン　ひぐちゆきこ（lalagraph）
校　　正　芳賀惠子

Special Thanks　中田淳子（NHKエンタープライズ）
高橋芳朗

ティト・ジャクソン　*Tito Jackson*
ジャーメイン・ジャクソン　*Jermaine Jackson*
ポール・ジャクソン・ジュニア　*Paul Jackson,Jr.*

横山 剣（クレイジーケンバンド）
黒沢 薫（ゴスペラーズ）
和田 唱（TRICERATOPS）
田中 章
久保田利伸
湯川れい子
吉岡正晴

奥田健介（NONA REEVES）
小松シゲル（NONA REEVES）
林 幸治（TRICERATOPS／Northern Boys）
冨田 謙
真城めぐみ（ヒックスヴィル）
土岐麻子

発 行 者　中村孝司
発 行 所　スモール出版
〒164-0003 東京都中野区東中野3-14-1 グリーンビル4階
株式会社スモールライト
T E L：03-5338-2360／F A X：03-5338-2361
E-mail：books@small-light.com
U R L：http://www.small-light.com/books/
振　替：00120-3-392156

印刷・製本　中央精版印刷株式会社

ISBN978-4-905158-96-7